000만 독자 여러분께
감사드립니다!

세상이 아무리 바쁘게 돌아가더라도
책까지 아무렇게나 빨리 만들 수는 없습니다.
길벗은 독자 여러분이
가장 쉽게, 가장 빨리 배울 수 있는 책을
한 권 한 권 정성을 다해 만들겠습니다.
독자의 1초를 아껴주는
정성을 만나보세요.

미리 책을 읽고 따라해 본 2만 베타테스터 여러분과
무따기 체험단, 길벗스쿨 엄마 2% 기획단,
시나공 평가단, 토익 배틀, 대학생 기자단까지!
믿을 수 있는 책을 함께 만들어주신 독자 여러분께 감사드립니다.

KB078070

◆ ◆ ◆ ◆ ◆

지난 3~4년의 시간은 과거 우리 조상들의 300~400년을 뛰어넘을 정도로 급진적으로 그리고 과격하게 우리 삶의 미래를 변화시키고 있다. 제4차 산업혁명이라는 단어로 시작한 것이 그것이다. 초연결(Hyper-connection), 초지능(Hyper-intelligence), 그리고 초산업(Hyper-industry)! 컴퓨터와 컴퓨터의 연결을 넘어서 사람을 포함한 모든 것이 연결되는 초연결 시대. 초연결의 결과로 생성되는 엄청난 양의 빅데이터(Big Data)와 이의 처리를 위한 인공지능(AI). 그리고 수많은 데이터의 처리 과정에서 생기는 새로운 비즈니스의 기회를 통한 새로운 산업. 이 중에서 AI의 발전은 가히 혁명적이라고 할 수 있다. 6개월 전의 AI는 이제 까마득히 먼, 호랑이가 담배 피우던 시절의 일이었던 것 같은 생각이 들 정도이다.

이제 AI는 자기 자신을 제외하고는 그 무엇, 그 누구보다도 더 가까운 '귀한 분'이 되었다. 이 존재의 등장에 대한 우리의 생각은 복잡하다. 우리의 모든 것을 앗아갈 것이라는 부정적인 견해가 있는 반면에 우리의 삶을 더욱 편하고 효율적이고 행복하게 해 줄 것이라는 긍정적인 견해도 있다. 낙관주의자인 나는 '피할 수 없으면 즐겨라.'라는 표현을 좋아한다. 즐기려면 제대로 즐겨야 한다는 생각이다.

사랑하는 제자, 안재홍 작가의 이번 책, 〈AI 원더랜드〉는 한마디로 AI를 제대로 즐길 수 있도록 해주는, 그래서 AI가 이끄는 원더랜드에 안전하고 편안하게 갈 수 있도록 도와주는 최고의 가이드이다. 불안한 미지의 세계를 갈 때에는 그 무엇보다도 확고한 마음가짐과 훌륭한 가이드가 필수이다.

'Fasten Your Seat Belt' and Enjoy Your Journey to Wonderland!

나 건 _ IDAS(홍익대학교 국제디자인대학원) 교수

◆ ◆ ◆ ◆ ◆

이미지 기반의 생성형 AI는 컴퓨터 비전과 머신러닝을 결합하여 이미지를 분석하고 생성하는, 빠르게 성장하고 있는 분야입니다. 이는 비니오 게임을 위한 사실적인 이미지 생성에서부터 영상 의학의 의료 진단에 이르기까지 광범위하고 잠재력 있는 응용 분야를 가지고 있습니다. 기술의 발전에 따라 AI는 더욱 정교하고 정확해지고 있으며, 연구 및 개발에 있어 매우 흥미로운 영역으로 변모하고 있습니다.

생성형 AI는 마치 인터넷의 등장과 커뮤니케이션 혁명에 비견되는 창의성을 위한 도구로써, 밝고도 어두운 양면성을 지니고 있습니다. 이 책은 AI의 잠재력과 함의에 대한 통찰을 제공하며, 빠르게 진화하는 이 분야에서 앞서 나가는 데 필요한 지식과 이해를 제공할 것입니다. 아직 생성형 AI 기술에 익숙하지 않은 사람들에게 적극 추천합니다.

David Hall _ IDAS(홍익대학교 국제디자인대학원) 교수

◆ ◆ ◆ ◆ ◆

〈AI 원더랜드〉는 기술이 창의성의 영역으로 저돌적으로 진입하면서 발생하는 힘, 성장, 한계, 그리고 두려움에 대한 훌륭한 안내서입니다. 풍부한 예시와 시각적 요소들로 가득한 이 책은 AI 기술의 현주소와 미래의 가능성을 조명하며, 우리 자신의 창의성에 대해 성찰할 기회를 제공합니다.

저자는 AI 시대에 인간의 창의성이 갖는 의미와 가치에 대해 탐구하며, 기술과 조화롭게 공존하며 성장할 수 있는 방향을 제시합니다. 또한 수천 년의 역사를 가진 책이라는 고전적 매체를 통해 최첨단 기술인 AI를 다룸으로써, 기술 발전 속에서도 과거의 가치 있는 부분들이 계승되고 융합되어 나가는 모습을 보여줍니다.

이 책은 우리가 직면한 기술 혁명의 시대를 이해하고, 그 속에서 인간의 역할과 가치를 찾아가는 여정에 훌륭한 동반자이자 등불이 되어 줄 것입니다. 미래에 대한 호기심을 가지고 이 책을 읽어보시길 바랍니다.

Simone Carena _ VCUArts Qatar(버지니아커먼웰스 대학교) 교수

QR 코드 스캔 또는 gilbut.co/c/24040404hR에 접속하여 '프롬프트 간편 활용 시트'를 확인해 보세요!

본문에 나온 프롬프트를 직접 입력하지 않고 복사+붙여넣기로 간편하게 활용할 수 있습니다.

- 이 책은 인공지능으로 생성한 이미지가 사용되었습니다.
- 이 책은 미드저니 버전 6와 2024년 챗GPT-4 유료 버전을 기준으로 하고 있습니다.
- 프로그램 및 서비스의 업데이트로 일부 메뉴와 화면 구성이 변경될 수 있습니다.
- 책 본문에 기재된 URL 주소 등은 추후 변경될 수 있습니다.

AI
원더랜드

상상이 현실이 되는 세상

AI 원더랜드
AI Wonderland

초판 발행·2024년 5월 15일

지은이·안재홍
발행인·이종원
발행처·(주) 도서출판 길벗
출판사 등록일·1990년 12월 24일
주소·서울시 마포구 월드컵로 10길 56(서교동)
대표 전화·02) 332-0931 | **팩스**·02) 332-3895
홈페이지·www.gilbut.co.kr | **이메일**·gilbut@gilbut.co.kr

기획 및 책임 편집·최근혜(kookoo1223@gilbut.co.kr), 안수빈(puffer@gilbut.co.kr)
표지·본문 디자인·황애라 | **제작**·이준호, 손일순, 이진혁
영업마케팅·전선하, 차명환, 박민영 | **유통혁신**·한준희 | **영업관리**·김명자 | **독자지원**·윤정아

전산 편집·신세진 | **CTP 출력 및 인쇄**·교보피앤비 | **제본**·신정문화사

* 잘못 만든 책은 구입한 서점에서 바꿔 드립니다.
* 이 책은 저작권법에 따라 보호받는 저작물이므로 무단전재와 무단복제를 금합니다.
* 이 책의 전부 또는 일부를 이용하려면 반드시 사전에 저작권자와 (주)도서출판 길벗의 서면 동의를 받아야 합니다.

ⓒ 안재홍, 2024

ISBN 979-11-407-0891-8 13000
(길벗 도서번호 007186)

정가 25,000원

독자의 1초를 아껴주는 정성 길벗출판사

(주)도서출판 길벗 · IT교육서, IT단행본, 경제경영서, 어학&실용서, 인문교양서, 자녀교육서 ▸ www.gilbut.co.kr
길벗스쿨 · 국어학습, 수학학습, 어린이교양, 주니어 어학학습, 학습단행본 ▸ www.gilbutschool.co.kr

페이스북 · facebook.com/gilbutzigy
네이버 포스트 · post.naver.com/gilbutzigy

상상이 현실이 되는 세상

AI
원더랜드

—— AI WONDERLAND ——

미디어 아티스트 안재홍 지음

AI 이미지를

'제대로' 만들기 위한 아트 기본 원칙부터

'잘' 활용하기 위한 프롬프트 작성 테크닉까지!

길벗

저자의 말

이 책을 펼친 여러분은 이제 과거로 되돌아갈 수 없는 새로운 미래를 향한 여정을 함께 하게될 것입니다. 저는 미드저니, 챗GPT, 스테이블 디퓨전 등 놀라운 속도로 발전하는 생성형 인공지능 기술을 목격하며, 이를 더 많은 사람들에게 알리고 싶었습니다. 흥미진진하고 가슴뛰는 이 주제에 관해 함께 이야기하며, 여러분이 새로운 세계에 빠르게 적응할 수 있도록 돕고 싶었습니다. 궁극적으로는 모두가 창작자가 될 수 있는 미래를 꿈꾸었습니다.

인공지능의 등장으로 이미지, 영상, 음악 등 다양한 분야에서 개인화된 콘텐츠 제작이 가능해졌으며 사회 구성원 모두가 크리에이터가 될 수 있는 세상이 도래했습니다. 잠들 때마다 내일이 기대되는 사회를 만들고 싶은 마음으로 이 책을 썼습니다. 과거 선택받은 소수에게만 허락되었던 창작 활동은 이제 인공지능의 도움으로 누구나 쉽게 접근할 수 있는 기본적인 소양이 될 것입니다. 상상해보세요. 누구나 쉽게 창작할 수 있는 세상에서 모두가 창작 활동을 하는데, 오직 당신만 창작 활동을 하지 않는다면 어떨까요? 과거 산업화 시대에는 취미 생활이 사치였지만 현대에는 대부분의 사람이 취미 생활을 즐기게 되었습니다. 다가올 미래에는 창작 활동 또한 누구나 누릴 수 있을 것입니다. 더 나아가 입버릇처럼 창의성을 외치던 기업과 기관들은 실제로 당신에게 창의적인 활동을 요구하게 될지도 모릅니다.

인공지능의 발전 속도는 점점 빨라지고 있지만 명확한 한계도 존재합니다. 스마트폰의 등장으로 누구나 영상과 사진을 촬영할 수 있게 되었지만, 모두가 영화감독과 전문 포토그래퍼가 된 것은 아닙니다. 생성 인공지능 영역에서도 마찬가지입니다. 특별한 경험과 도전을 시도하는 사람만이 큰 차이를 만들어 낼 것입니다.

이 책을 통해 독자 여러분은 새로운 지평이 열리고 있는 콘텐츠 영역에서 자신만의 창작 활동을 할 수 있는 잠재력을 기르게 될 것입니다. 역설적이게도, 인공지능을 통해 길러진 이러한 능력은 인공지능과 로보틱스 기술이 인간을 위협하는 상황 속에서 여러분이 기계로 대체될 수 없는 존재임을 증명해줄 것입니다. 이 책을 완성하는 과정에서 저를 끊임없이 독려해 주신 배우자 최소영 작가님, 그리고 함께 고군분투하신 도서출판 길벗의 최근혜 에디터님과 안수빈 에디터님께 진심으로 감사드립니다.

미디어 아티스트 안재홍 드림

PART 3 AI 아트 툴 실무 활용하기

| Chapter 9 | 두 가지 AI 툴 함께 활용하기

| Chapter 10 | 다양한 AI 툴 활용하기

무엇이든 물어보세요!

책을 읽다 궁금한 점이 생기면 길벗 홈페이지(gilbut.co.kr)에 회원으로 가입하고 고객센터의 1:1 문의 게시판에 질문을 남겨 보세요. 지은이와 길벗 독자지원센터에서 신속하고 친절하게 답변해 드립니다.

| 길벗 홈페이지(gilbut.co.kr) 회원 가입 후 로그인하기 | ▶ | [고객센터] - [1:1 문의] 게시판에서 '도서 이용'을 클릭하고 책 제목 검색하기 | ▶ | '문의하기'를 클릭하고 새로운 질문 등록하기 |

미드저니 프롬프트, 이렇게 만들어 보세요!

미드저니 프롬프트 작성이 어렵다면 이 웹페이지를 활용해 보세요.
생성형 AI를 처음 접하는 분들이 프롬프트를 쉽게 작성할 수 있도록 저자가 직접 개발했습니다.

| STEP ❶ | QR 코드 스캔 또는 gilbut.co/c/24039657Px에 접속하기 |

| STEP ❷ | 주제별 드롭다운 메뉴를 클릭하여 원하는 키워드 모두 선택하기 |

| STEP ❸ | [프롬프트 생성하기] 버튼 클릭하기 |

활용법

- 드롭다운 메뉴에 원하는 키워드가 없다면 '새 항목'에 키워드를 입력하고 [추가] 버튼을 클릭합니다. 이때 키워드 끝에 반점(,)을 꼭 붙여주세요.

- 드롭다운 메뉴의 특정 키워드를 지우고 싶다면 해당 키워드를 선택한 다음 [선택 항목 제거] 버튼을 클릭합니다.

- 다양한 이미지를 생성하며 프롬프트에 대한 감을 익히고 싶으신가요? 이럴 땐 [랜덤 프롬프트 생성] 버튼을 활용해 보세요. 키워드를 무작위 방식으로 선택하여 하나의 프롬프트를 완성합니다.

직무별 활용 가이드 & 예제 미리보기

* 파트 1의 생성형 AI 기본 개념, 파트 2의 미드저니 기본기,
파트 4의 AI 팁은 어떤 직무든 꼭 읽어주세요.

디자인&아트 기본기부터 배우고 싶은 초보자

아트 기본기 다지기 ▶ 165쪽

달리·3로 손쉽게 이미지 생성하기 ▶ 158쪽

사진 편집하기 ▶ 245쪽

한국어로 이미지 생성하기 ▶ 294쪽

작업물을 한층 더 업그레이드하기 위해 AI에 도전하는 디자이너

영화 포스터 디자인하기 ▶ 240쪽

출력용 이미지 만들기 ▶ 250쪽

이미지 기반 애니메이션 생성하기 ▶ 262쪽

앱 UI 디자인 만들기 ▶ 310쪽

내 업무에 AI 아트를 적용하고 싶은 마케터&기획자

이미지 기획하고 생성하기 ▶ 227쪽

사진 편집하기 ▶ 245쪽

아이디어 시각화하기 ▶ 288쪽

PPT 슬라이드 초안 만들기 ▶ 306쪽

부족한 자본과 시간, 인력을 AI로 보충하고자 하는 소자본 사업가

이미지 기획하고 생성하기 ▶ 227쪽

홍보 이미지 만들기 ▶ 234쪽

출력용 이미지 만들기 ▶ 250쪽

조명으로 이미지 완성도 높이기 ▶ 268쪽

AI 툴을 활용하여 상상하는 모든 것을 만들고 싶은 크리에이터

버추얼 캐릭터 만들기 ▶ 256쪽

이미지에 모션 추가하기 ▶ 272쪽

내 목소리로 음성 파일 만들기 ▶ 277쪽

AI 음악 생성하기 ▶ 303쪽

AI 툴을 활용하여 사진에 모션이나 움직임을 추가하고자 하는 아티스트

버추얼 캐릭터 만들기 ▶ 256쪽

이미지로 애니메이션 만들기 ▶ 262쪽

이미지에 모션 추가하기 ▶ 272쪽

영상에 스타일 적용하기 ▶ 283쪽

완벽한 — 인공지능

Wonderland

NEW
2024 Spring

베리 베리
케이크

앱 UI 디자인 만들기 ✦ 315쪽

홍보 이미지 만들기 ✦ 239쪽

조명으로 이미지 완성도 높이기 ✦ 271쪽

영상에 스타일 적용하기 ✦ 287쪽

반 고흐 스타일 한강 변 야경 이미지 생성하기 ✦ 106쪽

조부모님 웨딩 사진 만들기 ✦ 332쪽

프롤로그

생성형 AI의 시대가 도래하면서 우리는 앞이 보이지 않는 안개로 가득 찬 미래에 직면하게 되었습니다. 일부 업계에서는 노동자들이 대량 해고의 불안감에 휩싸이며 시위와 파업으로 저항의 목소리를 높이고 있습니다. 혼란스러운 현실이지만 저는 이 변화가 우리에게 전에 없던 기회를 안겨줄 것이라고 확신합니다.

20세기 말부터 21세기 초반까지 이어진 지독한 저성장 시대는 우리에게 끈질긴 노력에도 불구하고 보람 없는 결과를 안겨주었습니다. 그럼에도 우리는 발걸음을 멈추지 않았고, 이제 새로운 기회가 찾아왔습니다.

증기기관이나 전기의 발명처럼 AI는 우리 일상에 큰 변화를 가져오는 것은 물론, 매일 새롭게 영향을 미칠 것입니다. 변화의 속도를 따라잡지 못하면 절벽에 추락할 수 있다는 불안감도 함께 밀려오겠죠.

이 책은 그 변화를 받아들이는 방법을 제시합니다. 일관된 원칙을 파악하고 변화에 유연하게 적응하는 능력을 길러 궁극적으로 여러분이 새로운 세상을 이끌어 갈 수 있도록 하는 것이 목표입니다. 과거나 나이는 중요하지 않습니다. 변화의 속도에 몸을 맡기고, 새로운 시대의 주역이 됩시다. 이제 시작입니다. 함께 이 새로운 여정에 동참해 주세요.

이 책은 다음과 같은 내용을 다룹니다.

PART 1
생성형 AI가 무엇인지, 왜 필요한지, 어떻게 작동하는지를 설명합니다. 또한 AI가 예술의 다양한 형태에 어떻게 적용되는지, AI 아티스트들이 어떤 일을 하는지, 그리고 AI 아트의 현재와 미래를 살펴봅니다.

PART 2
AI 아트의 대표 툴인 미드저니의 사용법과 다양한 AI 툴을 알아보며, 이를 효과적으로 활용하는 방법을 공유합니다. 또한, 원하는 이미지를 만들기 위해 꼭 알아야 하는 구도, 선, 색, 조명 등 열 가지 아트 원칙도 함께 배웁니다.

PART 3
AI 아트 툴을 실무에 활용하는 방법을 살펴봅니다. 실무 프로젝트 예제를 통해 AI를 활용한 다양한 디자인 작업물을 직접 만들어 보며 미드저니와 챗GPT 외에 다양한 툴을 함께 접목하여 활용하는 방법을 배웁니다.

PART 4
AI와 관련된 저작권 및 초상권 이슈, 그리고 빠르게 변화하는 AI 정보를 추적하고 활용하는 방법에 대한 팁을 제공합니다.

AI 아트
시작하기

우리가 살아가는 세계는 기술의 빠른 발전으로 인해 극적으로 변화하고 있습니다. 생성형 AI는 이 변화의 중심에 서 있으며, 예술과 디자인 세계에 전에 없이 큰 영향을 미치고 있습니다.

첫 번째 챕터에서는 생성형 AI가 무엇인지, 왜 중요한지, 그리고 어떻게 우리의 창의적 활동에 도움을 줄 수 있는지를 탐구합니다. 또, 이 기술이 가져올 긍정적인 미래와 잠재적인 위험에 대해서도 살펴봅니다.

두 번째 챕터에서는 AI와 예술의 만남이 만들어 낸 새로운 창조적 가능성을 집중적으로 다룹니다. 예술과 기술의 역사적 연결고리를 살펴보며 AI가 앞으로 어떻게 새로운 예술을 형성할지에 대해 탐구합니다. 또, AI가 디자인, 미술, 영상, 음악 등 다양한 예술 분야에서 어떤 변화를 불러오고 있는지, AI 아티스트는 AI 기술을 어떻게 활용하는지 안내합니다.

CHAPTER 1

안녕, AI!

생성형 AI는 기존의 데이터를 학습하여 새로운 콘텐츠를 생성하는 기술로, 창의적인 작업에 큰 도움을 줍니다. 효율성과 생산성을 증진하고, 다양한 아이디어를 얻으며, 개인화된 경험을 제공받을 수 있죠. 여기서는 생성형 AI의 다양한 형태를 소개하고, 이 기술이 가져올 수 있는 긍정적인 가능성과 잠재적 위험을 안내합니다. 이를 통해 생성형 AI를 전반적으로 이해하고 이 기술이 우리에게 미칠 영향에 대해 생각해 봅시다.

생성형 AI란 무엇일까?

2023년 상반기, 챗GPT(ChatGPT)의 등장으로 '생성형 AI'는 세상을 떠들썩하게 하는 화두가 되었습니다. 이 책을 보고 계신 여러분도 한 번쯤은 그 이름을 들어보았을 겁니다. 2024년 2월 에는 챗GPT의 제작사 OpenAI에서 비디오 생성 AI 'Sora'를 선보이며 또 한번 놀라움을 선사하고 있는데요. 그렇다면, 생성형 AI란 대체 무엇일까요? 그 개념과 특성부터 정확히 짚고 넘어가 봅시다.

✦ 기존의 인공지능과 생성형 AI, 무엇이 다른가요?

기존의 인공지능(AI)은 주로 데이터를 인식하거나 분류하는데 사용되었고, 빠르고 능숙한 계산기와 같은 역할을 했습니다. 사진 속에 고양이가 있는지, 글이 긍정적인지 부정적인지를 판단해 주는 것이 그 예입니다. 이와 대조적으로, 생성형 AI는 기존 데이터의 패턴을 학습하여 새로운 이미지, 음악, 텍스트, 영상과 같은 콘텐츠를 만들어 내는 기술입니다. 문장을 작성하거나 그림을 그리고 특정 스타일이나 장르의 음악을 작곡하기도 합니다.

생성형 AI는 단순히 예술적인 콘텐츠를 만드는 것을 넘어 비즈니스, 의료, 금융 등 다양한 실무 분야에서 중요한 역할을 수행하고 있습니다. 소프트웨어 개발 분야에서는 적합한 코딩을 제안하거나 오류를 수정하는 데에 도움을 주고, 더 나아가 프로그래밍 언어를 사용하지 않고 프로그래밍을 할 수 있게 하는 노코드 플랫폼 개발에 활용되기도 합니다. 비즈니스 분야에서는 마케팅과 영업에 필요한 다양한 문서 작성을, 인사 영역에서는 직무 매뉴얼 작성을, 운영 및 CS(Customer Service) 업무에서는 고객 응대를 위한 챗봇 구현에 사용되고 있죠.

이 외에도 금융 서비스는 물론 상품 추천, 이메일 작성, 서비스 개선, 의료 및 생명 과학 분야에서의 신약 개발과 연구까지 도우며 시간과 비용을 절약하고 업무의 효율성을 높이는 데 기여하고 있습니다.

▲ 생성형 AI의 등장으로 인해 빠르게 바뀌는 인간 문명

✦ 생성형 AI의 모델

생성형 AI의 핵심은 대규모 데이터를 기반으로 사전 훈련된 '모델'입니다. AI는 인간이 제공하는 다량의 데이터를 사전에 훈련하고, 이를 '모델'이라는 하나의 덩어리 형태로 구성해 둡니다. 이러한 모델을 바탕으로 새로운 이미지와 텍스트를 생성하죠. 이미지의 경우 더 선명하고 명확한 이미지를 생성하고, 텍스트의 경우 이전 단어와 문맥을 기반으로 적절한 응답 내용을 선택합니다. 이러한 작동 원리 덕분에 생성형 AI는 기존의 인공지능과 달리 창의적인 활동이 가능합니다.

✦ 생성형 AI와 프롬프트

생성형 AI는 사용성 면에서도 기존의 인공지능과 큰 차이를 보입니다. 인공지능과 소통하기 위해 전문적인 지식이나 교육이 필요했던 것과 달리, 생성형 AI와는 '프롬프트'만으로 소통할 수 있습니다. 프롬프트란, 생성형 AI에게 작업을 지시하는 질문이나 명령입니다. 예를 들어, "해질 무렵의 바다를 그려주세요."라는 명령, 즉 프롬프트를 주면 생성형 AI는 이를 바탕으로 새로운 바다 그림을 만들어 냅니다. 이처럼 생성형 AI는 사람의 언어를 이해하므로 기술에 대한 경험이 없어도 누구나 쉽게 사용할 수 있습니다.

TIP ✦ 프롬프트에 대한 자세한 설명은 99쪽에서 다룹니다.

생성형 AI를 사용해야 하는 다섯 가지 이유

생성형 AI는 창의적인 작업에 큰 도움을 줍니다. 아이디어 기획 단계에서 빼어난 성과를 보여주며, '무엇'을 표현할지에 대한 고민을 크게 줄여주기 때문에 예술, 디자인, 콘텐츠 제작 등의 분야에서 널리 활용됩니다. 조금 더 자세히 살펴보자면 다음과 같은 이점이 있습니다.

✦ 효율성과 생산성 향상

생성형 AI는 작업을 자동화하고 최적화하여 효율성과 생산성을 향상하는 데에 도움을 줍니다. 예를 들어, AI를 사용하여 기사를 작성한다고 가정해 봅시다. AI는 특정 주제와 관련된 기본 정보를 수집하여 콘텐츠를 생성해줍니다. 이를 통해 초안 작성 시간을 크게 단축할 수 있겠죠. 뉴스 산업이나 콘텐츠 마케팅에 종사하는 사람에게 특히 유용할 것입니다.

디자인과 예술 분야는 어떨까요? AI는 다양한 시각적 스타일과 패턴을 빠르고 광범위하게 생성하기 때문에 디자이너가 새로운 아이디어를 시각화하는 데 도움을 줍니다. 이를 통해 디자이너는 더 창의적이고 독창적인 기획을 구성할 수 있을 것입니다. 작곡 분야에서도 마찬가지입니다. AI가 생성한 멜로디나 리듬은 음악가에게 영감을 주고 새로운 음악을 만드는 데 사용되며, 음악 산업 전반에 큰 변화를 불러오고 그 제작 방식을 다변화할 것입니다.

TIP ✦ 생성형 AI는 단순한 자동화 툴을 넘어서 창의적인 아이디어와 방법론을 제공하며, 창작 과정의 질과 속도를 높임으로써 기존의 작업 방식을 변화시키고 있습니다. 그 변화는 앞으로도 계속될 것이며 창작자들에게 새로운 가능성을 제공할 것입니다.

✦ 다양한 아이디어 제공

생성형 AI는 학습 데이터를 기반으로 새롭고 다양한 아이디어를 제안하기 때문에 창작 과정에서 더 나은 결정을 내리고 창의력을 발휘하는 데 큰 도움을 줍니다. 가장 대표적인 예가 바로 글쓰기 분야입니다. 작가들은 AI를 통해 새로운 아이디어를 발견하고 작품의 플롯을 발전시키며 독특한 캐릭터를 창조할 수 있습니다. 특히 창작 과정에서 아이디어 고갈에 부딪히거나 새로운 아이디어가 필요할 때 정말 유용하겠죠.

AI의 전폭적인 지원을 받음으로써 작가들은 더욱 다양하고 풍부한 아이디어를 탐구할 수 있게 되었습니다. 이는 창작물의 디테일과 품질을 높이는 데 중요한 역할을 할 것이며, AI는 단순한 작업 툴을 넘어 창작자의 중요한 동반자가 될 것입니다.

✦ 시간과 비용 절감

생성형 AI는 작업 속도와 효율성을 개선함으로써 시간과 비용을 절감하는 데 중요한 역할을 합니다. 이는 특히 광고나 마케팅 콘텐츠 생성과 같은 분야에서 더욱 빛을 발합니다. 예를 들어 AI에게 잠재 고객의 데이터를 분석하고 이를 바탕으로 맞춤형 광고 콘텐츠를 생성해 달라고 요청한다면 어떨까요? 광고 대행사와 프로덕션, 에이전시를 섭외하여 상당한 기간 피드백과 수정을 반복하던 기존의 방식보다 시간과 비용이 훨씬 덜 들어갈 것입니다.

콘텐츠 제작 과정을 자동화하면 인건비 또한 절감됩니다. AI가 기본적이고 단순한 콘텐츠 생산 작업을 처리하는 동안 인간 노동자는 더 창의적이고 전략적인 작업에 집중할 수 있습니다. 작은 규모의 기업이나 자본이 제한된 조직에는 꼭 필요한 변화입니다.

생성형 AI는 데이터 처리와 분석 분야에서도 두각을 나타냅니다. 대량의 데이터를 빠르게 처리하고 유의미한 인사이트를 추출하는 능력으로 시장 조사와 고객 행동 분석에 드는 시간을 획기적으로 단축하고 있죠. 이를 통해 기업은 비즈니스 결정을 더 빨리 내리고, 시장 변화에 더욱 신속하게 대응할 수 있을 것입니다.

> **TIP** ✦ 생성형 AI의 도입은 비즈니스의 효율성을 높이고, 비용을 절감하며, 더 빠른 시장 대응을 가능하게 합니다. 이는 경쟁 우위를 확보하고 장기적인 성공을 위한 기반이 될 수 있고, 작은 기업이 큰 기업을 역전하는 미래를 위한 발판이 될 수도 있습니다.

✦ 개인화된 경험 제공

생성형 AI는 개인화된 경험을 제공합니다. 여기서 말하는 '개인화'란, AI가 사용자의 선호, 행동, 그리고 과거의 상호작용을 학습하여 맞춤형 콘텐츠를 제공하는 것을 의미합니다. 흔히 유튜브나 인스타그램의 '알고리즘'이라고 불리기도 합니다. 개인의 관심사와 필요에 딱 맞는 정보와 제품을 추천함으로써 고객 만족도를 높이고 긍정적 경험을 반복적으로 제공하여 브랜드에 대한 충성도를 강화할 수 있습니다.

최근 대부분의 온라인 쇼핑몰에서 AI를 통해 고객의 구매 이력과 검색 패턴을 분석하여 맞춤형 상품 추천을 제공하고 있습니다. 이를 통해 고객이 관심을 가질만한 제품을 발견하도록 돕고, 구매가 보다 쉽게 이루어지도록 합니다. OTT와 같은 스트리밍 서비스에서도 마찬가지로

AI를 통해 기존의 시청 이력을 바탕으로 맞춤형 콘텐츠를 제공하여 사용자의 만족도를 올려줍니다.

CS(Customer Service)팀의 상담 업무는 어떨까요? AI가 탑재된 챗봇을 통해 고객의 문의 사항을 빠르게 분석하고 과거의 상담 이력을 참고하여 고객이 원하는 방향으로 신속하고 정확하게 응답할 수 있도록 변하고 있습니다. 이를 통해 고객의 불만을 빠르게 해소하고 소요되는 업무 시간을 줄이며 고객 만족도 향상까지 기대할 수 있겠죠.

TIP ✦ 이처럼 생성형 AI는 고객의 만족도와 브랜드 충성도를 높이는 데 큰 역할을 합니다. 여기서 더 나아가, 특정 정보를 학습하여 기억함으로써 사용자의 기호와 행동 방식을 더욱 깊이 이해하고 고객에게 더욱 관련성 높고 가치 있는 경험을 제공합니다.

✦ 창의적 표현 확장

생성형 AI는 예술, 음악, 디자인과 같은 창의적인 영역에서 큰 변화를 불러오고 있으며, 완전히 새로운 형태의 예술을 창조하는 새로운 툴로 떠오르고 있습니다. 하나씩 자세히 살펴볼까요?

예술 분야에서 AI는 이미지와 영상 제작에 사용되며, 예술가들은 AI를 활용하여 전에 없던 형식의 작품을 만들 수 있습니다. AI는 복잡한 알고리즘과 데이터를 사용하여 독특한 작품을 만들며, 이는 전통적인 기법으로는 시도하지 못했던 새로운 차원의 결과물을 만들어 냅니다.

음악 산업에서 AI는 멜로디, 리듬, 심지어 화성악까지 이해하고 반영하며 다양한 방식으로 활용됩니다. 음악가들은 전통적 방식을 넘어 새로운 형태와 장르를 시도하게 되었고, AI가 제공하는 멜로디나 리듬은 음악가에게 새로운 영감을 제공하며 창의적인 실험을 빠르게 반복할 수 있도록 합니다.

디자인 산업은 대량 생산과 다수의 기호를 호불호 없이 반영하는 것을 목표로 하기 때문에 방대한 데이터를 통해 결과물을 만드는 AI가 활동하기에 가장 좋은 영역입니다. AI는 사용자 경험을 조사 및 분석하고 제품이나 그래픽을 디자인하는 등 폭넓게 사용됩니다. 그 과정에서 사용자의 요구와 선호도를 분석하여 더 효과적이고 매력적인 디자인 솔루션을 제시하기도 하고, 때로는 다양한 색상, 형태, 질감을 실험하고 조합하여 디자이너들이 창의력을 발휘할 수 있는 새로운 방향을 제시하기도 합니다.

TIP ✦ 생성형 AI는 전통적 표현 방식을 넘어 새로운 가능성을 열어줍니다. 창의적 과정을 강화하고 그 속도와 빈도를 높여 예술가들이 기존의 물리적 한계를 넘어 새로운 작업을 시도하는 데 큰 도움을 줍니다.

생성형 AI의 기본 작동 원리 : AI와 프롬프트의 관계 이해하기

생성형 AI는 백설 공주 이야기 속의 마법 거울과 유사합니다. 마법 거울이 여왕의 질문에 가장 정확한 답을 제공했듯이, 생성형 AI도 우리가 제시하는 질문이나 명령에 대한 '답'을 만들어 냅니다. 여기서 '질문이나 명령'은 '프롬프트'라는 이름으로 정의되며, '답'은 AI가 미리 학습한 방대한 정보와 데이터를 바탕으로 구성됩니다. 이 데이터는 인터넷의 수많은 웹페이지, 책, 기사등에서 가져온 수억 개의 단어와 문장으로 이루어져 있습니다.

예를 들어, 생성형 AI에게 "하늘은 왜 파란색인가요?"라고 질문한다면, AI는 "하늘이 파란색으로 보이는 이유는 레일리 산란 때문입니다. 이는 대기 중의 작은 입자들이 짧은 파장의 빛, 특히 파란색 빛을 산란시키기 때문입니다."라는 답을 제공합니다. 학습한 지식을 바탕으로 질문에 대답하는 것이죠. 마치 학생이 수업에서 배운 내용을 바탕으로 시험 문제에 답하는 것과 비슷합니다.

그러나, 생성형 AI가 항상 완벽한 답을 제공하는 것은 아닙니다. 때로는 이상한 답을 제공하기도 하죠. 마치 학생이 시험 문제를 잘못 이해하거나 배운 내용을 잊어버려서 틀린 답을 쓰는 것처럼요. 물론, 이러한 오류를 피하고 생성형 AI를 더 효과적으로 사용하는 방법도 있습니다. 학생이 성적을 올리기 위해 공부 방법을 바꾸는 것과 비슷합니다.

생성형 AI는 계속해서 학습하고 발전하며, 점차 더 정확하고 유용한 답을 만들어 내게 될 것입니다. 학생이 계속 공부하고 배우며 점차 더 많은 지식을 쌓아가는 것처럼요. 우리와 생성형 AI의 관계는 여왕과 마법 거울의 관계와 비슷하고, 때로는 선생님과 학생의 관계와 비슷합니다. 우리가 여왕처럼 질문을 던지면 AI는 마법 거울처럼 그 질문에 대한 답을 만들어 낼 것이고, 우리가 선생님처럼 문제를 내면 AI는 그 문제에 정확히 답하기 위해 최선을 다할 것입니다.

TIP ✦ 비유를 통해 우리와 생성형 AI의 관계를 개괄적으로 설명해 보았습니다. 이후 파트 2에서 생성형 AI에게 질문하는 방법과 프롬프트의 구성, 다양한 스킬을 조금 더 자세하게 설명하겠습니다.

생성형 AI의 종류

생성형 AI는 기술의 발전과 함께 다양한 분야로 확장되고 있습니다. 인간의 요구에 맞게 텍스트, 이미지, 영상, 음악 등을 생성하고 있죠. 대표적인 생성형 AI의 종류를 살펴봅시다.

✦ 텍스트 생성(txt2txt)

텍스트 생성 AI는 인간의 질문이나 요청을 처리하고 동일한 언어로 답변을 제공하는 대화형 인공지능입니다. 2023년 상반기부터 큰 화제가 되었던 챗GPT가 대표적인 텍스트 생성 AI입니다. 그만큼 대중에게 가장 익숙한 형태의 생성형 AI이기도 하죠.

챗GPT 외에도 구글의 제미나이(Gemini), 앤트로픽의 클로드, 마이크로소프트의 코파일럿, 메타의 라마, 네이버의 클로바 X, 바이두의 문심일언과 같은 서비스가 텍스트 생성 AI에 속합니다. 대부분이 미국에 기반을 두고 있는 기업들이며, 중국과 한국이 그 뒤를 쫓고 있습니다.

> **PW** You
> 만약 지금 시점의 한국에 1980년대 일본의 버블 붕괴 같은 현상이 다시 벌어진다면, 개인은 무얼 대비해야 할까?
> ‹ 2/2 ›
>
> **ChatGPT**
> 만약 현재 한국 경제에서 1980년대 일본의 버블 붕괴와 유사한 현상이 발생한다면, 개인 차원에서 취할 수 있는 대비책은 여러 가지가 있습니다. 이러한 시나리오에서 중요한 것은 경제적 안정성을 유지하고 잠재적인 재정적 손실을 최소화하는 것입니다. 다음은 몇 가지 주요 대비책입니다:
>
> 1. **비상금 마련**: 경제 불확실성이 증가하는 상황에서는 현금 유동성을 확보하는 것이 중요합니다. 일반적으로 생활비를 최소 3-6개월 치는 비상금으로 마련해 두는 것이 좋습니다. 이는 경제적 어려움이 닥쳤을 때 필요한 자금을 확보하는 데 도움이 됩니다.
> 2. **부채 관리**: 고금리 부채는 경제적 압박을 가중시킬 수 있으므로, 가능한 한 빨리 갚는 것이 좋습니다. 특히, 경제 침체 시에는 신용 상태가 악화되거나 소득이 감소할 수 있어 부채 상환 능력이 떨어질 수 있습니다.
> 3. **투자 포트폴리오 다각화**: 주식, 채권, 부동산 등 다양한 자산 클래스에 걸쳐 투자를 분산하는 것이 중요합니다. 특히, 시장 변동성이 클 때는 안전 자산(예: 국채)에 대한 투자를 늘리는 것을 고려할 수 있습니다.
> 4. **장기 투자 전략 유지**: 단기적인 시장 변동에 일희일비하지 말고, 장기적인 투자 계획을 유지하는 것이 중요합니다. 경제 침체는 일시적일 수 있으며, 장기적 관점에서 시장은 회복할 수 있습니다.
> 5. **소비 습관 조절**: 불필요한 지출을 줄이고 절약하는 습관을 기르는 것이 좋습니다. 경제적으로 불확실한 시기에는 지출을 최소화하고 필수적인 것에만 집중하는 것이 현명합니다.
> 6. **직업적 안정성 고려**: 경제 침체 기간 동안 일자리 보안은 매우 중요합니다. 필요한 경우 추가적인 기술을 배워 직업적 경쟁력을 강화하거나, 보다 안정적인 산업이나 업종으로 이동을 고려할 수도 있습니다.

▲ 경제위기 대처 방안을 묻자 방대한 데이터를 바탕으로 답변하는 챗GPT

✦ 이미지 생성(txt2img)

이미지 생성 AI는 텍스트 설명을 기반으로 이미지를 생성합니다. 이 책에서 주로 다룰 미드저니(Midjourney) 스테이블 디퓨전(Stable Diffusion), 달리·3(DALL·E 3) 같은 툴이 여기에 속합니다. 이미지 생성 AI는 디자인은 물론 예술과 시각화 등 다양한 분야에서 널리 활용됩니다.

▲ 미드저니로 만든 유화 '춤추는 소녀'

▲ 스테이블 디퓨전으로 만든 모델 사진

▲ 달리·3로 만든 추상화 '환희'

영상 생성 (txt2vid, img2vid, vid2vid)

영상 생성 AI는 텍스트로부터 영상을 생성하거나 영상을 다른 영상으로 혹은 이미지를 영상으로 변환하는 기술입니다. Runway의 Gen-1과 Gen-2 같은 서비스가 대표적입니다. 광고, 영화 제작, 시뮬레이션 등 다양한 분야에서 활용할 수 있습니다.

TIP ✦ 최근 챗GPT의 개발사 OpenAI에서 txt2vid, img2vid, vid2vid가 모두 가능한 서비스 'Sora'를 공개하여 다시 한번 화제를 모으고 있습니다.

▲ Gen-2로 만든 눈 속에서 피어난 장미 영상

▲ 영상을 영상으로 만드는 툴, Gen-1

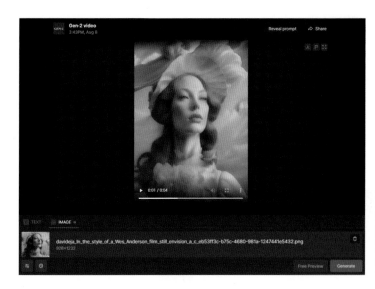

▲ 이미지를 영상으로 만드는 툴, Gen-2

✨ 음악 생성

음악 생성 AI는 특정 스타일, 장르, 테마의 음악을 생성합니다. 작곡가와 음악 제작자가 더욱 창의적인 작업을 하도록 도와주며 게임, 영화, 광고 산업 등에 사용되는 음악 및 사운드트랙을 제작할 때 유용하게 쓰입니다. 최근에는 SOUNDRAW와 같은 구독형 음악 생성 AI 서비스가 등장하여 전문적인 지식 없이 쉽고 빠르게 원하는 BGM을 생성하고 상업적으로 이용할 수 있게 되었습니다.

TIP ✦ SOUNDRAW는 303쪽에서 자세히 살펴봅니다.

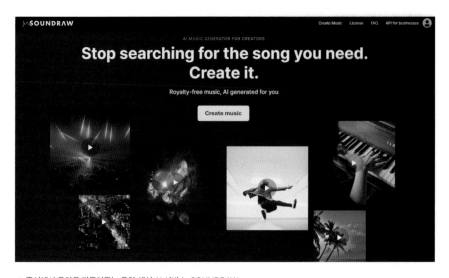

▲ 즉석에서 음악을 만들어주는 음악 생성 AI 서비스, SOUNDRAW

AI의 미래 :
지능 폭발과 초지능의 탄생

놀라운 가능성을 보여주며 이전과는 전혀 다른 세상을 만들어 가고 있는 생성형 AI, 그 미래는 어떻게 될까요? 이와 관련하여 여러 예측과 논쟁이 오가고 있는데요. 대표적으로 나오고 있는 두 가지 상반된 관점을 살펴봅시다.

먼저, 부정적인 이야기부터 들여다볼까요? AI의 미래를 부정적으로 바라보는 사람들은 '초지능의 탄생'을 근거로 제시하고 있습니다. 현재까지의 기술은 정류장 같은 지점이 존재했습니다. 인간이 개발을 멈추면 기술의 발전 속도가 느려지기도 했죠. 하지만 생성형 AI는 지칠 줄 모릅니다. 챗GPT 3.5가 출시된 후에도 멈추지 않고 계속 달려서 머지않아 챗GPT 4가 출시되었고, 이제는 챗GPT 5에 대한 이야기가 나오고 있는 상황입니다.

◀ 초지능(Superintelligence)의 탄생

사람들은 바로 이 끊임없는 발전과 성장을 우려하며 '지능 폭발'과 그에 이어지는 '초지능 (Superintelligence)'이라는 개념을 제시합니다. 끊임없는 성장 끝에 생성형 AI가 인간보다 더 똑똑한 초지능 단계에 도달할 수 있다는 것이죠. 영화 〈터미네이터〉의 '스카이넷'과 같은 인공지능이 초지능의 대표적인 예시입니다. 초지능은 인간에게 유용할 수도 있지만 잘 관리되지 않으면 인류 차원의 위험이 될 수 있습니다.

◀ 인공지능, 그리고 환경과의 공존을 이룩한 미래 도시

반면, 생성형 AI의 빠른 성장세를 낙관적으로 보는 사람들도 있습니다. 인공지능의 발전이 우리 삶의 모든 부분을 개선해 줄 것이라고 믿는 사람들이죠. 그들은 기후 위기 대처, 새로운 에너지원 탐색, 질병 치료 등 여러 분야에서 인공지능을 적절하게 잘 활용하면 인류가 마주한 문제를 빠르게 해결하여 인류 문명이 지구의 환경과 공존할 수 있다고 주장합니다.

TIP ✦ 생성형 AI는 끊임없는 성장과 지능 폭발, 초지능의 탄생을 통해 전혀 다른 세상을 만들 수 있지만, 잘못 관리되면 위험할 수도 있으므로 신중한 접근이 필요합니다. 이러한 가능성과 위험은 인간과 기계가 어떻게 협력하고 상호 작용하며 살아갈 것인지에 대한 근본적인 질문을 제시합니다.

CHAPTER 2

AI로 펼쳐지는 아트 세상

예술은 인간의 존재와 깊게 연결되어 있으며 감정을 자극하고 문화를 연결하는, 시대를 초월하는 힘을 지닙니다. 이 힘은 현재 인공지능의 도래와 기술의 발전을 통해 새로운 차원으로 이동하고 있습니다. 이번 챕터에서는 예술과 기술이 함께 열어가고 있는 새로운 차원의 미래를 탐구해 볼 것입니다.

기술과 예술의 과거

생성형 AI는 새로운 것을 창조하는 특별한 능력으로 디자인, 예술, 영상, 음악 등 여러 예술 분야에서 충돌과 융합을 일으키며 혁신을 주도하고 있습니다. 이런 현상이 낯설게 보일 수도 있지만, 사실 예술과 기술의 결합은 새로운 현상이 아닙니다. 예술의 역사를 살펴보면 기술이 얼마나 큰 변화를 불러왔는지 확인할 수 있는 사례들이 많습니다. 하나씩 살펴볼까요?

✦ 카메라 옵스큐라

카메라 옵스큐라는 '어두운 방'이라는 뜻의 라틴어로, 상자나 방과 같이 어두운 공간에 작은 구멍이 하나 뚫린 장치를 말합니다. 이 구멍을 통해 외부의 풍경이 빛의 형태로 들어와 반대편 벽에 상을 만드는데, 이 상은 거꾸로 되어 있습니다. 빛은 직선으로 전파되기 때문에 외부의 오른쪽 모습이 내부의 왼쪽에, 외부의 위쪽 모습이 내부의 아래쪽에 나타나게 되는 것입니다.

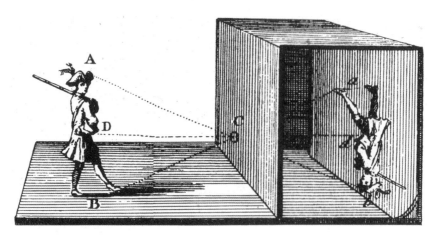

▲ 사진기의 기원이 된 카메라 옵스큐라

카메라 옵스큐라는 아주 오랜 역사가 있습니다. 고대 그리스 시대에 그 원리가 포착되어 중세 이후에 완성된 이 장치는 더 정확하고 자연스러운 그림을 그리려고 하는 예술가들에게 큰 도움을 주었습니다. 사람들은 이 장치를 통해 빛이 상이 되어 이미지를 만들어 내는 원리를 이해하게 되었고, 이는 이후 카메라의 발명으로 이어졌습니다.

✦ 튜브 물감

19세기에 등장한 튜브 물감은 높은 휴대성으로 야외에서도 작업할 수 있는 자유를 제공했습니다. 과거에는 야외에서 작업하려면 직접 만든 물감을 동물의 내장으로 만든 용기에 담아 이동해야 했는데, 용기가 터져 엉망이 되기 십상이었다고 합니다. 그 때문에 기억에 의존하여 풍경화를 작업실 안에서 그리는 경우가 많았다고 하죠. 튜브 물감은 이러한 공간의 제약을 없앴습니다. 덕분에 인간의 다양한 감정을 표현한 인상주의가 성장했고, 클로드 모네의 〈수련〉 연작과 같은 작품이 탄생할 수 있었습니다.

▲ 〈수련 연못 위의 다리 Bridge over a Pond of Water Lilies〉, 클로드 모네, 1899

✦ 사진의 등장

사진의 등장은 미술에 혁명을 일으켰습니다. 실존하는 것을 사실적으로 표현하던 화가들은 충격에 빠졌고, 인간 화가가 사진보다 나은 점은 무엇인가에 대해 고민해야 했습니다. 그로 인해 현실을 단순히 모방하는 것이 아닌, 해석과 재구성의 방식이 생겨났죠. 이를 잘 보여주는 대표적인 미술 사조 세 가지를 살펴보겠습니다.

첫 번째는 인상주의입니다. 대표적인 화가로는 클로드 모네, 에드가 드가, 오귀스트 르누아르가 있습니다. 인상주의 화가들은 순간의 빛과 분위기를 포착하는데 능했습니다. 전통적인 미술의 방식을 벗어나 사실적이면서도 감정을 담은 작품을 시도했죠. 이러한 특징은 모네의 〈해바라기가 있는 정물〉과 같은 작품에서 확인할 수 있습니다.

◀ 〈해바라기가 있는 정물 Vase of
Sunflowers〉, 클로드 모네, 1881

두 번째는 표현주의입니다. 표현주의는 형태와 색의 왜곡을 통해 내면의 감정을 표현합니다. 사진과는 표현 방식이 완전히 다르죠. 대표적인 화가로는 에드바르 뭉크, 에곤 실레, 프란츠 마르크가 있습니다. 이들은 주관적인 감정과 내면적 경험을 강렬하고 왜곡된 형태로 표현했습니다. 실재하는 세상을 사실적으로 묘사하기보다는 불안, 고독, 공포와 같은 인간의 감정을 강한 색채와 거친 붓놀림, 왜곡된 형태로 표현하고자 한 것입니다. 대중에게 잘 알려진 작품으로는 에드바르 뭉크의 〈절규〉와 같은 작품이 있습니다.

◀ 〈절규 The Scream〉, 에드바르 뭉크, 1893

마지막은 추상 미술입니다. 추상 미술은 사물의 실제적인 외형을 벗어나 순수한 예술적 의도와 감정을 담아냅니다. 대표적인 화가로는 바실리 칸딘스키, 피에트 몬드리안, 파울 클레, 카지미르 말레비치가 있으며, 구체적인 형태나 대상을 직접적으로 표현하지 않고 색, 선, 기하학적 형태 등으로 표현한 것이 특징입니다. 이들은 물리적 현실을 초월하여 감정과 아이디어, 미학적 감각을 순수하고 정제된 시각 언어로 전달하고자 했습니다. 이러한 특징은 카지미르 말레비치의 〈검은 정사각형〉과 같은 작품에서 확인할 수 있습니다.

◀ 〈검은 정사각형 Black Square〉, 카지미르 말레비치, 1915

이처럼, 기술과 예술의 결합을 통해 예술은 단순한 재현에서 벗어나 감정, 사상, 철학을 탐구하는 매개체로 성장했습니다. 이러한 흐름은 현재 인공지능의 등장에서도 발견되고 있으며, AI는 예술의 새로운 장을 열고 있습니다. AI와 예술의 결합은 기술적 발전 이상의 의미를 지니며, 예술가와 관람객에게 새로운 경험과 통찰을 제공하고 있습니다. 인공지능이 단순한 기계가 아닌 창조의 파트너로 부상하고 있음을 확인할 수 있죠.

AI, 아트를 만나다

AI와 예술의 만남은 여러 분야에서 창의적 가능성을 품은 새로운 물결을 일으키고 있습니다. 대표적으로 디자인, 미술, 영상, 음악 분야의 변화를 살펴보도록 하겠습니다.

✦ 디자인

▲ AI와의 협업을 통해 디자인 업무를 수행하는 디자이너

디자인 작업 과정에서 시간이 가장 많이 소요되는 단계가 무엇인지 아시나요? 바로 디자인의 방향을 결정하는 단계입니다. AI는 바로 이 단계를 급속히 변화시키고 있습니다. 디자이너는 AI를 활용해 시안을 빠르게 생성하여 클라이언트와 명확히 소통하고, AI가 작성해준 클라이언트의 요구 사항과 잠재 고객의 소비 심리를 분석합니다. 디자인 프로세스가 개인 역량과 지속적인 피드백에 의존하던 방식에서 벗어나 훨씬 효율적인 방식으로 발전하고 있는 것이죠. 더이상 n번째 최종본을 만들지 않아도 되는 것입니다.

TIP ✦ 사용자의 감정과 취향을 분석해 개인 맞춤형 아트 워크를 생성하는 서비스도 출시되고 있습니다. 고객이 간단한 설문을 통해 자신의 선호도와 기분을 나타내면 AI는 이를 분석해 고객에게 맞는 아트 워크를 디자인합니다.

▲ 고전을 재해석한 새로운 형태의 미술

미술 분야에서 AI의 혁신은 매우 광범위하게 이루어지고 있습니다. 고전 작품을 분석하고 대표 작가들의 스타일을 모방하여 새로운 작품을 창조하는 기능은 이미 널리 알려져 있습니다. 고흐나 피카소와 같은 유명 작가의 스타일로 그림을 그릴 수 있게 된 것이죠. 이뿐만 아니라, 전문적으로 훈련된 아티스트들은 AI를 활용하여 새로운 시각적 시도를 하게 되었습니다. 예술의 영역에서 속도는 물론, 작업의 규모와 정교함 역시 향상되고 있습니다.

TIP ✦ 10시간이 걸리던 작업을 1시간 만에 해낼 수 있다는 것은 혁신적인 변화입니다. 실력 있는 아티스트가 AI와 함께 10시간 동안 작업한다면 더욱 정교하고 규모가 크거나 이전에 존재한 적이 없는 새로운 장르의 작품이 나올 것입니다.

또한, 미술 작품을 인공지능에게 학습시켜 디지털 아트로 변환할 수 있으며, 이를 통한 대량 생산과 수익화가 가능해졌습니다. 이제 아티스트들은 자신이 그린 그림을 기반으로 제품을 만들어 오프라인이나 온라인 플랫폼을 통해 판매할 수 있습니다. 누군가의 도움 없이 말입니다.

이러한 혁신은 예술 작품의 생산과 판매 과정을 단순히 빠르게 만드는 데 그치지 않고 아티스트 개개인에게 새로운 비즈니스 모델과 창의적인 표현 방법을 제공하며 예술 활동에 필요한 경제적 자원을 가져다줍니다. 이는 다시 아티스트들이 창의적이고 멋진 예술 활동을 지속할 수 있는 시간과 기반을 만들어 예술계 전반의 성장을 촉진할 것으로 기대됩니다. AI는 이러한 선순환 구조를 통해 미술의 세계를 더욱 다양하고 풍성하게 만들고 있습니다.

✦ 영상

▲ 기존의 MR(Mixed Reality) 또는 Virtual Studio와 생성형 AI의 결합

AI는 영상 제작 분야의 다양한 단계에서 혁신을 주도하고 있습니다. 실용적인 작업부터 창의적인 요소에 이르기까지, AI를 활용함으로써 기존 방식보다 훨씬 더 효율적인 영상 제작이 가능해졌죠. 자동 편집 AI인 Autopod는 편집 작업 시간을 대폭 단축하고, SOUNDRAW와 같은 음악 생성 AI 툴은 상업용 효과음과 배경 음악을 신속히 생성해 줍니다. 스크립트 작성이나 캐릭터 분석과 같은 스토리텔링 과정에서도 AI 분석 능력을 활용하여 보다 깊고 다층적인 내러티브를 구축할 수 있습니다.

AI는 콘티 제작 과정도 뚜렷한 혁신을 가져왔습니다. 콘티란 콘티뉴이티에서 유래한 용어로, 본격적인 촬영에 들어가기에 앞서 각 장면을 그림으로 표현하는 스토리보드입니다. 기존에는 콘티 제작을 위해 별도의 전문가를 고용해야 했지만, 이제는 AI가 그 자리를 대신하여 빠른 수정과 비용 절감이 가능해졌습니다. 화각과 조명을 결정할 때도 마찬가지입니다. 화각은 카메라의 시야각을 결정하는 것으로, 작품의 분위기와 메시지를 전달하는 데 중요한 역할을 합니다. 조명은 장면의 빛과 그림자를 조절하는 것으로, 감정과 톤을 표현하는 핵심 요소입니다.

이러한 복잡한 작업을 AI가 지원함으로써 실제 촬영 전에 장면을 시뮬레이션하거나 투자 제안서에 활용하는 것이 가능해졌고, 작은 스튜디오나 개인 제작자는 이전에는 도전하기 어려웠던 작업에 도전하고 있습니다. 또한 현실에 존재할 수 없는, 또는 제작하기 힘든 장면도 만들어 낼 수 있게 되었습니다.

✦ 음악

▲ 생성형 AI에 의해 빠르게 변화하고 있는 음악 시장

AI가 도입되며 음악의 세계는 확장되고 있습니다. 기존의 숙련된 작곡가나 프로듀서에게는 작곡과 편곡을 돕는 파트너이자 창의적인 영감의 원천이 되어주고, 음악 제작의 장벽을 낮추어 전문적인 음악 교육을 받지 않은 일반인도 쉽게 음악 제작에 도전할 수 있게 되었습니다.

프롬프트를 통해 챗GPT에게 특정 분위기나 감정을 담은 음악을 요청한다고 가정해 봅시다. 챗GPT는 이 프롬프트를 분석한 후, 그에 맞는 음악을 'MIDI 데이터'라는 형식으로 생성해 줍니다. MIDI는 음악 장비들이 서로 정보를 주고받을 수 있는 디지털 형식으로, 음의 높이나 길이, 볼륨 같은 음악적 요소들을 컴퓨터가 이해하고 처리할 수 있는 디지털 코드로 표현한 것입니다. 쉽게 말해 AI가 당신의 요청을 바탕으로 컴퓨터가 읽을 수 있는 음악 코드를 작성해 준다고 생각하면 됩니다. 기존에는 사람이 직접 MIDI를 만들어야 했으나, 이제는 생성형 AI를 통해 인간의 언어만으로 음악을 제작하는 것이 가능해졌습니다.

TIP ✦ MIDI 데이터를 Ableton Live, Logic Pro X, FL Studio와 같은 DAW(Digital Audio Workstation) 소프트웨어로 가져와 악기를 바꾸거나 오디오 이펙트를 추가하는 등 추가적인 편집 작업을 할 수 있습니다.

AI 아티스트는
어떤 일을 할까?

AI 아티스트는 생성형 AI를 다양한 방식으로 활용하여 예술 작품을 창작하는 개인이나 그룹을 의미합니다. 이들은 기존의 미디어 아트에서 더 나아가 AI를 활용한 전자 음악, 프로젝션 맵핑, 그리고 센서 기반의 인터랙티브 설치 작품 등을 다룹니다.

관람객의 목소리에 실시간으로 반응하는 프로그램을 통해 새로운 음향이나 리듬을 생성하는 전시를 진행할 수 있고, 사람이나 자연물로부터 입수한 특정한 데이터를 전환하여 반복되지 않는 다양한 영상을 생성하는 디스플레이를 만들 수도 있죠. 또한, 각종 반응형 센서와 AI를 결합하여 관객의 움직임이나 몸의 신호를 감지하여 유동적으로 변화하는 인터랙티브 작품을 만들 수도 있습니다.

▲ 생성형 AI를 활용한 설치 작품, Here WE ARE 전시, 안재홍, 2023

TIP ✦ 생성형 AI의 가장 큰 장점은 빠른 작업 속도와 유연성입니다. 아티스트는 AI의 빠른 계산 능력을 활용하여 작품을 더 빨리 완성할 수 있으며 기존의 작업을 쉽게 수정하거나 확장할 수 있습니다.

▲ 생성형 AI를 활용한 설치 작품, 2023 광주 디자인비엔날레, 안재홍·최소영, 2023

AI는 공동 창작자로서의 역할도 수행하고 있습니다. 아티스트의 초기 아이디어나 초안을 기반으로 작품을 자동으로 완성하거나, 아티스트가 의도한 특정 테마나 감정을 더 잘 표현할 수 있도록 도와주죠. 이러한 특성 때문에 스스로를 Collaborative AI artist, 즉 생성형 AI와 협업하는 아티스트라고 칭하는 예술가들도 등장하고 있습니다. 이처럼 이미 다양한 기술을 응용하고 있는 미디어 아트 분야에서는 생성형 AI가 크게 환영받고 있으며, 새로운 창의적 가능성이 끊임없이 개발되고 있습니다.

생성형 AI가 예술의 세계에 미치는 영향은 점점 더 광범위해지고 있습니다. 특히 예술에 대한 전문적 지식이나 경험이 없는 이들이 유명한 작품을 단순히 모방하는 형태로 시작하여 예술의 세계에 발을 들이고 있습니다. 시작은 습작에 가깝다고 볼 수 있지만, 이는 예술에 대한 사회적 관심과 참여를 높이는 중요한 과정입니다.

▲ 생성형 AI를 활용한 설치 작품, 2023 서울라이트 광화문 전시, 안재홍, 2023

AI의 역할은 여기서 그치지 않습니다. AI는 유명 예술 작품의 단순한 모방을 넘어 존재하지 않는 것을 현실처럼 만들어 내는 대체 현실을 창조하고 있습니다. 이러한 혁신적인 접근은 가짜 뉴스와 같은 사회적 문제를 일으킬 수도 있지만, 사람들이 미디어와 매체, 그리고 '진실'에 대해 더 심도 있게 고민하고 토론하는 계기를 제공합니다. 또, '어떻게 기계와 차별화를 이루며 살아남아야 할까?'라는 철학적인 고민도 하게 될 것입니다. 그 고민과 토론의 과정에서 대중의 통찰력이 증진되고, 더 높은 수준의 인식이 가능해지겠지요.

▲ 생성형 AI를 활용한 방송 CG 작업, KBS 2TV 9층 시사국, 안재홍, 2023

▲ 생성형 AI를 활용한 무대 배경 작업, 창작 뮤지컬 〈대장장이 척〉, 안재홍, 2023

또한, 미래에는 AI와 인간 아티스트의 협업이 더욱 깊어질 것으로 예상됩니다. 앞서 언급했듯이 이미 몇몇 예술가들은 스스로를 'Collaborative AI artist'라고 칭하며 AI와 인간의 창의력을 결합한 놀라운 작품을 선보이고 있습니다. 이런 협업은 예술의 경계를 넓히고 예술가와 관객 모두에게 전에 없던 시각과 경험을 제공할 것입니다.

AI 아트의 현재

2023년 12월 27일, 미국의 일간지 뉴욕타임스가 저작권 침해를 이유로 마이크로소프트와 챗 GPT의 개발사 OpenAI에 소송을 제기했습니다. 뉴욕타임스는 소를 제기하면서 "자사가 발행한 수백만 건의 기사가 정보의 원천으로 챗봇을 훈련하는 데 사용되었고 이제는 신뢰할 만한 정보 제공자로서 경쟁하고 있다."라고 주장했습니다. 2023년 9월에는 〈왕좌의 게임〉으로 잘 알려진 작가 조지 R.R. 마틴이 저작권 침해를 이유로 OpenAI에 소송을 제기하기도 하였습니다. 이처럼 생성형 AI의 등장은 그 편리함뿐만 아니라 인간의 권리 침해와 상당히 밀접한 이슈들을 만들어 내고 있습니다.

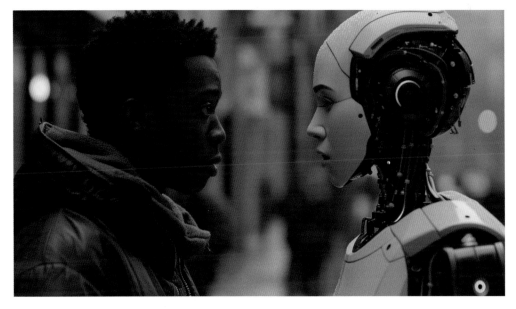

▲ 인간과 AI의 대립

✦ 미국

생성형 AI에 대한 세계 각국의 반응은 매우 다양합니다. 생성형 AI의 중심 그 자체인 미국에서도 굉장히 양분된 반응이 나타나고 있습니다. 할리우드를 중심으로 한 엔터테인먼트 산업에서는 큰 파동이 일고 있으며, 일부 작가와 배우는 인공지능의 발전이 자신들의 창의적 업무에 위협이 된다고 주장합니다. 이에 따라 파업을 선언하고 인공지능의 활용 범위와 로열티 등에 대한 명확한 규정을 요구하고 있죠.

또 다른 배우들은 자신의 신체와 얼굴 데이터를 학습 데이터로 제공함으로써 새로운 수익원을 창출할 수 있을 것이라 기대하고 있습니다. 기술의 발전으로 새로운 예술 형태와 상업적 기회가 생길 수 있다는 점에 주목한 것이죠.

미국 정부와 인공지능 기업들은 AI 기술의 안전한 발전을 위해 다양한 방안을 모색하고 있습니다. 규제와 자율성 사이에서 적절한 균형을 찾는 것이 현재 미국 사회의 주요 과제 중 하나입니다. 미국이 세계적으로 가장 큰 AI 기술 시장을 가지고 있는 만큼, 미국의 향후 행보가 전 세계 생성형 AI 산업에도 큰 영향을 미칠 것으로 예상됩니다.

✦ 유럽

유럽에서는 개인정보 보호와 관련된 문제를 중점으로 보고 있습니다. 이탈리아가 가장 대표적인 국가죠. 이탈리아 정부는 개인정보 보호를 이유로 챗GPT의 사용을 공식적으로 금지하기도 했습니다. 이러한 결정은 유럽 연합에 큰 영향을 미치고 있으며, 다른 유럽 국가들도 인공지능의 위험성을 예의주시하고 있습니다.

반면, 유럽의 예술계에서는 생성형 AI를 새로운 창작 도구로 적극 받아들이고 있습니다. 많은 예술가가 AI를 활용하여 전통적인 예술 형태를 뛰어넘는 새로운 작품을 만들어 내고 있죠. 이들은 'Collaborative AI artist'라는 새로운 이름으로 인공지능과 인간의 창의력이 만나 어떠한 신세계가 열릴 수 있는지를 실증하고 있습니다.

영국의 경우, 정부 차원에서 인공지능에 대한 적극적인 관심을 보이고 있습니다. 영국 정부는 공공 서비스와 관리 시스템에 인공지능을 통합하려는 계획을 세우고 있으며, 이를 위한 다양한 연구와 투자가 진행 중입니다.

✦ 중국

아시아에서는 흥미로운 상황이 펼쳐지고 있습니다. 중국은 생성형 AI 분야에서 전 세계적으로 주목받는 국가 중 하나입니다. 인구가 많고 디지털 환경이 빠르게 발전하는 중국의 특성상, 엄청난 양의 데이터를 활용할 수 있다는 강점이 있기 때문이죠. 중국은 논문 발행과 특허 신청의 총량에서 뛰어난 성과를 보이고 있으며, 이는 미국과의 패권 경쟁에서도 큰 변수로 작용하고 있습니다.

중국 정부는 다양한 방법으로 인공지능 연구를 지원하며 AI 분야의 세계적인 리더가 되기 위해 노력하는 중입니다. 국가 차원에서의 전략적 목표와도 일치하죠. 그러나 중국의 빠른 발전에는 여러 가지 문제점과 우려도 존재합니다. 데이터의 대규모 활용은 개인정보 보호와 같은 문제를 야기하며, 이는 국내외적으로도 많은 논란을 일으키고 있습니다. 또한, 중국의 인공지능 기술이 군사나 감시에 어떻게 활용될지에 대한 우려도 지속해서 제기되고 있습니다. 중국은 생성형 AI의 접근과 활용에 있어 매우 복잡한 이슈를 다루고 있으며, 이는 향후 전 세계적으로도 큰 영향을 끼칠 것으로 예상됩니다.

✦ 일본

일본은 매우 독특한 방식으로 생성형 AI에 접근하고 있습니다. 일본 정부는 생성형 AI 기술의 활용을 촉진하기 위해 학습 데이터 사용에 대한 면책을 제공하겠다고 밝혔고 일본 내 일러스트레이터, 애니메이터, 그리고 다양한 창작자들이 크게 반발하고 있습니다. 그들은 자신의 창작물이 인공지능에 의해 무단으로 사용될 가능성에 대해 우려를 표하고 있으며, 이에 대한 철저한 규제와 보호를 요구하고 있습니다. 이러한 반발에도 불구하고 일본 정부는 기술의 빠른 발전을 위해 면책 조항을 유지하는 중입니다. 이는 일본이 전통적으로 강하다고 여겨지는 애니메이션, 게임, 그래픽 디자인 등의 분야에서 인공지능의 활용을 증대시키려는 전략의 일환이라고 볼 수 있습니다.

▲ 인공지능에 의해 일자리를 잃은 사람들의 시위

✦ 한국

한국은 미국, 중국, 이스라엘과 함께 챗GPT와 같은 초거대 인공지능을 개발할 수 있는 능력을 갖춘 4개 국가 중 하나입니다. 이러한 위치를 확립한 배경에는 한국 정부와 대기업, 그리고 연구 기관들의 적극적인 지원과 투자가 있습니다. 특히 한국 정부는 2024년까지 생성형 AI를 상용화할 수 있도록 촉진하겠다는 계획을 발표했습니다. 이를 위해 연구와 개발에 필요한 재원을 지원하는 등 관련 기술의 상용화와 확산을 위한 다양한 정책적 도구가 필요할 것입니다.

한편, 한국의 대기업들도 생성형 AI 개발에 열을 올리고 있습니다. 연구소와 개발팀을 운영하며 생성형 AI 기술의 발전을 위한 다양한 프로젝트와 연구를 진행 중이죠. 대기업의 투자와 연구는 한국이 생성형 AI 분야에서 세계적인 경쟁력을 갖추는 데 큰 역할을 하고 있습니다.

그러나 발전의 이면에는 여러 문제가 존재합니다. 특히 일러스트레이터, 디자이너, 창작자들은 긴 시간과 노력을 들여 애써 만든 창작물들이 학습 데이터로 무단 수집되고 영리적인 목적으로 활용된다는 점에 큰 우려를 표하고 있습니다. 이들은 생성형 AI를 개발하고 사용하는 기업과 사용자가 보다 책임감 있는 태도를 가져야 한다고 주장하며 명확한 규제와 지침을 마련해야 한다고 강조합니다.

한국은 생성형 AI 분야에서 기술적으로는 뛰어난 성과를 보이고 있지만 이를 둘러싼 윤리적, 사회적, 그리고 정책적인 문제들이 여전히 해결되어야 할 과제로 남아 있습니다. 이러한 문제들은 단순히 기술적인 문제를 넘어서 사회 전반에 걸친 복잡한 이슈를 포함하고 있어, 다각적이고 신중한 접근이 필요합니다.

TIP ✦ 이처럼 생성형 AI에 대한 전 세계의 반응은 다양하고 복잡하며, 이는 기술의 미래 발전과 그 영향력을 더욱 주목할 만하게 만듭니다.

AI아트의 미래

✦ 생성형 AI의 능력과 위기감

생성형 AI의 능력과 그에 따른 사회적 위기감은 끊임없이 확산되고 있습니다. 특히 디자인, 일러스트레이션, 사진 촬영, 기획, 글쓰기와 같은 창의적 분야에서는 AI 기술의 파괴력과 혁신이 동시에 목격되고 있습니다. 수작업으로 10시간이 걸리던 작업도 생성형 AI를 이용하면 1시간 만에 끝납니다. 이는 단순히 작업 시간의 단축을 넘어, 생산성과 효율성의 급격한 향상을 의미하기 때문에 다수의 투자자로 하여금 창의적 분야에 대한 투자를 유도할 것으로 예상됩니다.

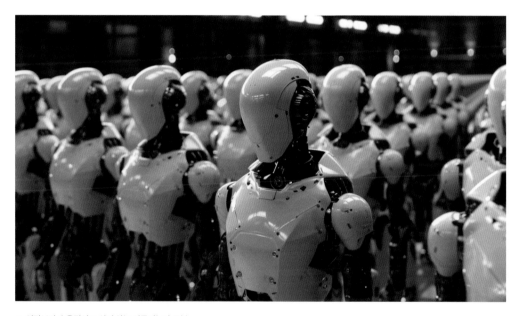

▲ 인간보다 효율적이고 쉬지 않는 인공지능과 로봇

그러나 긍정적 변화의 이면에는 무시할 수 없는 부작용과 문제들도 공존합니다. 사람들은 "사람의 역할이 줄어들면, 혹은 극단적으로 사람이 필요 없어지면 어떡하지?"라는 질문을 자연스레 떠올리게 됩니다. 실제로 AI의 발전은 일자리 감소, 노동 가치의 축소, 그리고 예측 불가한 사회적 혼란과 같은 부작용을 가져올 가능성이 높습니다. 이를 해결하기 위해서는 국가와 더불어 사회 구성원 모두가 힘을 모아 공정한 기술 접근성, 일자리 창출, 그리고 기술로 인해 배제될 사회 구성원들을 위한 안전망 구축 등 다양한 방안을 적극적으로 모색해야겠지요.

✦ 미지의 가능성: 창작자와 AI의 협업

생성형 AI와 창작자의 협업은 단순한 작업 효율성 향상을 넘어 예술과 디자인 분야에 혁신을 불러일으킬 무한한 가능성을 제시합니다. 앞서 언급했던 것처럼 창작자의 수작업으로 10시간이 걸리던 작업을 1시간만에 끝낼 수 있다면, 그로 인해 얻어진 9시간은 다른 창의적 실험과 탐구에 사용될 수 있습니다. 이렇게 해서 완성된 작품은 혁신적이고 깊이 있는 창작물이 될 가능성이 높습니다.

더 나아가, 이러한 형태의 작업 방식은 예술과 디자인 분야에 새로운 기준과 장르를 만들어 낼 수 있습니다. 예컨대, 자연물의 변화를 추적하고 운동 데이터를 추출하여 이를 바탕으로 실시간으로 디지털 아트를 만들어 내는 등 이전에는 시간과 공력이 너무 많이 들어 불가능했던 작업도 가능해질 것입니다. 물리적 제약에서 벗어나 더 깊이 있는 창작에 몰입할 수 있게 되는 것이죠.

✦ 기술의 대중화와 전문가의 역할

요즘 나오는 신기술의 특징 중 하나는 대부분 대중에게 접근성이 굉장히 좋다는 점입니다. 기술의 대중화가 전문성과 접점을 형성하는 빈도가 증가하고 있습니다. 이러한 현상들이 어떤 상호작용을 하는지 이해하려면 과거의 기술 대중화 예시를 살펴보면 됩니다. 20세기에 카메라가 대중화되면서 사진 찍기는 많은 사람의 취미가 되었습니다. 21세기에 접어들며 스마트폰에 고성능 카메라가 탑재되어 접근성은 더 좋아졌죠. 그렇다고 해서 스마트폰을 사용하는 모든 사람이 전문 사진사나 영화감독이 되지는 않았습니다. 왜 그런 것일까요?

창의적인 분야에서 활동하는 전문가들은 개인적 창의성, 노하우, 그리고 장기간에 걸친 작업 경험을 기반으로 독창적인 작품을 창조합니다. 이러한 역량은 단순한 기술 혹은 도구의 발달만으로는 완벽히 대체될 수 없습니다. 그 이유는 세 가지가 있는데요.

첫째, 창의성은 단순한 기술적 능력을 넘어서는, 예술가의 주관적 경험과 개인적 감정이 반영된 복잡한 인지 과정을 포함합니다. 다시 말해, 창작 경험이 없는 일반인이 열심히 노력한다고 해서 갑자기 창의성이 생길 수 없다는 것입니다. 둘째, 예술적 노하우와 장기간의 작업 경험은 각 예술가의 독특한 스타일과 표현 방식을 형성하는 데, 이는 단조로운 기술적 학습만으로 도달하기 어려운 영역이기도 합니다. 셋째, 창의적 작업은 종종 비선형적 사고와 직관에 의존하는데, 이는 정형화된 교육이나 기술 훈련만으로는 습득하기 어려운 요소입니다. 결국, 이러한 요소들은 예술과 창의성에 관련된 분야에서 개인의 독특한 시각과 세계관이 작품에 깊이와 의미를 부여하는 데 결정적인 역할을 합니다.

생성형 AI라는 강력한 기술에 대한 접근이 점점 수월해지고 있는 현재 상황에서도 이 원칙은 동일하게 적용됩니다. 인공지능은 분명 글쓰기, 디자인, 음악 등의 분야에서 놀라운 능력을 보이고 있지만, 전문가의 영역을 침범하거나 대체하지는 못할 것입니다. 왜냐하면 창의적 작업에는 단순한 기술적 능력 이상의 무언가, 예를 들면 장기간 훈련된 미학적 안목, 인간의 정신에 대한 깊은 이해, 그리고 이를 적절하게 표현하는 노하우 같은 것들이 필요하기 때문입니다. 또한, 인공지능은 '결과물이 어떻게 보이도록 할 것인가'를 고려하지 못합니다. 즉, 인간만이 가지고 있는 이 '의도'라는 주체성이 부재한 이상, 인간 예술가의 자리는 공고히 유지될 것입니다.

▲ 점점 쉬워지는 기술, 낮아지는 창작 영역의 진입 장벽

정리하자면, 기술의 대중화는 창의적 활동의 접근성을 향상함으로써 예술에 대한 대중의 관심을 증대시킬 수는 있지만, 작품의 '질'에 있어서는 그 한계점이 명확히 존재합니다. 예술과 디자인 분야에서 오랜 기간 경험을 쌓은 전문가들은 대중과 달리 생성형 AI를 사용하여 더 복잡하고 고도화된 작업에 도전할 수 있습니다. 기술의 대중화와 전문성은 복합적이고 상호보완적인 관계를 맺고 있으며, 이를 통해 창의적 분야에서 기술의 역할이 '접근성 향상'에서 '창작 수준의 향상'으로 점차 이어질 것입니다.

✦ 예술의 변화와 새로운 가능성

19세기 사진술의 발명은 예술계에 엄청난 변화를 불러왔습니다. 19세기 이전의 회화는 주로 현실을 사실적으로 묘사했습니다. 사진술의 발명으로 사진이 그 역할을 대체하면서, 19세기 이후의 회화는 감정, 철학, 사회적 문제 등을 다양하고 복잡한 방법으로 표현하는 형태로 변모했습니다. 즉, 사진술의 발명으로 예술이 단순한 현실의 재현을 넘어 여러 차원을 통해 인간의 삶, 문화, 심지어 정체성까지 탐구하는 플랫폼으로 변화했다고 볼 수 있습니다.

생성형 AI도 예술 분야에 이와 유사한 영향을 미치고 있습니다. 처음에는 주로 데이터 분석이나 자연어 처리와 같은 기술적 분야에 사용되던 인공지능이 현재는 디자이너와 예술가의 작업에 영향을 주고 있습니다. 예를 들어, 음악 분야에서는 작곡가의 요청에 따라 듣는 사람이 특정한 감정을 느낄 수 있도록 반응을 선제적으로 설정하고 이에 맞는 악기, 음색, 조화를 신속하게 시뮬레이션 및 실험할 수 있는 기회를 제공합니다. 이러한 과정을 통해 만들어진 음악은 기존의 음악적 구조나 장르를 넘어 새로운 음악적 표현을 만들어 냅니다.

▲ 이미 또 다른 예술 도구로써 사용되고 있는 AI와 VR기기

물론 한계도 있습니다. 아직까지 인공지능은 창의적 아이디어, 복잡한 감정, 인간의 미묘한 성향 등을 완벽하게 이해하거나 재현할 수 없습니다. 인공지능이 만든 결과물을 접했을 때 어디에선가 본 듯한 느낌이 드는 것도 바로 이 때문입니다. 현시점의 인공지능은 모방은 할 수 있으나 전에 없던 것을 만드는 능력이 없습니다.

또한, 인공지능은 사람에 비유하면 우등생에 가깝기 때문에 정답을 찾으려 합니다. 하지만 대부분의 위대한 예술가들이 우등생이 아니었듯, 창의적 활동은 예측 가능한 정답이 아니라 모두의 예상을 빗나가는 것에서 출발하기 마련입니다.

따라서 예술가와 디자이너는 세상에 없는 것을 만들어 내는 창의적 능력을 통해 전문성을 극대화할 여지가 있습니다. 인공지능이 처리할 수 없는 창의성을 작업에 반영하면 혁신적이고 깊이 있는 예술 작품이 탄생할 것입니다. 이렇게 예술가와 디자이너는 기술이 대체할 수 없는, 자신만의 중요한 가치를 세상에 계속 제공하며 그 가치는 더욱 빛날 것입니다.

TIP ✦ 지금까지 이야기한 내용을 정리해 봅시다. 창작자, 특히 디자이너와 예술가는 빠르게 변화하는 기술 환경에 적응하는 것이 불가피해 보입니다. 인공지능은 단순한 방식의 자동화를 넘어 새로운 창작의 가능성을 제공합니다. 이를 깊게 이해하고 적절히 활용하면 창작자의 능력을 높이고 새로운 예술 형태나 표현 방식을 탐구할 수 있습니다.

잠깐만요

인간 창작자 vs. 인공지능, 선의의 경쟁자가 되다

17세기 로마에는 잔 로렌초 베르니니와 프란체스코 보로미니라는 두 천재 예술가가 있었습니다. 같은 시대, 같은 도시에서 활동했지만 그들은 성격, 성장 환경, 예술적 스타일과 접근법까지 모든 면에서 서로 달랐습니다. 단순한 라이벌 관계를 넘어 서로 수단과 방법을 가리지 않고 공격하기도 했던 그들의 과열된 경쟁은 로마에 대단한 작품들을 남겼고, 서로에게 도전과 자극을 주었습니다. 이 경쟁에서 얻은 동기 부여는 그들의 작품을 높은 수준으로 끌어올렸습니다. 이처럼 찬란했던 경쟁은 보로미니의 사망 이후 막을 내렸다고 합니다.

인공지능과 창작자도 이 같은 관계를 형성할 수 있습니다. 인공지능의 가능성과 한계를 정확히 이해하면 창작자는 자신의 독특한 스킬과 창의성을 강조하고 증폭시킬 수 있습니다. 이런 이해는 창작자 본인이 어떤 부분에서 빛날 수 있는지를 파악하고 혁신적이고 창의적인 작품을 만들어 낼 기회를 제공합니다.

따라서 창작자들은 생성형 AI라는 기술을 두려워하거나 배제하기보다, 새로운 창작의 도구로 활용하거나 경쟁 상대로 받아들여야 합니다. 이는 단순히 개인의 창작 능력을 향상하는 것 이상의 근본적인 필요성을 가지며, 이를 통해 인류 문화와 예술, 그리고 사회 전체에 긍정적인 영향을 미칠 수 있습니다.

초보자를 위한
미드저니 · 아트 기본기

AI는 창작 활동에 전례 없는 가능성을 열어주었습니다. 하지만 기술의 발전 속도가 너무 빠르기 때문에 매번 새로운 AI 툴의 기능을 이해하고 활용하기란 쉽지 않습니다. 시간을 쪼개어 각 기술을 공부하더라도 완벽히 파악하기에는 한계가 있죠. 따라서 이번 파트에서는 조금 다른 방향을 제시하고자 합니다. 하나의 기술을 완벽하게 연마하는 대신, 어떠한 기술을 만나더라도 활용할 수 있는 '안목'을 기르는 데 집중해 봅시다. 이를 위해서는 먼저 예술적·시각적 원리에 대한 기초적인 이해를 쌓아야 합니다. 이런 기본 지식이 있어야만 새로운 기술을 창작 활동에 적용하는 방법을 빠르게 파악할 수 있습니다.

이번 파트에서는 AI 아트의 대표 툴인 미드저니의 기본 원리와 사용법을 익히며 이미지 생성 AI를 체계적으로 이해하고, 유사 AI 툴인 달리·3와 스테이블 디퓨전을 알아봅니다. 또, 이미지의 구도, 선과 레이어, 렌즈와 조명 등 예술가와 디자이너가 자주 사용하는 아트 기본 원칙을 이미지 생성 AI에 적용하는 법을 다룹니다.

CHAPTER 3

AI 아트의 대표 툴,
미드저니 시작하기

미드저니의 무한한 세계에 오신 것을 환영합니다. 미드저니는 AI 알고리즘과 인간의 상상력, 언어를 통합하여 '예술이란 무엇인가'에 대해 다시금 생각하도록 하는 AI 기반 이미지 창작 서비스입니다. 이번 챕터를 통해 미드저니의 기본적인 사용법을 알아보고 이를 통해 창의적 세계로 진입할 수 있는 기틀을 다져봅시다.

미드저니란?

미드저니(Midjourney)는 생성형 인공지능 기반의 이미지 생성 플랫폼으로, '프롬프트'라는 자연어를 기반으로 이미지를 생성합니다. 이 서비스는 OpenAI의 달리·3(DALL·E 3)와 Stability AI의 스테이블 디퓨전(Stable Diffusion)과 같은 기존의 AI 기반 이미지 생성 툴과 유사한 기능을 제공하지만, 미드저니만의 고유한 학습 데이터와 접근법을 통해 시장에서 독보적인 위치를 차지하고 있습니다.

TIP ✦ 2022년 7월 12일에 오픈 베타로 처음 출시되었고, 지속적으로 알고리즘을 개선하며 서비스를 확장해 왔습니다.

▲ David Holz에 의해 샌프란시스코에 설립된 미드저니

미드저니의 가장 큰 특징은 사용자의 자연어 설명(프롬프트)을 기반으로 이미지를 생성하는 능력입니다. 복잡한 그래픽 디자인 프로그램을 다루는 스킬이나 예술적 역량 없이도 누구나 원하는 이미지를 만들어 낼 수 있죠. 미드저니의 알고리즘은 사용자의 설명을 분석하고, 그 설명에 가장 적합한 이미지를 생성하여 제공합니다. 이를 통해 미드저니는 단순한 이미지 생성 툴을 넘어 창의성의 새로운 차원을 열어주는 툴로 발돋움하고 있습니다.

미드저니는 현대 기술과 예술의 결합을 통해 새로운 예술 형태를 제시합니다. 인간 예술가는 창작 과정에서 아이디어 고갈에 부딪히기도 하지만, 미드저니는 아무런 제약 없이 새롭고 독특한 이미지를 계속해서 생성할 수 있습니다. 이는 미드저니가 지속적으로 창의적인 아이디어를 제공할 수 있다는 것을 의미합니다. 또한, 이미지를 빠르게 생성하기 때문에 시각적 콘텐츠 제작 효율성을 높여줍니다. 처음에는 프롬프트를 생각하는 데 시간이 걸릴 수 있지만, 이 책을 통해 프롬프트 작성에 익숙해지기 시작하면 창작 과정이 더욱 즐거워질 것입니다.

미드저니를 활용하면 다양한 분야에서의 작업 프로세스가 크게 개선됩니다. 디자이너는 온라인상의 트렌드를 분석하고 이를 토대로 무드 보드를 만드는 대신, 미드저니로 이미지를 생성하여 사전 기획에서 정리된 키워드를 토대로 시각적 아이디어를 빠르게 얻을 수 있습니다. 영상 제작자는 미드저니에서 생성한 이미지로 기초 단계의 스토리보드를 제작하고 이를 바탕으로 클라이언트와의 소통 속도를 높일 수 있습니다.

TIP ✦ 미드저니뿐만 아니라 대부분의 생성형 AI를 통해 우리는 더 빠르게 의사 결정을 하고 더 많은 작업을 수행할 수 있습니다. 이러한 변화는 결과적으로 작은 기업들이 큰 폭으로 성장하는 데 도움을 줄 것입니다.

잠깐만요

미드저니와 관련된 다양한 이슈들

미드저니는 혁신적인 기술과 서비스로 많은 주목을 받았지만, 동시에 여러 이슈와 논란도 동반하고 있습니다.

기술적 한계와 편향성

미드저니와 같은 AI 서비스는 대규모의 데이터를 기반으로 학습하며, 데이터에 포함된 편향이 결과물에도 반영될 수 있습니다. 예를 들어, '여성주의 건축'이라는 프롬프트의 결과물로 분홍색과 곡선 위주의 이미지가 생성되는 경우가 있었습니다. 이러한 결과는 기존의 편향된 이미지와 건축에 대한 인식이 AI의 학습 데이터에 포함되어 있음을 보여줍니다.

저작권 문제

미드저니가 만든 이미지의 저작권은 누구에게 있을까요? 이 질문은 현재 미드저니와 관련된 주요 논란 중 하나입니다. 이미지를 상업적으로 사용할 때 발생하는 저작권 문제 또한 아직 어느 나라에서도 확실하게 해결되지 않았습니다.

데이터 활용과 개인정보 보호

미드저니는 사용자가 제공하는 프롬프트와 이미지를 기반으로 AI를 학습합니다. 이 데이터는 미드저니의 학습 모델을 개선하는 데 활용되지만, 동시에 사용자의 개인정보와 창작물의 보호 문제도 제기되고 있습니다. 미드저니뿐만 아니라 다른 AI 기반 서비스에서도 공통적으로 나타나는 문제입니다. 이 문제를 해결하기 위해서는 기술적 발전뿐만 아니라 사회적, 법리적 접근도 필요하며, 이를 통해 더욱 건강한 AI 기반 서비스 환경을 만들어 나갈 수 있을 것입니다.

미드저니 시작하기

✦ 디스코드 회원가입하기

1 웹 브라우저 창을 열고 주소 입력 창에 [www.midjourney.com]를 입력하여 미드저니에 접속합니다. 하단에 보이는 [Join the Beta]를 클릭합니다.

TIP ✦ 미드저니는 음성/영상 채팅 메신저 디스코드(Discord)의 서버를 통해 사용할 수 있습니다. 따라서 미드저니를 시작하기 위해서는 디스코드에 회원가입 해야 합니다.

2 잠시 'Discord 앱을 여는 중.'이라는 화면이 나타나고 조금 더 기다리면 별명을 입력하는 창이 나타납니다. 원하는 별명을 입력한 다음 [계속하기] 버튼을 클릭합니다.

③ 사람임을 묻는 인증 절차가 시작됩니다. '사람입니다' 문구 좌측의 체크 박스를 클릭하면 퀴즈 창이 나타납니다. 크게 어려운 내용은 아니니 퀴즈를 풀어줍니다.

④ 퀴즈를 풀고 나면 생년월일을 입력하는 창이 나타납니다. 생년월일을 입력한 다음, 이메일 인증 절차를 시작하기 위해 [이메일로 인증하기]를 클릭합니다.

⑤ '이메일로 인증하기' 창이 나타나면 사용 가능한 이메일 주소와 앞으로 디스코드 로그인에 사용할 비밀번호를 입력한 후 하단의 [계정 인증] 버튼을 클릭합니다.

6 입력한 이메일 주소로 인증 메일이 발송됩니다. 받은메일함에서 디스코드가 발송한 인증 메일을 확인하고 [Verify Email]을 클릭합니다.

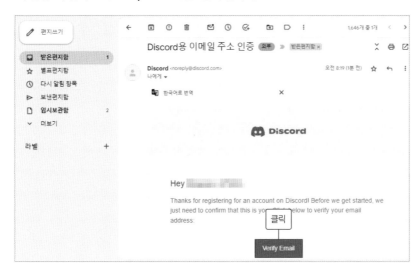

TIP ✦ 간혹 스팸 메일함 같은 곳에 도착하는 경우도 있으니, 인증 메일이 보이지 않는다면 확인해 보는 것이 좋습니다.

7 다시 디스코드로 돌아오면 '이메일 인증 완료!'라는 메시지와 함께 [Discord로 계속하기] 버튼이 나타납니다. [Discord로 계속하기]를 클릭하면 디스코드 로그인이 완료되고 웹 브라우 저를 통해 디스코드로 이동합니다. 디스코드가 프로그램 형태로 설치되어 있다면 프로그램이 활성화됩니다.

TIP ✦ 디스코드는 웹 브라우저나 PC 앱으로 사용할 수 있습니다. 이 책에서는 별도의 PC 앱을 설치하지 않고 웹 브라우저 에서 사용하는 것을 전제로 설명하겠습니다.

✦ 미드저니 첫 화면 살펴보고 로그인하기

1 미드저니 첫 화면을 살펴봅시다. 'INFO' 카테고리의 [#getting-started] 채널을 클릭합니다. 화면 하단의 메시지 입력 창에 노란색 느낌표가 활성화되어 있습니다. 앞으로 이 입력 창을 통해 명령어를 입력하고 필요한 이미지를 업로드할 것입니다. 스크롤을 올려서 [Get your Midjourney membership]을 클릭합니다.

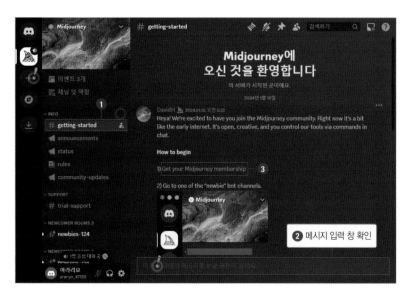

TIP ✦ 현재 단계에서는 유료 구독을 하지 않았기 때문에 메시지 입력 창을 사용할 수 없습니다.

2 미드저니 로그인을 위한 새 창이 열립니다. [Log in]을 클릭하면 미드저니 봇이 내 디스코드 계정에 접근하는 것을 승인하는 팝업 창이 나타납니다. 우측 하단의 [승인]을 클릭합니다. 미드저니 회원가입과 로그인이 완료되었습니다.

 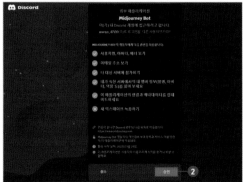

TIP ✦ [승인]을 클릭하면 미드저니 유료 구독 창이 나타납니다. 63쪽에서 유료 구독제를 알아본 다음 구독을 진행할 예정이므로, 우선은 닫아줍니다.

나에게 맞는 요금제 알아보고
유료 구독하기

✦ 미드저니 요금제 알아보기

미드저니는 현재 네 종류의 구독 요금제를 제공하며, 각 요금제는 다양한 기능에 대한 접근 권한을 부여합니다. 우선, 어떤 요금제가 있는지 살펴봅시다. 기본 설정은 Yearly Billing(연간 결제)으로 되어있습니다. Monthly Billing(월간 결제) 버튼을 클릭하면 가격이 바뀝니다. 여기서는 Monthly Billing(월간 결제)을 기준으로 안내하겠습니다.

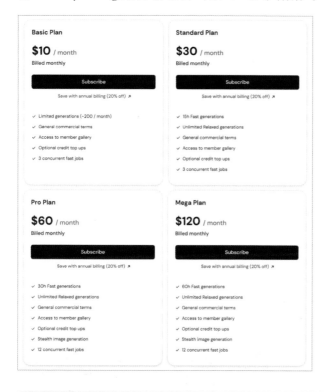

TIP ✦ 해당 내용은 2023년 4/4분기 원·달러 은행 고시 환율을 기준으로 작성되었습니다.

❶ **Basic Plan:** 1개월 기준 10달러, 약 13,340원입니다. 한 달에 약 200장의 이미지를 생성할 수 있는 Fast Hours가 제공됩니다. 실무 또는 개인 작업을 하기에는 매우 부족합니다.

❷ **Standard Plan:** 1개월 기준 30달러, 약 40,020원입니다. Fast Hours는 한 달에 약 15시간씩 제공되며, 동시에 3개의 생성 작업을 진행할 수 있습니다. Fast Hours를 모두 소진하더라도 무제한으로 이미지를 생성할 수 있기 때문에 실무 또는 개인 작업에 적합한 요금제입니다. 먼저 Basic Plan을 사용해 보고 필요에 따라 Standard Plan으로 변경하는 것을 추천합니다.

❸ **Pro Plan:** 1개월 기준 60달러, 약 80,040원입니다. Fast Hours는 한 달에 약 30시간씩 제공되며, 동시에 12개의 생성 작업을 진행할 수 있습니다. Standard Plan과의 가장 큰 차이점은 스텔스(Stealth Image Generation) 옵션입니다. 미드저니는 공식 웹 사이트를 통해 내 생성 결과물을 다른 유저들이 열람할 수 있는 시스템을 갖고 있습니다. Pro Plan부터는 스텔스 옵션을 통해 내 생성 결과물을 숨김 처리할 수 있습니다.

❹ **Mega Plan:** 1개월 기준 120달러, 약 160,080원입니다. Fast Hours는 한 달에 약 60시간씩 제공됩니다. 스텔스 옵션 등 Pro Plan과 거의 동일한 기능을 제공합니다.

TIP ✦ Basic Plan은 Fast Hours가 모두 차감되면 더 이상 이미지를 생성하지 못하며 추가 시간을 구입해야 합니다. Standard Plan 이상의 요금제는 Fast Hours가 모두 차감되어도 상대적으로 생성 속도가 느린 Relax 모드를 통해 이미지를 무제한으로 생성할 수 있습니다.

잠깐만요

Fast Hours(패스트 모드)와 릴렉스 모드의 차이점은 무엇인가요?

미드저니는 클라우드 컴퓨팅을 통해 구동되는 서비스로, 사용자의 컴퓨터 하드웨어 환경을 이용하지 않고 미드저니 본사가 제공하는 별도의 하드웨어를 원격으로 사용합니다. 따라서 유료 구독시 제공되는 Fast Hours는 사용자의 미드저니 접속 시간이 아니라 이미지를 생성할 때 미드저니 본사의 클라우드 컴퓨팅 디바이스를 원격으로 사용하는 시간을 의미하며, 단어 그대로 이미지를 빠르게 생성할 수 있는 것이 특징입니다. 이와 반대되는 개념의 릴렉스 모드는 Standard Plan부터 지원하며, Fast Hours를 소진하지 않고 이미지를 무제한 생성할 수 있는 모드입니다. Fast Hours를 사용하는 다른 유저들에 비해 상대적으로 우선순위가 밀리기 때문에 이미지 생성 시간이 불규칙적이라는 단점이 있습니다. Fast Hours는 매달 갱신되며, 남은 시간은 이월되지 않으므로 기간 내에 꼭 사용하는 것이 좋습니다.

✦ 미드저니 유료 구독하기

1 디스코드에 로그인한 다음, 메인 화면 좌측 상단의 미드저니 로고(📷)를 클릭하면 본격적으로 미드저니 페이지가 등장합니다. [newbies-숫자] 중 원하는 채널을 클릭합니다.

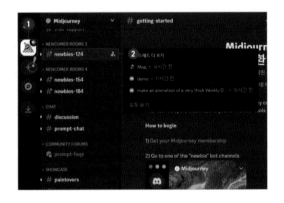

2️⃣ newbies 채널에 입장한 다음 하단의 메시지 입력 창을 클릭합니다. 메시지 입력 창에 [/subscribe]라고 입력한 후 Enter 를 두 번 눌러줍니다.

TIP ✦ newbies 채널에서는 다른 회원들이 이미지를 생성하는 과정이나 예시를 볼 수 있습니다.

3️⃣ 개인화된 링크에 대한 안내 메시지와 함께 [Manage Account(계정 관리)] 버튼이 활성화됩니다. 이 버튼을 클릭합니다.

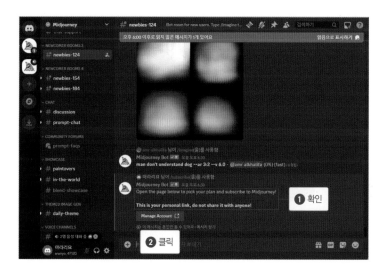

TIP ✦ 디스코드의 메시지 입력 창은 채팅 외에도 각종 연동 프로그램의 명령어 입력이 가능합니다.

TIP ✦ 이 링크는 구독을 위한 결제 정보 및 개인 정보와 관련된 링크이므로 타인과의 공유는 위험합니다.

④ 미드저니 웹 사이트로 연결되는 링크를 신뢰할 것인지 묻는 팝업 창이 나타납니다. '지금부터 www.midjourney.com 링크를 신뢰합니다' 체크 박스를 클릭하고 [사이트 방문하기]를 클릭합니다.

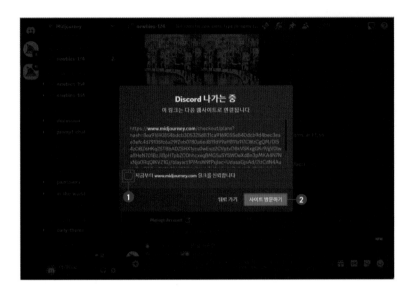

⑤ 웹 브라우저에서 새 창이 활성화되며 미드저니 구독 페이지가 나타납니다. [Monthly Billing] 버튼을 클릭하여 1개월 단위 구독 화면으로 전환합니다. 현재는 입문 단계이기 때문에 가장 저렴한 요금제인 Basic Plan을 구독해 보겠습니다. Basic Plan의 [Subscribe] 버튼을 클릭합니다.

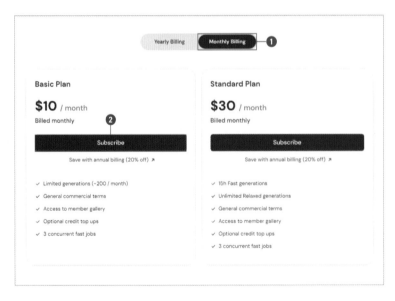

TIP ✦ Yearly Billing(연간 결제)의 경우 한 달 기준 가격은 저렴하지만 구독 시 한꺼번에 많은 금액이 지출됩니다.

6 결제 페이지가 나타납니다. 좌측에는 결제 예정 금액이 표시되어 있고 우측에는 카드 정보, 소유자 이름, 청구 주소를 입력하는 영역이 있습니다. 각각의 정보를 입력한 후 하단의 [구독하기] 버튼을 클릭합니다.

7 결제와 구독이 완료되었다는 팝업이 나타나면 [Create on Discord] 버튼을 클릭하여 구독을 마무리하고 계정 세팅으로 넘어갑니다.

계정 세팅하기

✦ 이용 약관에 동의하고 구독 요금제 확인하기

1 구독을 완료했다면 디스코드로 돌아와서 좌측 상단의 디스코드 로고(🎮)를 클릭합니다.

2 '다이렉트 메시지' 카테고리의 [Midjourney Bot]을 클릭한 다음, 채팅 창의 [Accept TOS] 버튼을 클릭합니다. 튜토리얼을 시작할 수 있는 버튼이 나타납니다. 다소 불친절한 튜토리얼이므로 우측의 [Skip] 버튼을 클릭하여 넘어갑니다.

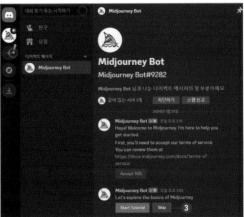

TIP ✦ TOS란, '서비스 이용 약관'을 뜻하는 'Terms of Service'의 줄임말로, 미드저니를 사용하기 위해서는 [Accept TOS] 버튼을 클릭하여 이용 약관에 동의해야 합니다.

3 구독 요금제가 정상적으로 결제되었다면 다음과 같은 환영 메시지가 등장합니다. 자세히 살펴보면 Basic plan에 가입했으며, 3.33시간의 Fast Hours가 남아있고, Fast Hours가 매달 갱신된다는 내용이 담겨있습니다.

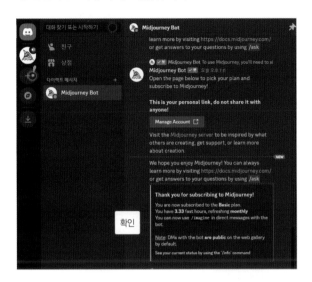

TIP ✦ 'You have 3.33 fast hours'는 미드저니가 제공하는 하드웨어를 사용할 수 있는 시간이 3.33시간 남았다는 뜻입니다. Fast Hours의 개념이 헷갈린다면 64쪽을 참고해 주세요.

✦ 구독 요금제 변경하기

1 이번에는 구독 관리 페이지에서 구독 요금제를 변경해 봅시다. 메시지 입력 창에 [/subscribe]라고 입력한 후 [Enter]를 두 번 누릅니다.

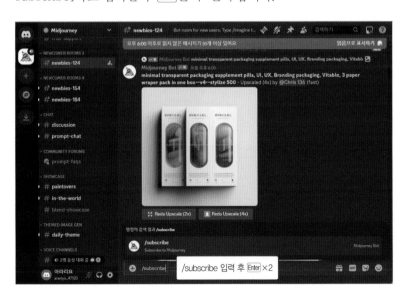

2 웹 브라우저에서 새 창이 활성화되며 Manage Subscription(구독 관리) 페이지가 나타납니다. 내가 구독한 요금제에 대한 안내가 적혀있으며, Basic Plan이 Active(활성화) 되어 있는 것을 확인할 수 있습니다. 각 요금제 하단의 [Upgrade Plan] 버튼을 클릭하면 요금제를 즉시 변경하거나 현재 요금제가 갱신되는 시기에 자동으로 변경되도록 설정할 수 있습니다.

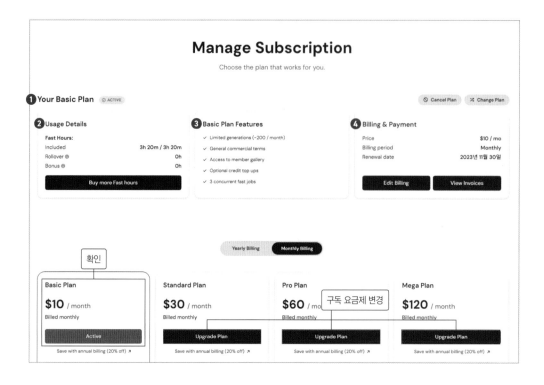

1 **Your Plan:** 내가 구독한 요금제의 종류와 활성화(Active) 여부를 알려줍니다.

2 **Usage Details:** 요금제의 사용 현황을 알려줍니다. 구독 후 한 번도 이미지를 생성하지 않았기 때문에 사용 가능한 Fast Hours가 그대로 남아있습니다. Fast Hours를 모두 소진하게 되면 [Buy more Fast hours] 버튼을 통해 추가 구입할 수 있습니다만, 추가로 시간을 구입하는 것보다 Standard Plan 또는 Pro Plan 같은 무제한 생성 요금제로 변경하는 것이 더 효율적입니다.

3 **Plan Features:** 내가 구독한 요금제에서 제공하는 기능 및 옵션을 알려줍니다. Basic Plan의 경우 한 달에 200개 이하의 이미지를 생성할 수 있으며 생성한 이미지를 상업적으로 사용할 수 있습니다. 또, 멤버 갤러리 접속과 추가 시간 구매가 가능하고, 동시에 3개의 생성 작업을 진행할 수 있습니다.

4 **Billing & Payment:** 결제와 관련된 정보를 보여줍니다. 한 달에 지불되는 가격, 결제 주기, 갱신 날짜와 함께 하단에는 Edit Billing(결제 정보 변경), View Invoices(견적서 확인) 등의 버튼이 있고 상단에는 Cancel Plan(구독 취소), Change Plan(요금제 변경) 등의 버튼이 배치되어 있습니다.

프롬프트 입력하여
이미지 생성하기

1 본격적으로 이미지를 생성해 봅시다. [Midjourney Bot]을 클릭한 다음, 메시지 입력 창에 [/imagine]을 입력하면 [/imagine prompt] 버튼이 활성화됩니다. 버튼을 클릭합니다.

2 /imagine prompt 다음에 텍스트를 입력할 수 있도록 메시지 입력 창이 변경됩니다. 이제부터 여기에 입력하는 텍스트를 '프롬프트'라고 부르겠습니다. [wonderland]라는 프롬프트를 입력한 후 Enter를 한 번 누릅니다. 잠시 기다리면 프롬프트를 바탕으로 이미지가 생성됩니다.

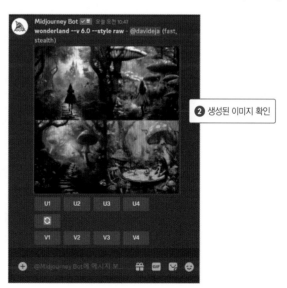

TIP ✦ 이번 장에서는 프롬프트 입력 방법을 알아보기 위해 가장 간단한 형태로 프롬프트 명령을 내려봤습니다.

미드저니 기본 기능 익히기

이번 챕터에서는 미드저니의 가장 기본 기능을 배워봅니다. 생
성 결과물을 고해상도로 전환하는 업스케일링 기능과 새로운 방
식으로 파생시키는 다양한 변형 방법을 체계적으로 알아봅니다.

최초 생성 결과물 변형하기

프롬프트를 입력하여 이미지를 생성하면 하단에 9개의 버튼이 나타납니다. 최초 생성된 이미지를 변형하는 버튼들이죠. 각 버튼에는 숫자가 적혀있습니다. 이는 생성된 4장의 이미지를 뜻하는 숫자로, 상단의 두 이미지는 1과 2, 하단의 두 이미지는 3과 4로 배정되어 있습니다. 알파벳 Z 모양을 떠올리면 순서를 쉽게 기억할 수 있습니다.

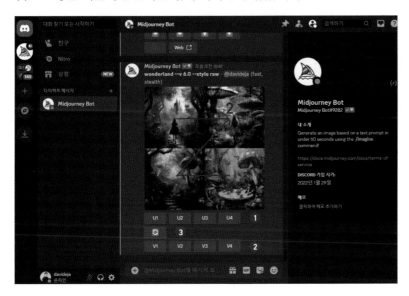

❶ **Upscale(업스케일)**: 생성형 AI는 기존의 그래픽 또는 디자인 소프트웨어와 달리 존재하지 않던 것을 생성합니다. 이러한 특징 덕분에 화질 저하 없이 이미지의 크기를 키울 수 있는데, 이 기능을 '업스케일'이라고 부릅니다. U1부터 U4 버튼을 통해 각 번호의 이미지를 크고 정교한 이미지로 업스케일합니다.

❷ **Variation(베리에이션)**: V1부터 V4 버튼을 통해 각 번호의 이미지를 기반으로 유사하지만 새롭게 변형된 이미지를 생성합니다. Settings 메뉴를 통해 비교적 강하게 변형하는 High Variation Mode와 약하게 변형하는 Low Variation Mode를 설정할 수 있습니다. 이는 91쪽에서 더 자세히 설명하겠습니다.

❸ **새로고침**: 생성 과정을 다시 한번 시도하여 또 다른 4장의 이미지를 생성합니다.

TIP ✦ U는 Upscale의 약자, V는 Variation의 약자입니다. 가장 기본적인 변형 기능으로, 사용 빈도가 가장 높은 버튼들입니다.

✦ Upscale(업스케일)

업스케일을 하면 큰 사이즈의 독립된 이미지 1장이 생성됩니다. 예를 들어 [U4] 버튼을 클릭하면 4번 이미지를 업스케일하여 크기를 키운 결과물이 1장 생성됩니다.

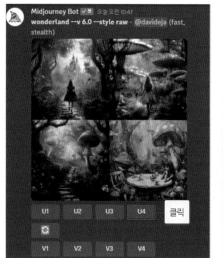

TIP ✦ 업스케일 과정은 많은 시간을 소요하지 않습니다.

더 크게 확인하고 싶다면 업스케일 결과물을 클릭한 다음 하단의 [브라우저로 열기] 버튼을 클릭합니다. 웹 브라우저 창이 새로 열리며 더 큰 사이즈로 이미지를 살펴볼 수 있습니다. 이미지의 URL 주소도 확인 가능하며, 브라우저의 확대/축소 기능을 통해 디테일을 더 자세히 살펴볼 수 있습니다.

✦ Variation(베리에이션)

업스케일 기능은 1장의 이미지를 생성하는 반면, 베리에이션 기능은 기존의 결과물과 약간 다르지만 유사한 4장의 이미지를 생성합니다. 가령 [V1] 버튼을 클릭하면 1번 이미지를 기반으로 서로 다른 새로운 이미지가 4장 생성됩니다. 업스케일 기능과 달리 베리에이션 기능은 약간의 생성 시간이 필요합니다. 이미지 생성이 시작되면 흐릿한 이미지가 나타나고 진행 상황이 퍼센트로 표시됩니다.

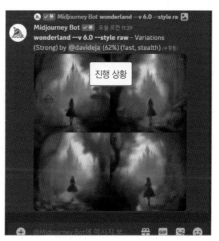

생성이 완료되면 기준이 되는 1번 이미지와 새롭게 생성된 4장의 이미지가 상당히 유사한 것을 확인할 수 있습니다. 이와 같이 베리에이션 기능은 생성된 이미지의 일부는 마음에 들고 일부는 마음에 들지 않을 때 매우 유용합니다. 예를 들어 이미지 속 인물 표현은 마음에 들고 배경은 마음에 들지 않을 때 사용할 수 있겠죠.

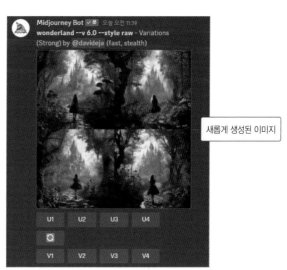

✦ 새로고침

최초 생성 결과물 4장이 전혀 마음에 들지 않는다면 새로고침 버튼(🔄)을 클릭하여 기존 결과물과 유사하지 않은 이미지들을 새롭게 생성하면 됩니다. 최초로 생성한 이미지 세트(4장)와 새롭게 생성한 이미지 세트(4장)를 비교하면 결과가 확연히 달라진 것을 확인할 수 있습니다.

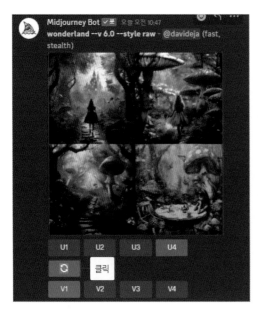

▲ 최초로 생성한 이미지 세트

▲ 새롭게 생성한 이미지 세트

TIP ✦ 미드저니에서 동일한 프롬프트로 생성될 수 있는 경우의 수는 40억 가지가 넘습니다. 따라서 미드저니 사용자들은 매번 인간의 상상력과 예측을 뛰어넘는 새로운 결과물을 만나게 됩니다.

Vary(베리에이션) 알아보기

최초 생성 결과물의 업스케일과 베리에이션 기능에 대해 알아보았으니 이번에는 업스케일 과정을 진행한 후 등장하는 새로운 기능을 살펴보도록 하겠습니다.

스크롤을 올려 업스케일을 진행했던 이미지로 돌아가 봅시다. 이미지 아래에 Upscale 버튼 2개, Vary 버튼 3개, Zoom 버튼 3개가 나타났습니다. 이 중 가장 사용 빈도가 높은 Vary 버튼을 먼저 알아봅시다.

❶ **Vary(Subtle):** 현재 이미지를 기반으로 약간만 변형을 주어 새로운 이미지를 생성합니다.

❷ **Vary(Strong):** 현재 이미지를 기반으로 변형을 강하게 주어 새로운 이미지를 생성합니다.

❸ **Vary(Region):** 현재 이미지에서 변형을 주고 싶은 부분을 직접 지정하여 새로운 이미지를 생성합니다. 사각 선택 툴과 올가미 선택 툴을 사용하여 영역을 지정할 수 있습니다.

✦ Vary(Subtle)

[Vary(Subtle)]을 클릭하면 기존 이미지를 바탕으로 약간 변형된 4장의 이미지를 새롭게 생성합니다. 이미지 상단에서 'Variations(Subtle)'이라는 텍스트를 확인할 수 있습니다.

✦ Vary(Strong)

[Vary(Strong)]을 클릭하면 기존 이미지를 바탕으로 변형된 4장의 이미지를 새롭게 생성합니다. Vary(Subtle)의 결과 이미지에 비해 조금 더 강하게 변형된 이미지가 생성됩니다. 이미지 상단에서 'Variations(Strong)'이라는 텍스트를 확인할 수 있습니다.

✦ Vary(Region)

1 [Vary(Region)]을 클릭하면 영역 선택 도구를 고르는 팝업 창이 나타납니다. 사각 선택 툴과 올가미 선택 툴 중 하나를 고를 수 있습니다.

2 먼저 사각 선택 툴을 사용해 보겠습니다. 사각 선택 툴(■)을 클릭한 후, 이미지 중앙의 테이블 영역을 선택합니다. 선택된 영역은 격자무늬로 표시됩니다. 선택을 완료했다면 ➡를 클릭하여 선택 영역이 변형된 4장의 이미지를 새롭게 생성합니다.

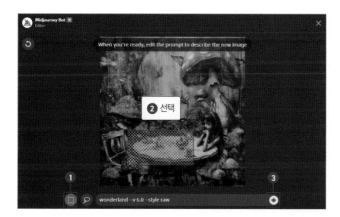

TIP ✦ 기초적인 기능을 소개하는 단계이므로 하단의 프롬프트는 수정하지 않고 그대로 두겠습니다.

3 선택된 영역의 일부 요소들이 사라지거나 변형된 것을 확인할 수 있습니다.

4 이번에는 올가미 선택 툴을 사용해 봅시다. 79쪽의 단계 **1**을 반복하여 영역 선택 도구를 선택하는 창으로 돌아옵니다. 단계 **2**에서 선택했던 영역이 저장되어 있습니다. 좌측 상단의 되돌리기 버튼(↺)을 클릭하여 저장된 작업을 초기화합니다.

5 올가미 선택 툴(🔾)을 클릭하여 변형하고자 하는 영역을 지정합니다. 선택을 완료했다면 ⊕를 클릭한 후 결과를 확인합니다. 선택 툴로 지정한 영역이 모두 변경된 것을 확인할 수 있습니다.

TIP ✦ 사각 선택 툴과 올가미 선택 툴 모두 여러 영역을 동시에 선택하는 것이 가능합니다.

80

Upscale(업스케일) 알아보기

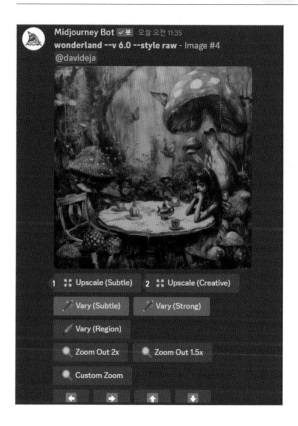

❶ **Upscale(Subtle)**: 현재 이미지의 2배 크기, 거의 동일한 형태로 업스케일을 수행합니다. 일 반적인 이미지 생성에 비해 2배 정도의 Fast Hours가 소모됩니다. 원본에 가까운 이미지를 유 지하면서 업스케일할 때 사용합니다.

❷ **Upscale(Creative)**: 현재 이미지의 2배 크기, 디테일을 변형한 형태로 업스케일을 수행합 니다. 일반적인 이미지 생성에 비해 2배 정도의 Fast Hours가 소모됩니다. 디테일이 아쉽거나 조금 더 명확한 이미지를 원할 때, 특히 실사풍의 사진을 원할 때 사용하는 편입니다.

✦ Upscale(Subtle)

[Upscale(Subtle)]을 클릭하면 현재 이미지의 2배 크기로, 현재 이미지와 거의 유사하게 업스케일됩니다. 결과물을 클릭한 다음 이미지 하단의 [브라우저로 열기]를 클릭하면 업스케일한 이미지를 새 창에서 확인할 수 있습니다.

 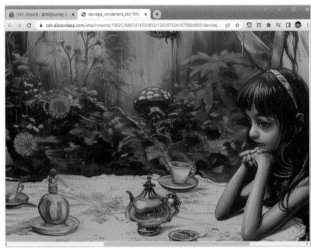

TIP ✦ 업스케일 결과물은 웹 브라우저에서 살펴보는 것이 좋습니다.

웹 브라우저에서 열린 이미지를 다시 한번 클릭하면 실제 크기로 볼 수 있으며, 각 이미지를 다운로드하면 정확한 크기를 확인할 수 있습니다. 최초로 생성된 이미지는 1024×1024px이며 업스케일을 진행하면 2048×2048px로 확대됩니다. 용량 또한 크게 증가합니다.

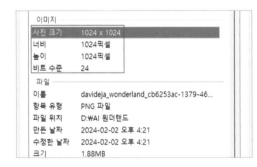 

▲ 최초로 생성된 이미지   ▲ 업스케일한 이미지

✦ Upscale(Creative)

Creative 업스케일 또한 2배 업스케일 과정과 같습니다. [Upscale(Creative)] 버튼을 클릭하여 업스케일한 다음, 결과 이미지를 클릭하고 [브라우저로 열기] 버튼을 클릭합니다. 웹 브라우저에서 이미지가 열리면 다시 한번 클릭하여 실제 크기를 확인할 수 있습니다.

TIP ✦ Creative 업스케일은 Subtle 업스케일에 비해 더 변화가 큰 업스케일을 수행합니다.

✦ Upscale 결과물 비교하기

▲ 원본 이미지　　　　　　　　▲ Upscale(Subtle)　　　　　　　　▲ Upscale(Creative)

원본 이미지와 Subtle, Creative 업스케일한 결과 이미지를 확대하여 비교해 보면 그 차이를 확실히 알 수 있습니다. 현재 미드저니에서 제공하는 최대 업스케일 크기는 미드저니 버전 6 기준 2배, 즉 2048×2048px이며 Redo Upscale 버튼을 클릭해도 동일한 과정을 반복할 뿐 그 이상으로는 더 커지지 않습니다.

Zoom Out(줌아웃) 알아보기

줌 아웃은 현재 이미지를 기준으로 테두리 영역을 새롭게 생성하는 기능으로 업스케일처럼 이미지의 크기가 커지지는 않습니다. 오히려 중심부에 있는 요소의 크기가 작아지고 디테일이 줄어드는 결과를 만들어 내기도 합니다. 특정 사물이 지나치게 크거나 이미지 전체가 답답하게 느껴질 때 사용하며, 인물의 신체가 일부분만 표현되었을 경우 전신을 표현하기 위해서 사용하기도 합니다.

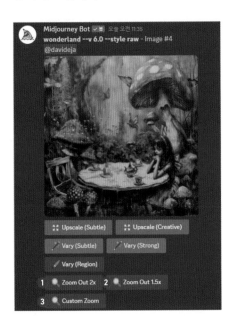

❶ **Zoom Out 2x:** 줌 아웃은 마치 카메라나 스마트폰의 디지털 줌처럼 작동합니다. Zoom Out 2x의 경우, 기존 이미지와 거의 동일한 면적의 새로운 영역을 테두리에 생성합니다.

❷ **Zoom Out 1.5x:** Zoom Out 2x와 동일한 원리로 작동하며, 기존 이미지의 약 50% 면적의 새로운 영역을 테두리에 생성합니다.

❸ **Custom Zoom:** 줌 아웃의 정도를 직접 설정합니다. 최대 2배까지 설정할 수 있으며, 1~2 사이의 숫자 값을 입력하는 방식입니다.

TIP ✦ Zoom Out 기능은 모두 같은 방식으로 작동하며, 각 버튼은 새롭게 생성되는 영역의 면적에서 차이가 있습니다.

✦ Zoom Out 2x

[Zoom Out 2x] 버튼을 클릭하면 기존의 이미지를 바탕으로 외곽의 영역이 생성됩니다. 베리에이션 기능과 마찬가지로 4장의 이미지를 새롭게 생성합니다.

✦ Zoom Out 1.5x

[Zoom Out 1.5x] 버튼을 클릭하면 Zoom Out 2x와 마찬가지의 방식으로 외곽의 영역이 생성됩니다. 4장의 이미지를 새롭게 생성합니다.

✦ Custom Zoom

[Custom Zoom] 버튼을 클릭하면 줌 아웃의 정도를 1부터 2까지 숫자 값을 입력하여 직접 설정할 수 있는 팝업 창이 등장합니다. 팝업 창에서는 프롬프트, 종횡비(이미지의 가로세로 비율), 줌 아웃의 정도를 설정할 수 있습니다.

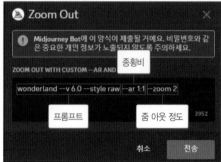

프롬프트는 그대로 두고 줌 아웃은 1, 종횡비는 16:9로 변경해 봅시다. [wonderland --v 6.0 --style raw --ar 16:9 --zoom 1]로 텍스트를 수정한 후 [전송]을 클릭합니다. 줌 아웃은 되지 않고 1:1 이미지가 16:9 비율로 변형되어 이미지 양쪽의 영역이 새롭게 생성되었습니다.

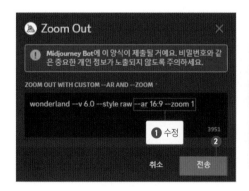

이번에는 프롬프트와 종횡비는 그대로 두고 줌 아웃 값만 변경하도록 하겠습니다. '--zoom 2'를 [--zoom 1.1]로 변경합니다. 이미지가 새롭게 생성되는 과정을 보면 기존 이미지의 약 10% 면적 정도로 아주 미세하게 테두리 영역이 새롭게 생성되는 것을 볼 수 있습니다.

TIP ✦ 최종 결과물에서는 차이를 크게 느낄 수 없지만 생성 과정을 살펴보면 차이를 알 수 있습니다.

마지막으로 종횡비와 줌 아웃은 그대로 두고 프롬프트를 [living room with sofa, a frame on the wall]로 수정해 줍니다. 기존 이미지가 액자에 담겨 벽에 걸려 있는 결과물을 확인할 수 있습니다.

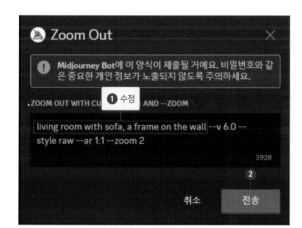

Panning(패닝) 알아보기

마지막 줄의 네 버튼은 텍스트 없이 상하좌우 화살표로만 표시되어 있습니다. 이 기능은 Pan 또는 Panning이라고 불리며, 화살표 방향으로 이미지를 확장하여 해당 영역을 새롭게 생성할 때 사용합니다. 예를 들어 이미지 속 인물의 다리가 프레임 영역 때문에 잘려있다면 ⬇ 버튼을 클릭하여 아래쪽 영역을 확장해 다리를 생성할 수 있습니다.

⬅ 버튼을 클릭하면 이미지의 좌측 영역이 확장됩니다. 하지만 이미지 속 요소들이 한쪽으로 치우쳐 균형이 맞지 않는 듯한 느낌을 줍니다. 반대 방향인 우측도 확장해 봅시다. 패닝은 항상 업스케일이 진행된 후에 활성화됩니다. 4장의 이미지 중 하나를 선택하여 업스케일합니다.

좌측 영역 생성 중

업스케일이 완료되면 하단의 패닝 버튼이 다시 등장합니다. ⏩ 버튼을 클릭하여 좌우 균형을 맞춘 이미지를 생성합니다. 좌측과 우측 모두 고르게 확장이 되어 균형이 맞는 이미지가 완성되었습니다.

TIP ✦ 위쪽과 아래쪽 방향도 동일한 방법으로 확장할 수 있습니다.

[Make Square] 버튼을 클릭하면 이미지를 1:1 비율로 확장할 수 있습니다.

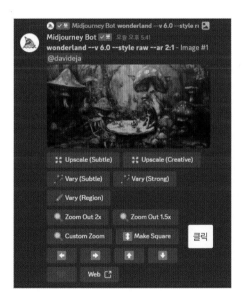

Settings(설정) 창 살펴보기

다음으로 설정 창을 알아봅시다. 메시지 입력 창에 [/settings]을 입력한 후 Enter를 두 번 눌러주면 설정 창이 나타납니다. 옵션들을 하나씩 살펴봅시다.

❶ **모델 선택 메뉴:** 모델을 선택합니다. 생성형 AI 영역에서 말하는 모델이란 인공지능이 학습한 하나의 덩어리를 말하며, 각각의 모델은 서로 다른 데이터를 학습하여 동일한 프롬프트를 입력하더라도 전혀 다른 결과물을 생성하게 됩니다.

❷ **RAW Mode:** 사용자가 입력한 프롬프트를 보다 충실히 이행하고 인공지능이 자동으로 결과물의 미적 형태를 결정하는 기능을 약화합니다. 필요에 따라 선택하는 것을 추천하며, 명확하게 원하는 구상이 없다면 비활성화하는 것을 권장합니다. 다만 생성 결과물이 프롬프트를 잘 따르지 않는다면 RAW Mode를 활성화하는 것이 좋습니다.

❸ **Stylize:** 네 가지 옵션이 있으며, 인공지능의 창의성을 조절합니다. 미드저니의 인공지능은 일반적으로 선호되는 색상, 구도, 형태를 학습하는데, Stylize 옵션에 따라 학습 내용을 반영합니다. 낮은 스타일은 사용자의 프롬프트에 충실한 이미지를 생성하지만 예술적인 요소가 줄어들고, 높은 스타일은 매우 예술적으로 판단되는 이미지를 생성하지만 사용자가 입력한 프롬프트의 통제에 따르지 않을 수 있습니다.

❹ **Public Mode:** 64쪽에서 잠시 언급한 Stealth Mode(스텔스 모드)와 연관되어 있습니다. Public Mode를 초록색으로 활성화하면 내 생성 결과물이 다른 사용자에게 노출되고, 검은색으로 비활성화하면 자동으로 Stealth Mode가 활성화되어 노출을 피할 수 있습니다. Public Mode를 활성화하기 위해서는 Pro Plan 이상의 요금제를 반드시 구독해야 합니다.

⑤ Remix Mode: 베리에이션 기능과 연관되어 있습니다. Remix Mode를 활성화하면 베리에이션 기능을 사용할 때마다 프롬프트를 수정할 수 있는 창이 등장합니다. 베리에이션을 조금 더 사용자의 요구에 맞는 방향으로 수정할 때 유용합니다.

⑥ Variation: High Variation Mode와 Low Variation Mode가 있습니다. 이미지 업스케일 진행 후에 보이는 Vary(Strong), Vary(Subtle)과 대응하는 개념이며, 선택된 옵션이 V1부터 V4까지의 버튼에 기본적으로 적용됩니다.

⑦ Sticky Style: 사용자가 마지막으로 사용한 스타일을 다시 입력할 필요가 없도록 고정합니다.

⑧ Turbo Mode, Fast Mode, Relax Mode: 이미지 생성 모드를 결정합니다.

⑨ Reset Settings: 모든 설정을 기본값으로 초기화합니다.

TIP ✦ ❷~❾은 On/Off로 활성화 여부를 선택할 수 있는 토글형 버튼입니다. 클릭하면 초록색으로 변하며 활성화됩니다.

잠깐만요

세 가지 이미지 생성 모드, 무엇이 다른가요?

패스트 모드(Fast Mode)

이미지 생성 모드의 기본값으로, Fast Hours를 소진하여 이미지를 생성합니다. Fast Hours를 모두 소진한 상태에서 구독이 갱신되면 패스트 모드는 자동으로 다시 활성화됩니다. 만약 Fast Hours를 모두 소진했다면 언제든지 추가로 구매하여 사용할 수 있습니다.

터보 모드(Turbo Mode)

이미지를 매우 빠르게 생성하는 모드로, 패스트 모드에 비해 최대 4배 빠른 속도를 보이지만 Fast Hours를 2배로 소모합니다. 터보 모드는 미드저니 버전 5, 5.1, 5.2, 6에서만 사용이 가능합니다.

릴렉스 모드(Relax Mode)

Standard Plan, Pro Plan, Mega Plan의 구독자들은 릴렉스 모드를 통해 무제한으로 이미지 생성을 할 수 있습니다. 릴렉스 모드에서는 Fast Hours가 소모되지 않지만, 패스트 모드 사용자에 비해 상대적으로 생성 우선순위가 밀릴 수 있습니다. 상황에 따라 유동적으로 변할 수 있지만 일반적으로 1~10분 정도 기다리면 이미지가 생성됩니다. 릴렉스 모드를 자주 사용하면 대기 시간이 더 길어질 수 있으며, 반대로 아주 가끔 릴렉스 모드를 사용할 경우 대기 시간이 짧아질 수도 있습니다. 우선순위는 매월 구독이 갱신될 때마다 초기화됩니다. 릴렉스 모드에서는 - -repeat 파라미터를 사용할 수 없습니다.

✦ 모델

각 옵션을 자세히 살펴봅시다. 먼저 모델입니다. 미드저니는 최초 버전인 버전 1부터 가장 최신 버전인 버전 6까지 모두 사용할 수 있습니다. 애니메이션 화풍의 이미지를 생성하는 Niji 모델도 구형인 V4, V5와 최신 버전인 V6를 제공하고 있습니다.

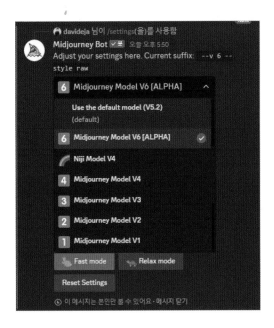

동일한 프롬프트를 통해 각 모델이 어떻게 표현되는지 살펴봅시다. 특히 인물 표현에 있어 버전별 차이가 뚜렷하기 때문에 인물과 연관된 프롬프트를 예시로 들어보겠습니다. 또한, 남성에 비해 여성을 능숙하게 표현하는 경향이 있으므로 [a beautiful korean female athlete]이라는 프롬프트를 입력해 보겠습니다. 가장 최신 버전인 버전 6의 결과물을 보면 아주 단순한 프롬프트임에도 불구하고 준수한 결과물을 생성하는 것을 확인할 수 있습니다.

TIP ✦ 버전 1부터 6까지의 발전은 불과 1년 10개월 사이에 이루어졌습니다.

▲ 미드저니 버전 1

▲ 미드저니 버전 2

▲ 미드저니 버전 3

▲ 미드저니 버전 4

▲ 미드저니 Niji V4

▲ 미드저니 버전 5

▲ 미드저니 Niji V5

▲ 미드저니 버전 5.1

▲ 미드저니 버전 5.2

▲ 미드저니 Niji V6

▲ 미드저니 버전 6

결과물 자체의 품질은 빠른 속도로 개선되고 있지만 특정한 외모만 반복해서 나오는 등 어딘지 모르게 이질감이 느껴질 수 있는데요. 이는 대부분 인공지능이 학습하는 데이터의 편향성 때문입니다. 프롬프트를 통해 한국인을 표현했지만, 한국인이 떠올리는 한국인의 모습과 샌프란시스코에 거주하는 사람이 생각하는 한국인의 모습은 다르겠지요?

93

✦ RAW Mode

RAW Mode 활성화 여부에 따른 결과물을 비교해 봅시다. 프롬프트는 [ice cream icon]으로, 아이스크림 아이콘을 표현하도록 명령했습니다. 좌측 이미지는 RAW Mode를 활성화하지 않은 상태로, '아이스크림'이라는 부분은 잘 표현했지만 '아이콘'이라는 부분의 표현은 다소 미비합니다. 반면, RAW Mode를 활성화한 우측 이미지는 프롬프트에 충실하게 생성된 것을 확인할 수 있습니다.

▲ RAW Mode 비활성화   ▲ RAW Mode 활성화

✦ Stylize

Stylize 설정에 따라 이미지의 표현이 어떻게 달라지는지 확인해 봅시다. 프롬프트는 [child's drawing of a cat]으로, 아이가 그린 것 같은 고양이를 표현하도록 명령했습니다. Low부터 Very High의 결과물을 비교해 보면 프롬프트에 얼마나 충실하게 표현했는지를 확인할 수 있습니다. 특히 Very High의 경우 프롬프트의 의도에서 다소 많이 벗어나는 경향이 있기 때문에 가급적 Low나 Med, High로 설정하는 것을 추천합니다.

▲ Stylize Low

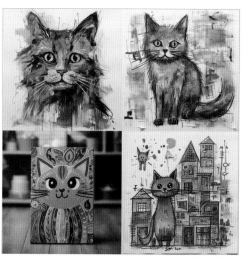

▲ Stylize Med

 Stylize High

▲ Stylize Very High

✦ Public Mode와 멤버 갤러리

☐ Public Mode는 멤버 갤러리의 메뉴들과 관련이 있습니다. /info 명령어를 통해 구독자를 위한 멤버 갤러리에 진입해 봅시다. 메시지 입력 창에 [/info]를 입력한 후 Enter 를 두 번 눌러줍니다. 새롭게 나타난 채팅 메시지 하단의 [Go to your feed] 버튼을 클릭합니다.

TIP ✦ info 메뉴에서는 구독 요금제, 스텔스 모드 여부, 잔여 Fast Hours, 총 생성 수 등을 확인할 수 있습니다.

☐ info 메뉴를 처음 실행한다면 외부 링크로의 이동을 신뢰할 것인지 묻는 팝업 창이 나타납니다. 좌측의 체크 박스를 클릭한 후 [사이트 방문하기] 버튼을 클릭합니다.

☐ 웹 브라우저에서 새 창이 활성화되며 멤버 갤러리가 나타납니다. [Explore(◎)] 탭에서는 미드저니 유저들이 생성한 이미지를 볼 수 있습니다. 스텔스 모드는 이 화면에서 내 생성 결과를 숨겨주는 기능입니다.

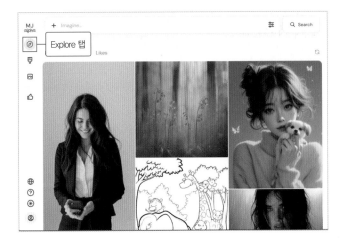

TIP ✦ 이미지를 클릭하면 어떤 프롬프트를 사용했는지 자세히 살펴볼 수 있습니다.

4 우측 상단의 검색 창에 원하는 키워드를 검색하면 많은 이미지를 아주 빠른 속도로 색인할 수 있습니다. 타인의 작업 결과물을 빠르고 쉽게 살펴볼 수 있는 기능이지만, 나의 작업물도 동일한 방식으로 노출됩니다. 노출을 원하지 않는다면 스텔스 모드를 사용하면 됩니다.

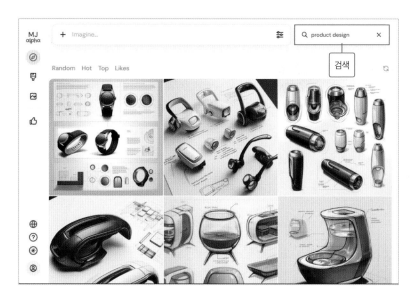

5 [My Images(🔌)] 탭에서는 현재까지 내가 생성한 모든 결과물을 살펴보고 키워드를 통해 검색할 수 있습니다. 상단의 [+ Imagine] 창을 통해 이미지를 생성할 수도 있는데, 현재 시점에서는 디스코드의 미드저니 채널에서 최소 1,000장의 이미지를 생성한 사람만 웹사이트 이미지 생성을 사용할 수 있도록 제한이 되어 있습니다.

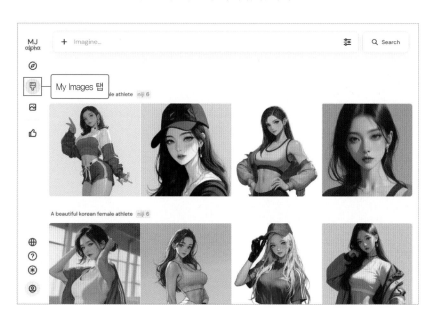

TIP ✦ 미드저니 웹 사이트에서 이미지를 생성하는 방법은 140쪽을 참고하세요.

CHAPTER 5

미드저니 프롬프트·
파라미터 익히기

이번 챕터에서는 미드저니의 프롬프트 구조 및 이미지 생성을 세부적으로 조절하는 여러 종류의 파라미터를 깊이 있게 다룹니다. 이미지 프롬프트, 텍스트 프롬프트, 파라미터의 구성 요소를 체계적으로 분해하여 각 요소가 결과물에 어떻게 영향을 미치는지 자세히 알아보고, 파라미터를 다양하게 조정해 보며 생성 결과물이 어떻게 달라지는지 살펴봅시다.

미드저니 프롬프트
구조 이해하기

생성형 AI는 부하 직원과 비슷하게 행동합니다. 손도 빠르고 두뇌 회전도 빠른데 눈치가 없어서 사용자가 제대로 지시하지 못하면 엉뚱한 결과물을 만들어 내기 십상이죠. 따라서 생성형 AI를 잘 다루기 위해서는 프롬프트를 제대로 만들어야 할 필요가 있습니다. 미드저니 또한 생성형 AI이기 때문에 잘 알아듣는 프롬프트가 존재합니다. 이러한 프롬프트는 인터넷의 수많은 웹 페이지, 책, 기사 등에서 가져온 수억 개의 단어와 문장 등 미드저니의 인공지능이 미리 학습한 방대한 정보와 데이터를 바탕으로 구성됩니다.

✦ 미드저니 프롬프트의 구조

▲ 미드저니 웹페이지에 안내된 **프롬프트의 구조**

미드저니의 프롬프트는 구조적으로 크게 세 개의 덩어리로 이루어져 있습니다. 이미지 프롬프트는 인공지능이 참고할 이미지의 URL 주소 형태이고, 텍스트 프롬프트는 표현 그대로 텍스트로 이미지를 설명하는 형태입니다. 마지막으로 파라미터는 사용자가 직접 이미지 생성 방식을 결정하는 기능입니다.

이미지 프롬프트, 텍스트 프롬프트, 파라미터를 모두 활용하여 이미지를 만들어 볼까요? 우선, 미드저니를 통해 참조 이미지 A를 만든 다음, 이미지 A를 이미지 프롬프트로 사용한 이미지 B를 만들었습니다. 이미지 B의 프롬프트를 하나씩 뜯어서 살펴봅시다.

▲ 이미지 A

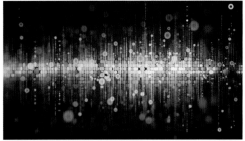
▲ 이미지 B

/imagine **prompt** ❶ https://s.mj.run/u4V2ybKEaYg ❷ Macro capture of binary code on a screen, highlighting the intricate dance of 0s and 1s, with a digital art style. Emphasize the interplay of light and shadow, representing the birth of AI creativity ❸ --ar 16:9 --c 5 --iw 0.5

❶ **이미지 프롬프트** : URL 주소 형태입니다. 앞서 생성한 이미지 A를 URL 주소 형태로 텍스트화한 것이라고 이해하면 쉽습니다. AI가 텍스트 프롬프트로 알아듣지 못하는 개념을 비언어적인 방식으로 인식시킬 때 사용합니다.

❷ **텍스트 프롬프트** : 일반적으로 사용되는 명령어입니다. 구체적인 형상이나 보는 사람들이 느낄 수 있는 감정 등을 언어로 표현한 형태입니다. 단어, 문장 등 대부분의 언어 구조를 인식하며 텍스트가 길어질수록 누락되는 비율이 늘어나기 때문에 가급적 필요한 부분만 축약하는 것을 권장합니다.

❸ **파라미터** : 이미지 생성 방식을 사용자가 원하는 방식으로 변경할 때 사용됩니다. 이미지의 종횡비를 변경하거나 모델의 버전을 선택할 수도 있습니다. 파라미터에 대한 자세한 설명은 107쪽을 참고하세요.

텍스트 프롬프트 실습: 해변을 달리는 고양이

1️⃣ 텍스트 프롬프트 실습을 진행해 봅시다. 먼저 가장 단순한 구조의 프롬프트를 입력합니다. 스타일이나 배치, 형태 등을 지정하지 않은 단순한 형태의 프롬프트를 입력했기 때문에 다양한 방식으로 표현된 고양이 이미지가 생성되었습니다.

TIP ✦ 텍스트 프롬프트가 어떠한 방식으로 적용되는지 쉽게 이해하기 위한 과정이니 예제에 있는 프롬프트를 함께 입력해보는 것을 추천합니다.

2️⃣ 프롬프트를 조금 더 보충해 봅시다. '해변'이라는 명확한 장소를 추가하여 해변에 있는 고양이 이미지가 생성되었습니다.

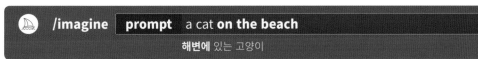

3 이번에는 시간을 지정해 봅시다. '동이 틀 무렵' 해변에 있는 고양이를 표현하겠습니다. 시간 표현이 반영되어 동이 틀 무렵 새벽 시간대에 해변에 있는 고양이가 생성되었습니다.

4 구체적인 동작도 표현해 봅시다. 동이 틀 무렵 해변에서 '달리는' 고양이를 표현하겠습니다.

5 스타일을 지정해 봅시다. 동이 틀 무렵 해변에서 달리는 고양이를 '유화 페인팅' 이미지로 표현하겠습니다. 앞서 만든 이미지들과 달리 유화 스타일의 이미지가 생성되었습니다.

TIP ✦ 스타일을 고정하지 않으면 사진이 생성될 수도 있고 페인팅이 생성될 수도 있습니다.

6 이번에는 이미지가 주는 분위기를 설정해 봅시다. 동이 틀 무렵 해변에서 달리는 고양이를 '귀여운 분위기'의 유화 페인팅 이미지로 표현하겠습니다. 기존의 이미지보다 조금 더 귀여운 고양이 이미지가 생성되었습니다.

7 프롬프트를 통해 화각을 컨트롤할 수도 있습니다. 동이 틀 무렵 해변에서 달리는 고양이를 귀여운 분위기의 시네마틱 필름 스타일, 공중에서 촬영한 구도로 표현하겠습니다. 화각 컨트롤을 조금 더 용이하게 하기 위해 RAW Mode를 활성화하는 파라미터도 함께 작성합니다. 공중에서 촬영한 듯한 사진 이미지가 생성되었습니다.

> ⛵ **/imagine** **prompt** **aerial view, a cinematic film still** of a cat is running on the beach, at dawn, cute mood **--style raw**
>
> **조감도**, 해변에서 달리고 있는 고양이를 표현한 **영화 스틸컷**, 새벽, 귀여운 분위기

8 프롬프트는 학습 데이터 내에서 충돌을 일으키지 않는 요소들로 구성되어야 합니다. aerial view는 사진 또는 영상에서 사용되는 용어이므로 oil painting(유화)과 같은 순수 예술 용어와 충돌을 일으킬 수 있습니다. aerial view와 oil painting을 함께 사용해 봅시다. 유화 스타일 이미지에서 aerial view, 즉 공중에서 촬영한 듯한 프롬프트는 반영이 되지 않은 것을 확인할 수 있습니다.

> ⛵ **/imagine** **prompt** **an oil painting** of a cat is running on the beach, at dawn, cute mood, **aerial view** --style raw
>
> 해변에서 달리는 고양이를 그린 **유화** 그림, 새벽, 귀여운 분위기, **조감도**

TIP ✦ 프롬프트를 통해 생성된 결과물이 마음에 들지 않을 경우, 이러한 단어 사이의 상호 연결성 및 상관관계를 고려해야 합니다.

✦ 텍스트 프롬프트 실습 : 반 고흐 스타일의 서울 한강 변의 야경

1 이번에는 빈센트 반 고흐의 스타일로 서울 한강 변의 야경을 유화로 표현하겠습니다. 오일 페인팅, 빈센트 반 고흐, 야경, 한강 키워드를 넣어 프롬프트를 작성합니다.

⛵ /imagine **prompt** **an oil painting by Vincent Van Gogh**, a night of seoul city with **han river** --style raw

빈센트 반 고흐의 유화, **한강**을 배경으로 한 서울의 밤

TIP ✦ 완벽하지는 않지만 한강 변 서울의 야경이 반 고흐의 유화 스타일로 표현되었습니다.

2 이번에는 수채화 스타일로 변경하여 생성해 봅시다. 결과물을 보면 반 고흐의 잘 알려진 화풍이 다소 부족하게 느껴집니다. 이는 반 고흐가 초기 작품을 제외하면 대부분 유화로 작업을 했기 때문입니다. AI는 현존하는 데이터를 기반으로 학습하고 결과물을 생성하기 때문에 존재하지 않았거나 잘 알려지지 않은 데이터는 제대로 생성해 내지 못하는 편입니다. 이 경우, 수채화와 반 고흐라는 키워드가 충돌을 일으킨 것입니다.

> ⛵ **/imagine**   **prompt** **a watercolor painting** by Vincent Van Gogh, a night of seoul city with han river --style raw
> 빈센트 반 고흐의 **수채화**, 한강을 배경으로 한 서울의 밤

위의 실습 예시처럼 생성형 AI의 결과물은 학습 데이터에 의해 크게 좌우됩니다. 따라서 생성형 AI를 잘 활용하기 위해서는 인공지능이 어떠한 데이터를 학습했는지 잘 알아둘 필요가 있습니다. 프롬프트에 아티스트의 이름을 넣고 싶다면 해당 아티스트가 어떠한 작업을 주로 했고 어떠한 작업을 하지 않았는지도 알아야 합니다. 또한, 104쪽에서 살펴봤듯이 각 키워드가 어떠한 장르에서 사용되는지도 알아둘 필요가 있습니다. 이러한 이유로 문화 예술 전반에 대한 지식이 많으면 많을수록 생성형 AI를 사용하여 콘텐츠를 만들어 내는 데에 매우 유리해질 것입니다.

TIP ✦ 이번 장에서는 가장 기본적인 프롬프트 실습을 해 보았습니다. 실무에 활용할 수 있는 프로젝트 예제는 파트 3에서 다루도록 하겠습니다.

미드저니 파라미터 이해하기

파라미터는 이미지를 생성하는 데 도움을 주는 추가적인 지시 사항입니다. 사진을 촬영할 때 조리개, ISO, 화각 등 카메라 세팅을 조절하는 것과 비슷합니다. 파라미터를 사용하여 이미지의 종횡비(가로세로 비율), 미드저니 모델 선택, 생성 횟수 등을 설정할 수 있습니다. 파라미터는 텍스트 프롬프트 뒤에 입력하게 되며, 불규칙한 결과를 만들어 내는 프롬프트와는 달리 사용자가 원하는 그대로의 지시 사항을 수행하게 됩니다. 또한 동시에 여러 종류의 파라미터를 붙여 사용할 수도 있습니다.

TIP ✦ 파라미터는 '매개변수'라는 한국어 표현도 있습니다. 다만, 생성형 AI는 업데이트 속도가 매우 빠르고 국경을 초월한 정보를 새롭게 전달받는 것이 숙련도 향상에 필수적이기 때문에 이 책에서는 온라인 정보 검색에 공통적으로 쓰이는 용어인 '파라미터'를 사용하도록 하겠습니다.

--ar 16:9

파라미터는 두 개의 하이픈(--)과 영어로 된 명령어, 그리고 한 칸의 공백 다음에 이어지는 숫자 값의 조합으로 구성됩니다. 간혹 파라미터 오류로 이미지가 생성되지 않는 경우가 있는데, 이는 대부분 입력 실수에 의해 발생합니다. 자주 발생하는 실수는 다음과 같습니다.

❶ **하이픈을 한 번만 입력한 경우 :** -ar 16:9 (X) --ar 16:9 (O)

❷ **하이픈 다음에 띄어쓰기를 한 경우 :** -- ar 16:9 (X) --ar 16:9 (O)

❸ **명령어 다음에 띄어쓰기를 하지 않은 경우 :** --ar16:9 (X) --ar 16:9 (O)

❹ **모델과 스타일의 호환이 맞지 않는 경우 :** raw, 4a, 4b, 4c, cute, expressive, original, scenic 은 각각 호환되는 모델이 별도로 존재합니다. 예를 들어, 5.2 모델을 선택한 후 --style scenic 을 입력하면 이미지가 생성되지 않습니다. 선택한 모델과 스타일이 호환되는지 확인하는 과정이 필요합니다.

다음 페이지에 파라미터의 종류와 기능, 설정 값을 한눈에 볼 수 있도록 정리해 두었어요. 각 파라미터는 예제를 통해 하나씩 자세히 살펴보겠습니다.

파라미터 종류	명령어	기능	세부 값 범위	기본값
종횡비(가로세로 비율)	--aspect --ar	이미지의 가로세로 비율을 변경합니다.		1:1
카오스(불규칙 정도)	--chaos --c	결과의 다양성을 조절합니다. 높은 수치일수록 불규칙성이 증가합니다.	0~100	0
터보 모드	--turbo	현재 설정을 무시하고 터보 모드로 단일 작업을 실행합니다.		
패스트 모드	--fast	현재 설정을 무시하고 패스트 모드로 단일 작업을 실행합니다.		
릴렉스 모드	--relax	현재 설정을 무시하고 릴렉스 모드로 단일 작업을 실행합니다.		
이미지 가중치	--iw	이미지 프롬프트를 생성 결과물에 얼마나 반영할지 결정합니다.	0~2 0~3(v6)	1
네거티브 프롬프트	--no	특정 요소를 생성하지 않도록 배제합니다. 항상 성공적이지는 않습니다.		
품질	--quality --q	렌더링 품질을 결정합니다. 수치가 높을수록 더 많은 GPU 시간을 사용합니다.	0.25 0.5 1	1
반복 생성	--repeat --r	동일한 프롬프트로 여러 번 반복하여 이미지를 생성합니다.	1~40 (요금제에 따라 상이)	
시드	--seed	특정한 경우의 수를 지정하여 생성합니다.	0~4294967295	랜덤 (불규칙)
중지	--stop	작업 과정 중간에 생성을 중단합니다. 의도적으로 더 흐릿하고 미완성된 결과를 만들어냅니다.	10~100	100
스타일	--style	이미지 스타일을 결정합니다. 모델과의 호환 여부를 확인하고 사용합니다.	raw, cute, expressive, scenic 등	
스타일라이즈	--stylize --s	미드저니의 기본 미학 스타일을 작업에 얼마나 적용할지 결정합니다.	0~1000	100
타일	--tile	경계가 없는 패턴이나 텍스처 이미지를 생성합니다.		
괴상함	--weird --w	실험적인 이미지를 생성합니다.	0~3000	0
니지	--niji	애니메이션 스타일의 결과물을 생성합니다.	4, 5, 6	
모델 버전	--version --v	초기 버전부터 최신 버전까지의 모델 중 하나를 선택하여 결과물을 생성합니다.	1, 2, 3, 4, 5, 5.1, 5.2, 6	
진행 과정 녹화	--video	이미지가 생성되는 0%에서 100%까지 전 과정을 짧은 영상으로 기록합니다.		

TIP ✦ 간혹 파라미터를 입력하고 이미지 생성을 진행했는데 프롬프트 뒤에 파라미터가 보이지 않는 경우가 있습니다. 이는 해당 파라미터의 기본값이 입력한 값과 동일하여 발생하는 현상이며 파라미터는 정상적으로 반영된 것이니 걱정하지 않아도 됩니다.

결과 이미지에
직접 영향을 주는 파라미터

✦ 종횡비 파라미터(--ar, --aspect)

이미지의 가로세로의 비율을 설정하는 파라미터입니다. 예제에서는 [--ar 2:1]이라는 파라미터를 통해 가로 2 : 세로 1 비율의 이미지를 생성하였습니다.

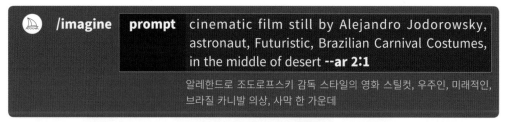

/imagine **prompt** cinematic film still by Alejandro Jodorowsky, astronaut, Futuristic, Brazilian Carnival Costumes, in the middle of desert **--ar 2:1**

알레한드로 조도로프스키 감독 스타일의 영화 스틸컷, 우주인, 미래적인, 브라질 카니발 의상, 사막 한 가운데

자주 사용되는 종횡비 리스트는 다음과 같습니다.

가로:세로 비율	용도 · 목적	설명
1:1	소셜 미디어	정사각형으로 인스타그램이나 프로필 이미지에 사용됩니다.
4:3	표준 사진	디지털 표준 사진에 사용됩니다.
3:2	인쇄 사진, 포스터	전통적인 필름 카메라 사진 비율이며, 인화용 사진이나 포스터에 많이 사용됩니다.
16:9	TV, 모니터, 동영상	현대의 TV, PC 모니터, 유튜브 등에 사용됩니다.
2.35:1 2.39:1	영화	영화관에서 자주 볼 수 있는 전형적인 와이드 비율입니다. 드라마틱하고 시네마틱한 느낌을 줍니다.
9:16	스마트폰 세로 모드 동영상	틱톡, 인스타그램 스토리 또는 릴스, 유튜브 쇼츠 등 소셜 미디어 플랫폼에서 자주 사용되는 세로형 비율입니다.

✦ 카오스 파라미터(--c, --chaos)

카오스 파라미터는 불규칙 정도를 뜻하며, 결과의 다양성을 조절합니다. 높은 수치일수록 더 독특한 결과를 생성합니다. 아래 결과물을 보면 [--c 0]을 입력한 경우 4장의 결과 이미지가 대부분 비슷한 스타일을 보이고, [--c 100]을 입력한 경우 매우 큰 편차를 보입니다.

▲ --c 0의 결과물   ▲ --c 10의 결과물   ▲ --c 100의 결과물

카오스 파라미터는 사용자 경험에 큰 영향을 미칩니다. 생성형 AI는 매 회차의 생성 결과를 예측하기 힘들고 각 생성 과정마다 로딩 시간을 기다려야 하므로 원하지 않은 결과물이 나오면 실망감이 매우 큽니다. 사용자 스스로 무엇인가 잘못하고 있다고 생각하게 되거나 생성형 AI의 성능에 의문을 품게 되기도 하죠.

이러한 상황에서 유효한 기능이 바로 카오스 파라미터입니다. [--c 0]의 결과물은 편차가 거의 없는 것에 비해 [--c 100]의 결과물은 방향성이 아주 다르게 생성되었습니다. 이렇게 카오스 파라미터를 잘 활용하면 다양한 스타일의 결과 이미지가 생성되기 때문에 원하는 결과물을 얻을 확률이 높아집니다.

TIP ✦ 50 이상의 카오스 파라미터 값을 적용할 경우 실무에 사용하기에는 부적합한 결과물이 생성되는 경향이 있습니다. 가급적 5에서 10 정도의 값을 추천합니다.

✦ 네거티브 프롬프트, No 파라미터(--no)

네거티브 프롬프트는 이미지 생성 과정에서 원하지 않는 결과물이 반복해서 등장하거나 특정 요소를 배제할 때 사용됩니다.

TIP ✦ 생성형 AI 영역에서 특정 요소를 제거하는 기능은 일반적으로 네거티브 프롬프트라고 표현하지만 미드저니에서는
No 파라미터라는 이름으로 부르기도 합니다. 이 책에서는 일반적인 표현인 네거티브 프롬프트라고 부르겠습니다.

우선 영화의 한 장면 속 비밀 요원 이미지를 만들어 봅시다. 아래 결과물을 보면 대부분의 인물이 모자를 착용하고 있습니다.

⛵ **/imagine** **prompt** a cinematic film still, a secret agent
영화 스틸컷, 비밀 요원

네거티브 프롬프트를 활용하여 모자를 생성하지 않도록 해 봅시다. 프롬프트 끝에 [--no] 파라미터를 붙였더니 결과물 속 인물이 모두 모자를 착용하지 않게 되었습니다. 이처럼 네거티브 프롬프트는 복장을 통제하거나 특정 요소를 등장시키고 싶지 않을 때 사용합니다.

TIP ✦ 텍스트 프롬프트는 부정어를 잘 인식하지 못하기 때문에 특정한 요소를 제외하려면 네거티브 프롬프트를 사용하는
편이 좋습니다.

⛵ **/imagine** **prompt** a cinematic film still, a secret agent **--no hat**
영화 스틸컷, 비밀 요원, **--no 모자**

✦ 품질 파라미터(--q, --quality)

품질 파라미터는 생성 결과물에 나타나는 디테일을 결정하는 기능입니다. 값을 낮추면 비교적 단순하고 깔끔한 결과물을 얻을 수 있어 만화나 벡터 스타일 이미지처럼 간단한 이미지를 생성할 때 유용합니다. 또한 디테일을 줄이면 줄일수록 이미지 생성 속도가 빨라지기 때문에 Fast Hours가 얼마 남지 않았을 때 활용하기 좋습니다. 반대로 값을 높이면 디테일이 늘어나 더 복잡하고 세밀한 이미지를 만들어 낼 수 있습니다. 이미지 생성 속도는 상대적으로 느려지며 Fast Hours를 더 소모합니다.

TIP ✦ 품질 파라미터는 퀄리티 파라미터라고 부르기도 하며, 이미지의 해상도에는 영향을 주지 않습니다.

예제를 통해 결과물의 차이를 비교해 봅시다. 똑같은 프롬프트에 품질 파라미터를 각각 [0.25], [0.5], [1]로 입력한 결과물입니다. 품질 파라미터의 값에 따라 장미 일러스트의 미세한 디테일 차이가 드러나는 것을 확인할 수 있습니다.

자세히 표현된 장미 일러스트

▲ --q 0.25의 결과물   ▲ --q 0.5의 결과물   ▲ --q 1의 결과물

괴상함 파라미터(--w, --weird)

괴상함 파라미터는 특이하고 예상치 못한 요소들이 가미된 이미지를 만드는 기능입니다. 기본 값은 0이며 최대 3,000까지의 값을 적용할 수 있습니다. 이 파라미터는 특정한 기준이나 규칙이 없기 때문에 독특한 이미지를 만들어 보고 싶을 때 매우 유용하며, 다양한 값을 계속 시도해 보며 원하는 결과물을 생성하는 것을 권장합니다.

⛵ /imagine	**prompt**	lonely pink cat in the random place **--weird 0** --style raw
	prompt	lonely pink cat in the random place **--weird 250** --style raw
	prompt	lonely pink cat in the random place **--weird 1000** --style raw
	prompt	lonely pink cat in the random place **--weird 3000** --style raw

랜덤한 장소에 있는 외로운 분홍색 고양이

▲ --weird 0의 결과물

▲ --weird 250의 결과물

▲ --weird 1000의 결과물

▲ --weird 3000의 결과물

✦ 타일 파라미터(--tile)

타일 파라미터는 반복되는 타일 이미지를 생성합니다. 텍스처나 패턴을 제작할 때 매우 유용하죠. 생성된 타일 이미지는 상하좌우 어느 방향으로 이어 붙여도 그 경계가 보이지 않기 때문에 3D 디자인이나 의상 디자인 등 여러 분야에서 활용할 수 있습니다.

예제를 통해 자세히 알아봅시다. 타일 파라미터를 활용하여 당근을 들고 있는 토끼 패턴을 만들었습니다. 이 결과물만 가지고는 제대로 된 타일 이미지인지 알 수 없습니다. 정확한 확인에 앞서 네 개의 결과물 중 마음에 드는 이미지 하나를 업스케일합니다.

▲ 최초 생성 결과물

▲ 업스케일한 이미지

구글이나 네이버 검색 창에 [타일 체커(tile checker)]라고 검색하면 타일 이미지를 자동으로 이어붙여 패턴화하는 웹 사이트들이 나옵니다. 이곳에 업스케일한 이미지를 업로드하여 경계면이 보이지 않는 패턴으로 제대로 생성되었는지 확인할 수 있습니다.

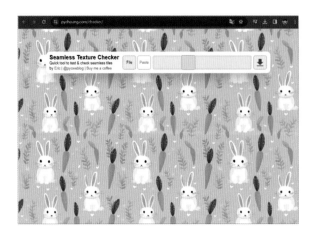

이미지 가중치 파라미터(--iw)

이미지 가중치 파라미터는 생성 결과물에 이미지 프롬프트를 얼마나 반영할 것인지 그 정도를 설정하는 파라미터입니다. 이미지 프롬프트가 있어야 작동하는 파라미터이기 때문에 우선 이미지 프롬프트로 사용할 참조 이미지가 있어야 합니다. 해당 파라미터의 값이 클수록 이미지 프롬프트를 많이 반영한 결과가 나오고, 값이 작을수록 이미지 프롬프트보다는 텍스트 프롬프트에 충실한 결과가 나오게 됩니다.

TIP ✦ 이미지의 배경, 인물의 의상, 인물의 얼굴과 같은 요소를 참조 이미지로 준비한 다음, 이미지 가중치 파라미터를 활용하여 원하는 결과물을 생성할 수 있습니다.

1 우선 이미지 프롬프트로 사용할 참조 이미지를 생성해 봅시다. 생성된 이미지 중 하나를 선택하여 업스케일을 진행합니다. 업스케일이 완료되면 이미지를 클릭합니다.

2 이미지 하단의 [브라우저로 열기]를 클릭하여 웹 브라우저로 이미지를 열어줍니다. 웹 브라우저 주소 창의 URL 주소를 복사합니다.

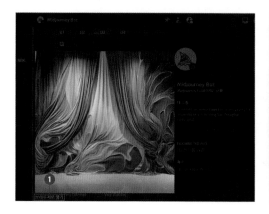

3 프롬프트 가장 앞에 복사한 URL 주소를 붙여넣기한 다음, Spacebar 로 한 칸을 띄우고 텍스트 프롬프트를 입력합니다. 텍스트 프롬프트를 모두 입력했다면 마지막으로 [--iw 0.1]을 입력합니다. 이미지 가중치를 0.1만큼 준다는 뜻입니다.

⛵ **/imagine   prompt   https://media.discordapp.net/ attachments/10025368654 14520852**(중략)**width=791&height-791** marble statue, bust of Agrippa in the gallery hall **--iw 0.1**

갤러리 홀의 대리석 조각상, 아그리파 흉상

TIP ✦ 이미지 프롬프트와 텍스트 프롬프트 사이는 반드시 한 칸이 비어있어야 합니다.

4 이미지 프롬프트를 0.1만큼 반영한 이미지가 완성되었습니다. 이미지 가중치 파라미터 값을 0.5, 1, 2로 입력한 결과물과 함께 비교하면 차이를 확인할 수 있습니다.

▲ --iw 0.1의 결과물

▲ --iw 0.5의 결과물

▲ --iw 1의 결과물

▲ --iw 2의 결과물

이미지 생성 과정에 영향을 주는 파라미터

✦ 반복 생성 파라미터(--r, --repeat)

반복 생성 파라미터는 동일한 작업을 여러 번 반복하고 싶을 때 사용하여 생성 과정을 자동화합니다. 카오스 파라미터와 마찬가지로 사용자 경험을 긍정적으로 만들 수 있죠. 개별 작업 하나하나를 기다리면서 원하는 결과물이 나오기를 바라는 것은 초보자의 작업 방식이며, 많은 시간이 소요됩니다. 반복 생성 파라미터를 활용하여 한꺼번에 여러 작업을 진행하면 원하는 결과를 한 번에 고를 수 있습니다.

TIP ✦ 반복 생성 파라미터는 리피트 파라미터라고 부르기도 합니다.

이 파라미터는 카오스 파라미터와 함께 사용할 경우 시너지가 좋습니다. 적절한 값의 카오스 파라미터를 설정한 다음 반복 생성 파라미터 값을 [10]으로 설정하면 한 번에 40가지 결과물을 얻을 수 있기 때문입니다. 원하는 결과물을 보다 빠르게 얻도록 해 주며 작업 효율을 획기적으로 높여주는 좋은 방법이니 꼭 사용해 보기를 추천합니다.

물론 장점만 있는 것은 아닙니다. 반복 생성 파라미터는 릴렉스 모드에서는 작동하지 않기 때문에 항상 패스트 모드나 터보 모드에서 실행해야 합니다. 또, Basic Plan은 반복 생성 파라미터를 통해 동시에 수행할 수 있는 작업 횟수가 최대 4회로 제한되어 있습니다. 즉, 반복 생성 파라미터 값을 최대 4까지만 입력할 수 있는 것이죠. Standard Plan은 10회, Pro Plan과 Mega Plan은 40회까지 수행이 가능합니다. 한꺼번에 많은 양의 작업을 진행하기 때문에 Basic Plan 구독자는 한 달에 주어진 생성량을 순식간에 소진할 가능성이 높습니다.

TIP ✦ 터보 모드란, 패스트 모드보다 더 빠르게 이미지를 생성하는 모드입니다. /settings를 통해 설정할 수 있으며, Fast Hours를 더 많이 소비합니다.

예제를 통해 살펴보겠습니다. 벡터 스타일, 라인 드로잉으로 미래의 삶을 표현한 이미지를 만들어 봅시다. 카오스 파라미터 값은 [10], 반복 생성 파라미터의 값은 [5]로 설정했습니다. 이는 해당 프롬프트로 이미지 생성 작업을 5회 반복함을 의미합니다. 한꺼번에 많은 사용량을 소모하는 기능이기 때문에 진행 전 정말로 작업을 수행할 것인지 묻는 절차가 있습니다. [Yes] 버튼을 클릭하고 잠시 기다리면 생성을 5회 반복하여 20장의 결과물이 한꺼번에 생성됩니다.

/imagine | **prompt** | a vector style, future life, line drawing **--c 10 --r 5**
벡터 스타일, 미래의 삶, 라인 드로잉

5개의 생성 작업을 동시에 진행

◀ 4장 × 5세트, 총 20장의 생성 결과물

✦ 시드 파라미터(--seed)

미드저니에서 하나의 프롬프트로 생성할 수 있는 경우의 수는 약 40억 가지가 넘습니다. 이 때문에 이전에 생성했던 결과물과 동일한 프롬프트를 입력한다고 해도 똑같은 결과물을 다시 만날 확률은 거의 0%에 가깝습니다.

이때 사용하는 것이 바로 시드 값입니다. 미드저니에서 만들어 낸 생성 결과물은 0부터 4,294,967,295까지의 별도 고유 번호를 지니고 있습니다. 이 고유 번호를 시드 값이라고 하며, 시드 파라미터는 시드 값을 통해 정확히 동일한 이미지를 재생성하는 기능입니다. 예제를 통해 시드 값을 추출하고 같은 이미지를 재생성하는 방법을 알아보겠습니다.

TIP ✦ 시드 값은 최초 생성 결과물에서만 추출이 가능합니다. 즉, 업스케일된 이미지에서는 추출할 수 없습니다.

1 우선, 시드 값을 추출할 이미지를 생성합니다. 결과 이미지 또는 프롬프트 근처 여백에 마우스 커서를 올리면 우측 상단에 작은 버튼이 활성화됩니다. 그중 [반응 추가하기(☺)]를 클릭합니다.

TIP ✦ 이 단계에서 나온 4장의 이미지가 바로 최초 생성 결과물입니다.

2 반응 선택 팝업 창이 활성화되면 상단 검색 창에 [envelope(봉투)]을 입력합니다. 네 개의 편지 봉투 아이콘 중 가장 좌측 아이콘(✉)을 클릭합니다.

3 최초 생성 결과물 좌측 하단에 편지 봉투 아이콘이 나타납니다. 잠시 기다리면 숫자 값이 포함된 메시지가 도착합니다. 이 값이 바로 최초 생성 결과물의 시드 값입니다. 이 값을 이용한 시드 파라미터 명령어는 [--seed 4105446719]입니다.

 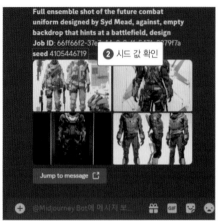

4 자, 그럼 시드 파라미터를 활용해 볼까요? 메시지 입력 창에 최초 생성 결과물과 동일한 프롬프트를 작성하고 Spacebar로 한 칸을 띄운 다음 [--seed 4105446719] 파라미터를 입력합니다. Enter를 눌러 이미지를 생성합니다.

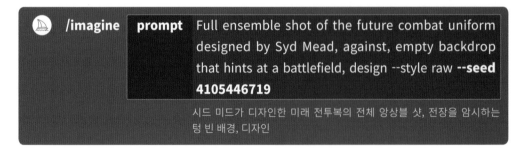

5 해당되는 시드 값으로부터 동일한 이미지가 생성됩니다. 좌측 이미지가 최초로 생성한 결과, 우측 이미지가 시드 값으로 재생성한 결과입니다. 거의 차이점을 찾아볼 수 없을 정도로 유사합니다. 시드 값으로 생성된 결과물은 인공지능의 업데이트 따라 아주 정확할 수도 있고 그렇지 않을 때도 있습니다.

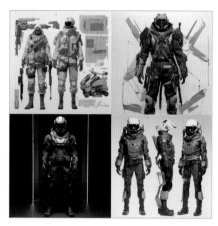

▲ 최초 생성 결과물

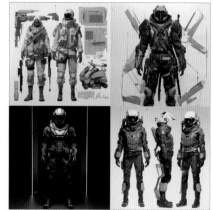

▲ 시드 값으로 재생성한 결과물

TIP ✦ 시드 파라미터에 들어갈 시드 값만 안다면 과거에 생성했던 이미지 또한 동일하게 불러올 수 있습니다.

✦ 중지 파라미터(--stop)

중지 파라미터는 이미지 생성 과정 중 특정한 시점에서 작업을 중단하는 기능입니다. 기획 단계에서 생성 시간을 절약하거나 의도적으로 흐릿한 이미지를 생성할 때 사용합니다. 예제를 통해 중지 파라미터를 활용하여 재미있는 이미지를 생성해 봅시다.

1 중지 파라미터값을 [20]으로 설정하여 전체 과정 중 20%까지만 이미지를 생성합니다. 생성되다가 만 흐릿한 나비 이미지가 생성되었습니다.

> ⛵ **/imagine** **prompt** a butterfly in the sky **--stop 20** --style raw
> 하늘을 나는 나비

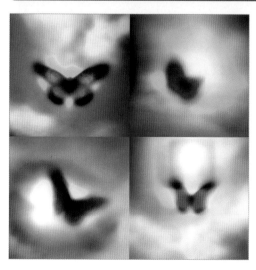

2 결과물 중 하나를 골라 업스케일한 다음, 메시지 입력 창에 [/settings]을 입력하고 Enter 를
두 번 눌러 설정 창으로 들어갑니다. 설정 창에서 [Remix mode]를 활성화합니다. 버튼이 초
록색으로 변하면 활성화된 것입니다.

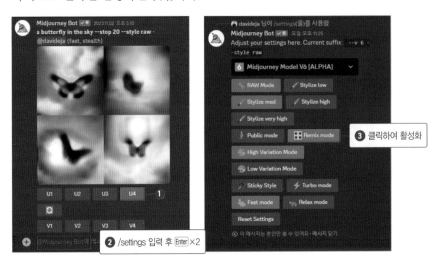

3 업스케일이 완료되면 [Vary(Subtle)] 버튼을 클릭합니다. 프롬프트 수정 창이 나타나면
프롬프트를 [an island in the middle of the ocean, drone shot]으로 수정하고 [전송] 버튼
을 클릭합니다.

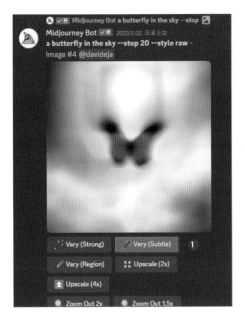

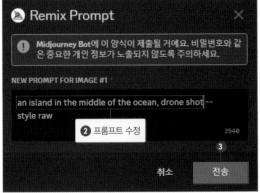

4 나비 형태의 실루엣을 활용한 섬 이미지가 생성되었습니다.

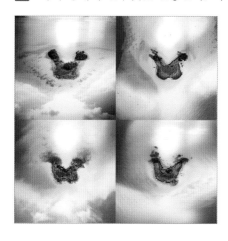

TIP ✦ 이러한 방식으로 다양한 착시 이미지를 생성할 수 있습니다. 다만, 형태와 컬러 등이 유사하지 않으면 제대로 표현이 되지 않을 수도 있습니다.

✦ 비디오 파라미터(--video)

비디오 파라미터는 이미지 생성 과정을 비디오로 기록하는 기능입니다. 이미지 생성과 달리 비디오를 생성하고 다운로드 받으려면 별도의 과정이 필요합니다.

1 우선 비디오 파라미터가 포함된 프롬프트 입력하여 이미지를 생성합니다.

2 이미지 또는 프롬프트 위에 마우스 커서를 올린 다음 [반응 추가하기(●)]를 클릭합니다. [envelope(봉투)]를 검색한 후 가장 좌측의 아이콘(✉)을 클릭하면 이미지 좌측 하단에 편지 봉투가 표시됩니다.

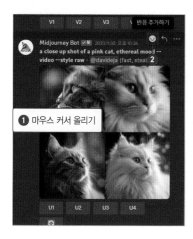

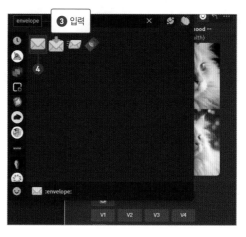

TIP ✦ 119쪽에서 다루었던 시드 값을 찾는 과정과 동일합니다. 이 과정을 자주 수행하다 보면 자주 쓰는 아이콘에 편지 봉투가 보이기도 합니다.

3 잠시 기다리면 동영상 URL 주소가 포함된 새로운 메시지가 도착합니다. URL 주소를 클릭하면 외부 사이트 링크를 신뢰하는지 확인하는 팝업 창이 나타납니다. 좌측의 체크 박스를 클릭한 후 우측 하단의 [사이트 방문하기] 버튼을 클릭합니다.

4 웹 브라우저 창이 열리며 영상이 재생됩니다. 마우스 우클릭을 통해 영상을 다운로드할 수 있습니다.

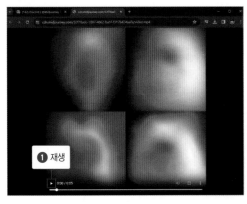

스타일과 모델을 지정하는 파라미터

모델 선택 파라미터(--niji, --v, --version)

모델은 앞서 92쪽에서 살펴보았듯이 설정 창에서 선택할 수 있으며 파라미터를 통해 단일 작업에 적용하는 것도 가능합니다. 다만, 스타일 파라미터와 호환이 되지 않는 경우 이미지 생성이 이루어지지 않으니 그 점을 유의하여 사용해야 합니다.

스타일 파라미터(--style)

스타일 파라미터는 미드저니가 기본적으로 제공하는 미학적 표현 외에 특정한 이미지의 느낌을 설정하는 파라미터입니다. 프롬프트에 조금 더 충실한 이미지를 만들거나 더 귀여운 캐릭터 등을 생성할 수 있습니다.

--style raw

--style raw는 94쪽에서 설명한 RAW Mode와 마찬가지로 미드저니의 자동 미학 적용을 줄이고 사용자가 원하는 프롬프트 방향에 맞추어 이미지를 생성하도록 합니다. --style raw가 적용되지 않은 이미지와 적용된 이미지를 하나씩 생성하여 비교해 보겠습니다. --style raw가 적용된 이미지에 디자인 레이아웃이 잘 표현되어 있는 것을 확인할 수 있습니다.

TIP ✦ --style raw는 현재 버전 5.1, 버전 5.2, 버전 6, niji 6 모델에서만 적용됩니다.

🚣 /imagine	**prompt**	a product design layout, sets of house electronics, layout, isometric view
	prompt	a product design layout, sets of house electronics, layout, isometric view **--style raw**

제품 디자인 레이아웃, 가정용 전자제품 세트, 레이아웃, 아이소메트릭 뷰

▲ --style raw를 적용하지 않은 결과물

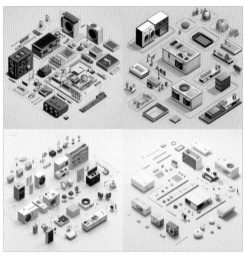

▲ --style raw를 적용한 결과물

--style cute (niji 5에서만 적용 가능)

--style cute는 귀엽고 사랑스러운 캐릭터나 소품, 배경을 생성할 때 유용합니다. cute 스타일이 적용되지 않은 이미지와 적용된 이미지를 각각 생성하여 비교해 보겠습니다. cute 스타일이 적용된 이미지에 훨씬 귀엽고 사랑스러운 표현이 추가되어 있음을 확인할 수 있습니다.

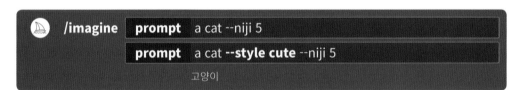

▲ --style cute를 적용하지 않은 결과물

▲ --style cute를 적용한 결과물

--style expressive (niji 5에서만 적용 가능)

--style expressive는 더 정교한 일러스트레이션 스타일 이미지를 생성합니다. expressive 스타일이 적용되지 않은 이미지와 적용된 이미지를 각각 생성하여 비교해 보겠습니다. expressive 스타일이 적용된 이미지의 경우, 보다 정밀하게 표현되어 있습니다.

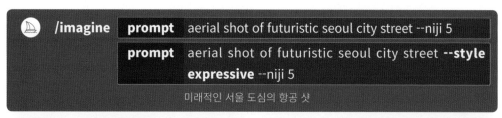

/imagine | **prompt** | aerial shot of futuristic seoul city street --niji 5
| **prompt** | aerial shot of futuristic seoul city street **--style expressive** --niji 5

미래적인 서울 도심의 항공 샷

▲ --style expressive를 적용하지 않은 결과물   ▲ --style expressive를 적용한 결과물

--style scenic (niji 5에서만 적용 가능)

--style scenic은 아름다운 배경과 캐릭터가 조화를 이루는 시네마틱 애니메이션 스타일의 이미지를 생성합니다. 배경을 잘 표현하는 스타일이기 때문에 좌우로 긴 비율의 종횡비로 표현하면 장점이 더욱 잘 드러납니다. 예제를 살펴보면, scenic 스타일을 적용한 이미지가 scenic 스타일을 적용하지 않은 이미지보다 배경과 인물이 조화를 이루는 시네마틱 애니메이션 스타일에 더 가까운 것을 확인할 수 있습니다.

/imagine | **prompt** | an ancient character --ar 2:1 --niji 5
| **prompt** | an ancient character --ar 2:1 **--style scenic** --niji 5

고대의 캐릭터

▲ --style scenic을 적용하지 않은 결과물

▲ --style scenic을 적용한 결과물

스타일과 캐릭터의
일관성을 유지하는 파라미터

미드저니는 특정한 결과물을 만들고자 하는 사용자의 요청에 귀를 기울이고 있습니다. 최근 버전 6에서는 인물이나 대상을 일관적으로 표현하는 파라미터와 특정 이미지의 스타일을 가져오는 파라미터를 추가하여 보다 더 창의적이고 사용자의 의도에 맞는 이미지 생성을 할 수 있게 되었습니다. 버전 6에서 새롭게 업데이트된 네 개의 파라미터를 소개합니다.

✦ 스타일 참조 파라미터(--sref)

스타일 참조 파라미터는 특정 이미지의 빛과 색상, 질감을 참조할 때 사용합니다. 참조할 이미지를 디스코드에 업로드한 후, 해당 이미지의 URL 주소를 --sref 파라미터와 함께 프롬프트에 포함하면 됩니다. 예제를 통해 확인해 봅시다.

TIP ✦ 이미지 프롬프트는 참조 이미지 그 자체를 생성 결과물에 반영하는 것이고, 스타일 참조 파라미터는 참조 이미지의 색과 질감을 생성 결과물에 반영한다는 차이가 있습니다.

1 메시지 입력 창에 참조 이미지를 첨부한 다음 Enter를 눌러 업로드합니다.

2 업로드한 참조 이미지에 커서를 올리고 마우스 오른쪽 버튼을 클릭합니다. [링크 복사하기]를 클릭하여 이미지의 URL 링크를 복사합니다.

3 이제 새로운 이미지를 생성해 봅시다. 텍스트 프롬프트와 스타일 참조 파라미터 [--sref]를 입력한 다음, 복사한 URL 주소를 붙여넣습니다.

4 생성 결과물을 살펴봅시다. 스타일 참조 파라미터를 적용한 결과물의 경우, 레퍼런스로 활용한 참조 이미지의 조명, 컬러, 자세 등이 반영된 것을 알 수 있습니다.

▲ 참조 이미지　　　　　　　　　　　▲ --sref 파라미터가 적용된 결과물　　　　　　　　▲ --sref 파라미터가 적용되지 않은 결과물

✦ 스타일 가중치 파라미터(--sw)

스타일 가중치 파라미터는 참조 이미지의 스타일을 생성 결과물에 얼마나 강하게 반영할지 결정합니다. 0부터 1,000 사이의 값을 설정할 수 있으며, 기본값은 100입니다. 값이 높을수록 참조 이미지의 스타일이 더 강하게 적용됩니다. 예를 들어, [--sw 500]은 참조 스타일을 강하게 적용하라는 의미이고, [--sw 50]은 미묘한 수준으로 적용하라는 의미입니다.

TIP ✦ 스타일 가중치 파라미터(--sw)는 스타일 참조 파라미터(--sref)와 함께 사용해야 합니다.

⛵ /imagine	**prompt**	a korean female --sref 참조 이미지의 URL 주소 --ar 9:16 **--sw 0** --v 6.0 --style raw
	prompt	a korean female --sref 참조 이미지의 URL 주소 --ar 9:16 **--sw 50** --v 6.0 --style raw
	prompt	a korean female --sref 참조 이미지의 URL 주소 --ar 9:16 **--sw 100** --v 6.0 --style raw
	prompt	a korean female --sref 참조 이미지의 URL 주소 --ar 9:16 **--sw 500** --v 6.0 --style raw
	prompt	a korean female --sref 참조 이미지의 URL 주소 --ar 9:16 **--sw 1000** --v 6.0 --style raw

한국인 여성

▲ 참조 이미지　　　　　　　　▲ --sw 0의 결과물　　　　　　　　▲ --sw 50의 결과물

▲ --sw 100의 결과물　　　　　▲ --sw 500의 결과물　　　　　▲ --sw 1000의 결과물

✦ 상대적 스타일 가중치 파라미터(--sref ::숫자)

2개 이상의 참조 이미지의 스타일을 혼합하여 독특한 결과를 얻고 싶다면 스타일 참조 파라미터(--sref)에 ::숫자를 붙여 각 참조 스타일에 서로 다른 가중치를 부여할 수 있습니다. 예를 들어, [--sref 참조 이미지 A ::3 --sref 참조 이미지 B ::1]이라는 파라미터는 이미지 A의 스타일을 이미지 B의 스타일보다 세 배 더 강조하여 반영합니다.

TIP ✦ ::숫자를 사용하면 특정 참조 스타일에 더 큰 가중치를 부여하여 해당 스타일이 생성 결과물에 미치는 영향력을 세밀하게 조절할 수 있습니다. 참조 이미지의 색상을 유지하면서 또 다른 참조 이미지의 질감이나 형태를 결합하는 등 사용자의 의도에 맞는 스타일 조정이 가능하죠.

1️⃣ 먼저 스타일 레퍼런스로 활용할 두 개의 참조 이미지를 생성합니다.

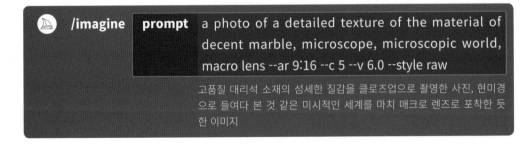

⛵ **/imagine** **prompt** a photo of a detailed texture of the material of decent marble, microscope, microscopic world, macro lens --ar 9:16 --c 5 --v 6.0 --style raw

고품질 대리석 소재의 섬세한 질감을 클로즈업으로 촬영한 사진, 현미경으로 들여다 본 것 같은 미시적인 세계를 마치 매크로 렌즈로 포착한 듯한 이미지

/imagine | **prompt** | a photo of a deep sea in the water, mysterious mood, ethereal, mystical, 50mm lens --ar 9:16 --c 5 --v 6.0 --style raw

신비로운 분위기가 감도는 심해의 모습을 담은 사진. 50mm 렌즈로 촬영되어 몽환적이고 신비스러운 느낌을 자아낸다. 미묘한 분위기 속에서 심해의 신비로움이 살아 숨쉰다.

▲ 참조 이미지 A

▲ 참조 이미지 B

2 두 참조 이미지에 상대적 가중치를 적용하여 또 다른 이미지를 생성해 봅시다. 결과물을 보면 가중치의 상대적 수치에 따라 생성 결과물이 상당히 달라지는 것을 볼 수 있습니다.

 /imagine | **prompt** | a photo of a korean female wearing a marble pattern dress at the deep sea in the ocean **--sref 참조 이미지 A의 URL 주소 ::1 참조 이미지 B의 URL 주소 ::3** --sw 50 --ar 9:16 --c 5 --v 6.0 --style raw

바다 속 깊은 곳에서 대리석 무늬 드레스를 입은 한국 여성의 모습을 담은 사진. 심해의 신비로운 분위기와 어우러진 그녀의 모습이 마치 한 폭의 그림 같다. 독특한 패턴의 드레스가 바다의 푸른빛과 조화를 이루며 환상적인 느낌을 자아낸다.

/imagine | **prompt** | a photo of a korean female wearing a marble pattern dress at the deep sea in the ocean **--sref 참조 이미지 A의 URL 주소 ::3 참조 이미지 B의 URL 주소 ::1** --sw 50 --ar 9:16 --c 5 --v 6.0 --style raw

바다 속 깊은 곳에서 대리석 무늬 드레스를 입은 한국 여성의 모습을 담은 사진. 심해의 신비로운 분위기와 어우러진 그녀의 모습이 마치 한 폭의 그림 같다. 독특한 패턴의 드레스가 바다의 푸른빛과 조화를 이루며 환상적인 느낌을 자아낸다.

▲ 1:3의 상대적 스타일 가중치를 준 결과물 　　　　　▲ 3:1의 상대적 스타일 가중치를 준 결과물

잠 깐 만 요

스타일 가중치 파라미터(--sw)와 상대적 가중치 파라미터(::숫자)의 차이점

스타일 가중치 파라미터(--sw)와 상대적 가중치 파라미터(::숫자)가 헷갈리나요?

쉽게 말해, 상대적 가중치 파라미터(::숫자)는 참조 이미지가 두 개 이상일 때 각 참조 스타일을 어떻게 배합할지 결정하는 기능입니다. 요리를 위한 양념을 만들 때, 설탕을 몇 스푼, 소금을 몇 스푼 넣을 것인지 정하는 것과 같습니다. 이렇게 완성된 양념(스타일 레퍼런스)을 냄비(텍스트 프롬프트)에 얼마나 많이 넣을지 결정하는 것이 바로 스타일 가중치 파라미터(--sw)입니다.

캐릭터 참조 파라미터(--cref)

앞에서 살펴본 두 파라미터가 참조 이미지의 스타일을 가져오는 기능이었다면, 이번에 살펴볼 두 파라미터는 일관된 사물과 인물을 생성하는 기능입니다. 우선, 캐릭터 참조 파라미터는 참조 이미지 속의 캐릭터를 다양한 장면에서 일관되게 등장시킬 때 사용합니다. 특정 캐릭터를 여러 배경이나 상황 속에서 재현할 수 있으며, 캐릭터의 특징과 스타일을 일관되게 유지할 수 있습니다. 예를 들어, 빅토리아 시대 복장을 한 여성 캐릭터를 다양한 시대적 배경에서 활용하고자 할 때 사용할 수 있겠죠.

1 메시지 입력 창에 참조 이미지를 첨부한 다음 Enter를 눌러 업로드합니다. 업로드한 참조 이미지에 커서를 올리고 마우스 오른쪽 버튼을 클릭합니다. [링크 복사하기]를 클릭하여 이미지의 URL 링크를 복사합니다.

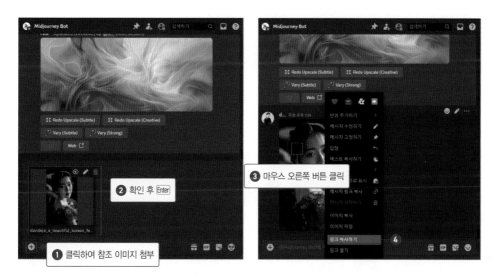

2 참조 이미지 속 인물을 새로운 생성 결과물에 그대로 등장시켜 봅시다. 텍스트 프롬프트와 캐릭터 참조 파라미터 [--cref]를 입력한 다음 참조 이미지의 URL 주소를 붙여넣습니다.

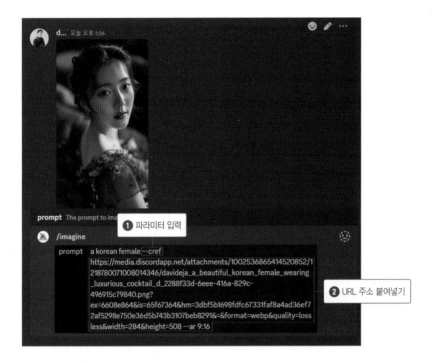

❶ 파라미터 입력

❷ URL 주소 붙여넣기

③ 생성 결과물을 확인합니다. 캐릭터 참조 파라미터(--cref)를 적용한 이미지의 경우, 참조 이미지 속 여성이 그대로 등장하는 것을 확인할 수 있습니다.

▲ 참조 이미지　　　　　　　　▲ --cref 파라미터가 적용된 결과물　　　　　　▲ --cref 파라미터가 적용되지 않은 결과물

✦ 캐릭터 가중치 파라미터(--cw)

캐릭터 가중치 파라미터는 참조 이미지 속 캐릭터가 생성 결과물에 어느 정도로 반영될지 조절하는 기능입니다. 0에서 100 사이의 값을 설정할 수 있으며, 기본값은 100입니다. 값이 클수록 참조 이미지 속 캐릭터의 특성(예 복장, 포즈)이 이미지에 더 강하게 반영됩니다.

TIP ✦ 캐릭터 가중치 파라미터(--cw)는 캐릭터 참조 파라미터(--cref)와 함께 사용해야 합니다.

🚢 **/imagine**	**prompt**	a korean female --cref https://cdn.midjourney.com/u/3dea51cd-0f60-438e-867b(이하 생략) --c 5 **--cw 0** --ar 9:16 --v 6.0
	prompt	a korean female --cref https://cdn.midjourney.com/u/3dea51cd-0f60-438e-867b(이하 생략) --c 5 **--cw 30** --ar 9:16 --v 6.0
	prompt	a korean female --cref https://cdn.midjourney.com/u/3dea51cd-0f60-438e-867b(이하 생략) --c 5 **--cw 70** --ar 9:16 --v 6.0
	prompt	a korean female --cref https://cdn.midjourney.com/u/3dea51cd-0f60-438e-867b(이하 생략) --c 5 **--cw 100** --ar 9:16 --v 6.0

한국인 여성

▲ 참조 이미지　　　　　　　▲ --cw 0의 결과물　　　　　　　▲ --cw 30의 결과물

▲ --cw 70의 결과물   ▲ --cw 100의 결과물

TIP ✦ 캐릭터 참조 파라미터와 캐릭터 가중치 파라미터는 동일한 캐릭터를 다양한 스토리 라인이나 컨셉 아트에서 일관적으로 사용할 때 유용합니다. 예를 들어, 한 캐릭터가 여러 도시나 환경을 탐험하는 시리즈를 만들거나 같은 캐릭터를 다양한 의상과 포즈로 표현하는 패션 시리즈를 제작할 수 있습니다. 제품 사진에서도 마찬가지입니다. 유사한 제품을 다양한 배경이나 상황에 놓고 촬영할 때 유용하며, 제품의 일관된 이미지를 유지하면서도 다채로운 분위기와 컨텍스트를 연출할 수 있어 제품 홍보나 마케팅에 효과적으로 사용할 수 있습니다.

CHAPTER 6

미드저니
웹 사이트 활용하기

미드저니는 점차 디스코드를 벗어나 자사 웹 사이트에서 직접 이미지를 생성할 수 있도록 시스템을 구축하고 있습니다. 현재 까지는 이미지 생성 횟수가 1,000회를 초과하는 사용자에 한 하여 웹 사이트를 사용할 수 있으며, 머지않아 전면적인 플랫폼 이동이 시작될 것으로 예상됩니다. 이번 챕터에서는 새롭게 변 화된 환경에 빠르게 적응할 수 있도록 미드저니 웹 사이트에서 이미지를 생성 및 관리하는 방법을 안내합니다.

미드저니 웹 사이트
기본 기능 살펴보기

✦ 프롬프트 입력하여 이미지 생성하기

1 미드저니 웹 사이트에서 이미지를 생성해 봅시다. 먼저, 웹 브라우저에서 [midjourney. com/explore]에 접속합니다. 가장 상단의 [+ Imagine] 창을 통해 프롬프트를 입력하고 이미지를 생성할 수 있습니다.

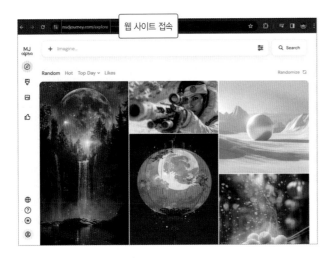

2 [wonderland]라는 텍스트를 입력해 보겠습니다. 프롬프트를 입력한 후 Enter를 누르면 이미지 생성이 시작됩니다. [My Images(🗑)] 탭을 클릭하면 진행 상황을 확인할 수 있습니다.

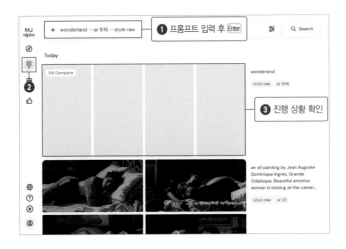

3 잠시 기다리면 프롬프트를 바탕으로 이미지가 생성됩니다. 결과물 우측에 프롬프트와 style raw, 종횡비 등 어떠한 파라미터가 활용되었는지 표시됩니다. 생성된 이미지를 클릭해 보겠습니다.

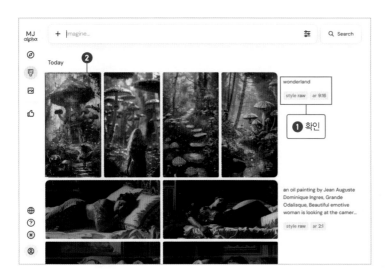

4 이미지가 확대되며 우측에 세부 메뉴가 나타납니다. Imagine 우측에는 '2m'이라는 생성 시간이, 하단에는 'wonderland'라는 프롬프트와 이미지 생성에 사용된 파라미터가 표시됩니다. 우측 하단에는 Vary, Upscale, Remix, Pan, Zoom 등 디스코드에서 사용했던 이미지 변형 기능이 있습니다. 디스코드에서의 기능과 모두 동일하기 때문에 그대로 사용하면 됩니다.

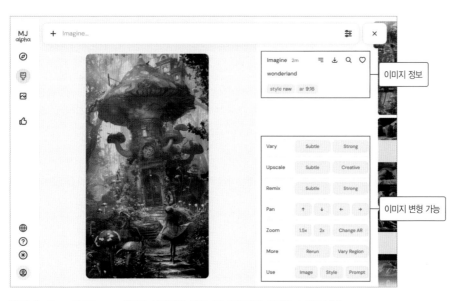

TIP ✦ Zoom의 [Change AR]을 클릭하면 이미지의 종횡비를 수정할 수 있습니다.

TIP ✦ Use의 [Image]를 클릭하면 해당 이미지를 이미지 프롬프트로 사용할 수 있고, [Style]을 클릭하면 스타일 레퍼런스로 활용할 수 있습니다. [Prompt]를 클릭하면 상단 입력 창에 해당 이미지의 텍스트 프롬프트와 파라미터가 그대로 반영되어 곧바로 재생성할 수 있습니다.

✦ 우측 메뉴 살펴보기

우측 메뉴 상단에는 이미지 관리와 관련된 네 개의 버튼이 있습니다. 먼저 ☰ 버튼을 살펴봅시다. 버튼을 클릭하면 여섯 개의 하위 버튼이 나타납니다. 하나씩 살펴봅시다.

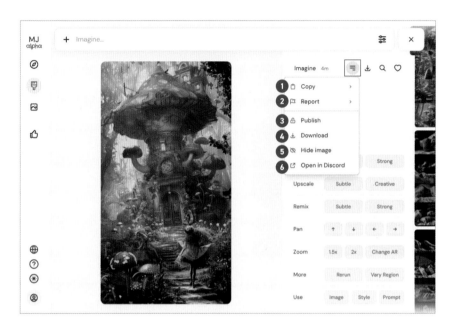

❶ **Copy**: 이미지와 관련된 각종 정보를 복사합니다. 프롬프트, Job ID, 시드 값, 이미지, 이미지 URL을 복사할 수 있습니다. Copy 버튼에 커서를 올리면 우측에 하위 버튼이 나타나고, 버튼을 클릭하면 각각의 정보가 자동으로 복사되며 Ctrl + V를 통해 붙여넣을 수 있습니다.

❷ **Report**: 오류가 발생하거나 문제가 있는 이미지가 생성되었을 때 미드저니 운영진에게 제보하는 버튼입니다. 커서를 올리면 나타나는 [Confirm report] 버튼을 클릭하여 접수합니다.

❸ **Publish**: 활성/비활성을 선택할 수 있는 토글형 버튼으로 이미지의 공개 여부를 선택합니다. 'Publish'라는 글자가 보이는 상태에서 클릭하면 이미지를 공개하고, 'Unpublish'라는 글자가 보이는 상태에서 클릭하면 비공개됩니다.

❹ **Download**: 이미지를 다운로드합니다.

❺ **Hide image**: 내 피드에서 해당 이미지를 숨김 처리합니다.

❻ **Open in Discord**: 이미지를 디스코드에서 열어줍니다.

돋보기 버튼(🔍)을 클릭하면 사용자 커뮤니티 내 공개된 결과물 중 현재 이미지와 유사한 이미지를 찾아줍니다. 우측 상단의 검색 창에 기준 이미지의 URL 주소가 자동으로 입력됩니다.

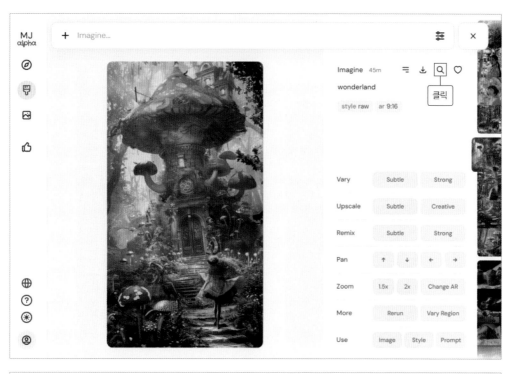

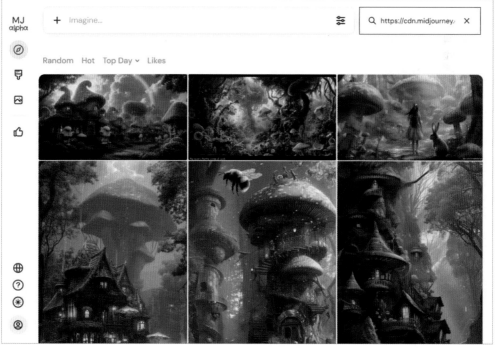

하트 버튼(♥)은 Like 버튼으로, 해당 이미지를 즐겨찾기에 추가합니다. 버튼을 클릭한 후 좌측의 [Image(⊞)] 탭을 클릭하면 내 피드가 등장합니다. 우측의 필터 메뉴에서 [Liked]를 체크하면 직전에 하트 버튼을 누른 이미지가 즐겨찾기에 추가된 것을 확인할 수 있습니다. 이 기능을 통해 마음에 드는 결과물을 손쉽게 관리할 수 있습니다.

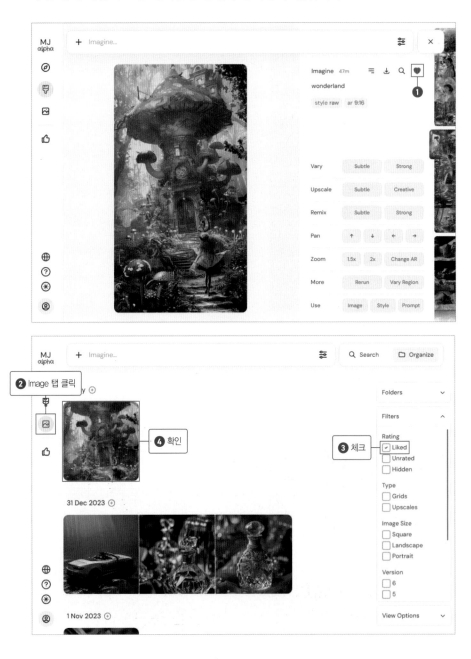

이미지 생성
세부 설정하기

[+Imagine] 창 우측의 설정 아이콘(⚌)을 클릭하면 이미지 생성 세부 설정 메뉴가 나타납니다. 미드저니 웹 사이트에서는 디스코드에서 일일이 입력했던 파라미터가 유저 인터페이스(UI)로 구현되어 있어서 보다 직관적인 설정이 가능합니다. 하나씩 살펴봅시다.

✦ Image Size 영역

Image Size는 이미지 종횡비를 컨트롤하는 영역으로, --ar 파라미터에 해당됩니다. Portrait(초상), Square(1:1), Landscape(풍경)의 세 가지 프리셋 버튼이 있으며, 클릭하면 바로 적용됩니다. 종횡비를 수동으로 설정하고 싶을 때는 하단 슬라이드를 마우스로 드래그하면 됩니다. 좌측에 이미지의 비율이 숫자로 표기되어 있는데, 각 숫자를 클릭한 후 직접 숫자를 입력하여 비율을 수정할 수도 있습니다. 이 기능이 익숙하지 않다면 프롬프트 입력창에서 파라미터를 직접 입력해도 됩니다.

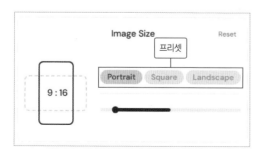
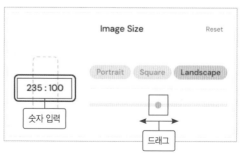

✦ Aesthetics 영역

Aesthetics(미학) 영역에서는 Stylization, Weirdness, Variety를 설정할 수 있습니다. 각각 --stylize, --weird, --chaos 파라미터에 해당됩니다. 적용 정도는 슬라이드를 마우스로 드래그하여 수동 설정하거나 프롬프트 입력 창에서 직접 입력하여 설정할 수 있습니다.

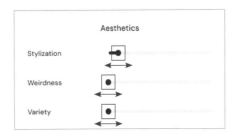

✦ Model 영역

Model(모델) 영역에서는 디스코드에서 /settings를 통해 설정했던 RAW Mode와 미드저니 모델을 선택할 수 있습니다. RAW Mode는 [Raw] 버튼을 클릭하여 활성화하거나 [Standard] 버튼을 클릭하여 비활성화할 수 있으며, 미드저니 모델은 버전을 선택하여 설정할 수 있습니다.

✦ More Options 영역

More Options는 기타 메뉴를 모아둔 영역입니다. Speed 메뉴에서 Relax, Fast, Turbo 모드를 선택하여 이미지 생성 속도나 Fast Hours 사용 여부를 선택할 수 있고 스텔스(Stealth) 기능을 켜거나 끌 수 있습니다.

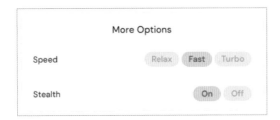

✦ 이미지 프롬프트 활용하기

1 프롬프트 입력 창 왼쪽의 [+] 버튼을 클릭하면 이미지를 첨부하여 이미지 프롬프트로 사용할 수 있습니다. [Choose a file or drop it here]에 새 이미지를 업로드하거나 기존에 생성했던 이미지 중 하나를 클릭합니다. 프롬프트 입력 창 아래에 이미지가 첨부된 것을 확인할 수 있습니다.

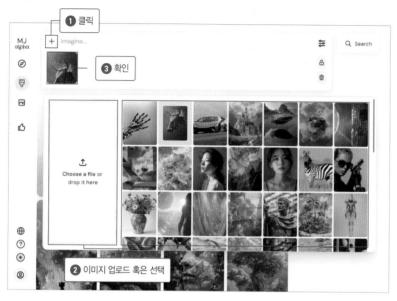

2 적당한 프롬프트를 입력하고 세부 설정을 완료한 후 Enter를 눌러 이미지를 생성합니다. 이미지 생성이 완료되면 [My Images(🏆)] 탭에서 텍스트 프롬프트, 이미지 프롬프트, 파라미터 정보를 확인할 수 있습니다.

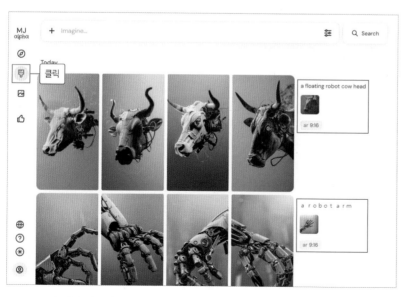

TIP ✦ 115쪽에서 다룬 이미지 가중치 파라미터(--iw)는 세부 설정 메뉴에 없기 때문에 직접 입력해야 합니다.

✦ 이미지 베리에이션하기

생성된 이미지 위에 마우스 커서를 올리면 [V Subtle]과 [V Strong] 버튼이 활성화됩니다. 디스코드에서와 마찬가지로 현재 이미지를 기반으로 유사하지만 새롭게 변형된 이미지를 생성합니다. 이 버튼을 통해 이미지를 생성할 경우 우측에 'Variation' 표시가 활성화되어 최초 생성 결과물과 파생 결과물을 구분할 수 있습니다.

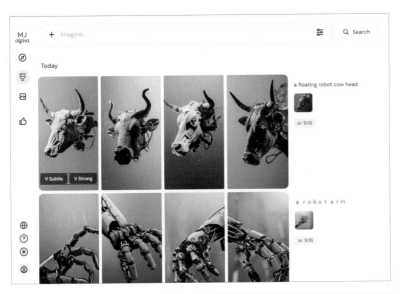

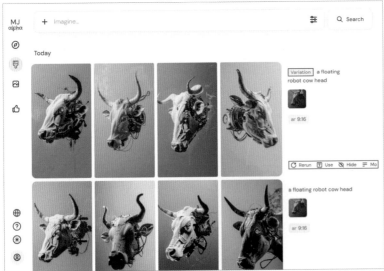

TIP ✦ V Subtle과 V Strong의 기능과 효과는 디스코드의 V1, V2, V3, V4 버튼과 동일하며, 설정 중 High Variation Mode 와 Low Variation Mode가 보다 직관적으로 적용된 형태라고 이해하면 됩니다.

TIP ✦ 생성 결과물 우측 프롬프트 정보에 마우스 커서를 올리면 새로운 메뉴가 활성화됩니다. 좌측부터 새로고침을 하는 Return, 동일한 프롬프트 및 파라미터로 재생성하는 Use, 해당 결과물을 숨기는 Hide, 기타 메뉴를 보여주는 More 메뉴입니다.

이미지 관리하기

이미지를 일정 기간 꾸준히 생성하다 보면 결과물이 감당할 수 없게 누적되어 과거 결과물을 찾기가 쉽지 않습니다. 특히 디스코드는 채팅이 세로로 계속 쌓이며 이전 작업을 밀어내는 방식이기 때문에 과거 작업물의 프롬프트나 키워드를 잊어버렸다면 다시 찾기가 매우 어렵습니다. 미드저니 웹 사이트에서는 이런 문제를 상당 부분 해결하여 손쉬운 작업물 관리가 가능합니다.

✦ 이미지 색인하기

좌측의 [Image(🖼)] 탭을 클릭하여 내 피드로 들어갑니다. 프롬프트 입력 창 우측에 텍스트 프롬프트나 파라미터를 기준으로 결과물을 색인할 수 있는 검색 창이 있습니다. 이곳에 키워드를 입력하면 매우 빠른 속도로 내 결과물이 색인됩니다.

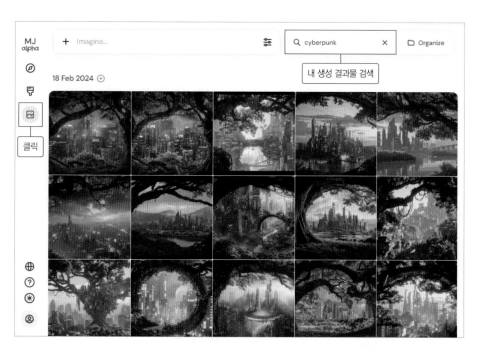

검색 창 우측의 [Organize]는 작업물을 관리하는 메뉴입니다. 클릭하면 하위 메뉴로 Folders(폴더), Filters(필터), View Options(보기 옵션)가 나타납니다.

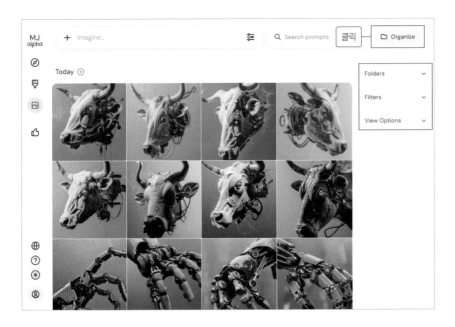

✦ 폴더로 작업물 정리하기

1 내가 정한 기준에 따라 작업물을 정리할 수 있는 Folders 메뉴를 살펴봅시다. [Folders] 버튼을 클릭하면 기본 폴더인 All Images만 나타납니다. [Create Folder] 버튼을 클릭하여 새 폴더를 만들어 봅시다.

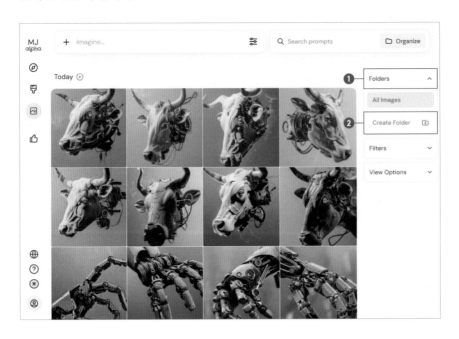

2 'Edit folder' 팝업 창이 나타나면 Title에 폴더 이름을 입력합니다. [Smart Folder]를 체크하여 활성화하면 하단에 키워드를 설정할 수 있는 Search Terms가 나타납니다. 여기서는 폴더 이름과 키워드 모두 [Korean female]이라고 입력했습니다. [Create Folder]를 클릭하면 새 폴더가 생성됩니다. 폴더를 클릭하면 입력한 키워드에 해당되는 이미지들이 빠르게 정렬됩니다.

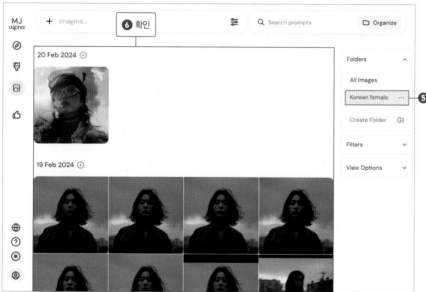

TIP ✦ 스마트 폴더는 폴더를 만든 후에 생성한 이미지도 조건에 맞으면 자동으로 차곡차곡 정리합니다.

▣ 스마트 폴더가 제대로 작동하는지 확인하기 위해 이미지를 새롭게 만들어 봅시다. [a pretty korean female who is holding an umbrella] 프롬프트로 이미지를 생성합니다. 새로운 이미지가 스마트 폴더에 추가된 것을 확인할 수 있습니다.

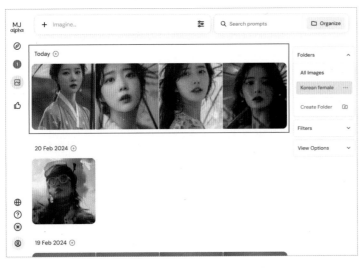

TIP ✦ 스마트 폴더는 여러 키워드로 다양하게 만들어 나만의 기준으로 작업물을 관리할 수 있는 편리한 기능입니다.

✦ 필터로 작업물 분류하기

다시 [All Images]를 클릭하여 모든 이미지를 활성화한 다음, [Filters] 버튼을 클릭합니다. 필터는 여러 기준에 따라 작업물을 분류하는 기능입니다. 체크 박스를 클릭하거나 해제하여 검색 기준을 설정할 수 있습니다. 어떤 기준이 있는지 하나씩 알아봅시다.

❶ **Rating**: 즐겨찾기의 여부와 숨김 처리 여부에 따라 분류합니다.

❷ **Type**: 업스케일(Upscale) 여부에 따라 분류합니다.

❸ **Image Size**: 종횡비에 따라 분류합니다.

❹ **Version**: 어떤 미드저니 모델로 생성되었는지에 따라 분류합니다.

❺ **Published**: 공개 여부에 따라 분류합니다.

❻ **Other**: --tile 파라미터와 Raw 모드 사용 여부에 따라 분류합니다.

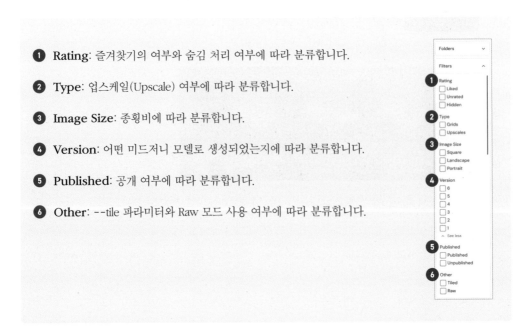

View Options에서 보기 옵션 설정하기

View Options는 웹 사이트에서 내 생성 결과물을 어떻게 볼 것인지 보기 옵션을 설정하는 기능입니다. Layout에서는 이미지를 원래 비율로 볼 것인지 정사각형 섬네일에 꽉 차게 볼 것인지를 결정하고, Image Size에서는 이미지의 섬네일 크기를 세 단계로 설정할 수 있습니다.

▲ 이미지를 정사각형 섬네일에 꽉 차게 보는 Layout의 Square

▲ 이미지를 원래 비율로 보는 Layout의 Full

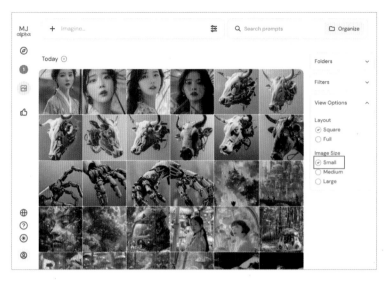

▲ 이미지 섬네일을 작게 보는 Image Size의 Small

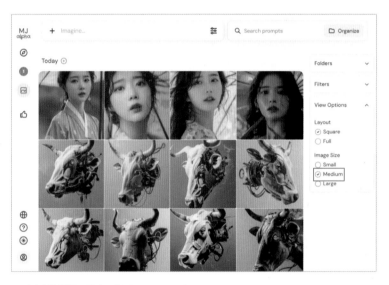

▲ 이미지 섬네일을 조금 더 크게 보는 Image Size의 Medium

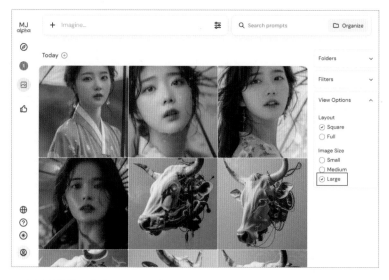

▲ 이미지 섬네일을 크게 보는 Image Size의 Large

✦ 날짜별로 일괄 관리하기

내 피드에서는 이미지를 생성 날짜별로 확인할 수 있습니다. 각 날짜의 우측에 있는 ⊕ 버튼을 클릭하면 여러 날짜의 이미지를 한꺼번에 선택할 수 있습니다. 이미지를 선택하면 하단 메뉴가 활성화되며, [Download] 버튼을 통해 내려받거나 [More] 버튼을 통해 추가적으로 관리할 수 있습니다.

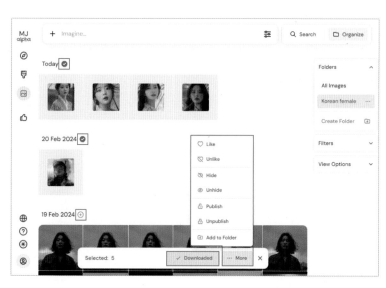

TIP ✦ 이를 통해 특정 키워드의 이미지를 날짜별로 일괄 다운로드하거나 한꺼번에 숨김 처리 혹은 즐겨찾기에 추가하는 것이 가능합니다.

CHAPTER 7

또 다른 AI 아트
툴 알아보기

이번 챕터에서는 현재 큰 인기를 끌고 있는 또 다른 생성형 AI 아트 툴 두 가지를 소개합니다. 먼저 소개할 서비스는 챗GPT로 잘 알려진 OpenAI의 달리·3(DALL·E 3)입니다. 달리·3는 미드저니만큼 사용하기 쉽기 때문에 간략한 사용법도 함께 소개합니다. 스테이블 디퓨전의 경우 사용자 환경에 따라 제약이 많기 때문에 개괄적인 소개만 담았습니다.

달리·3 with 챗GPT

달리(DALL·E)는 OpenAI의 첫 텍스트-이미지 변환 AI로, 자연어 처리와 컴퓨터 비전의 시너지를 통해 주목받았습니다. 이어서 개발된 달리·2는 빠르게 발전하는 AI 기술에 비해 생성 이미지의 품질이 다소 떨어지고 접근성이 낮아 아쉬움을 남겼습니다.

▲ OpenAI의 이미지 생성 AI 툴, 달리·3

그러나 2023년 4/4분기에 출시된 달리·3(DALL·E 3)는 전례 없는 발전을 보였습니다. 달리·2가 독립적인 웹 사이트에서 작동했던 것과 다르게, 달리·3는 챗GPT와 통합되어 더욱 강력한 능력을 선보였습니다.

달리·3의 가장 큰 특징은 프롬프트에 대한 높은 수준의 이해 능력으로 사용자의 의도에 더욱 정확하게 들어맞는 이미지 생성이 가능해졌습니다. 또, 간단한 지시만으로 이미지를 쉽게 수정할 수 있게 되어서 복잡한 프롬프트를 디자인할 필요 없이 챗GPT와의 대화만으로 이미지 생성과 수정이 모두 가능하게 되었습니다. 심지어 이제는 음성으로도 이미지 생성을 지시할 수 있게 되었죠. 사람의 말을 잘 알아듣고 복잡한 프롬프트를 입력할 필요가 없다는 장점 덕분에 입문자가 쓰기에 가장 적합한 툴로 떠오르고 있습니다.

TIP ✦ 달리·3의 경우, 특정한 예술가의 스타일로 이미지를 생성하거나 폭력적 혹은 선정적인 이미지를 만들어 달라는 요청은 거부됩니다.

✦ 챗GPT에서 달리·3 사용하기

1 챗GPT에서 달리·3를 사용하기 위해서는 우선 챗GPT Plus(GPT-4)를 유료 구독해야 합니다. 챗GPT 홈페이지(chat.openai.com)에서 유료 구독을 한 다음 새 채팅 창의 버전 선택 영역에 마우스 커서를 올려두면 선택 메뉴가 활성화됩니다. 여기에서 [GPT-4]를 선택합니다.

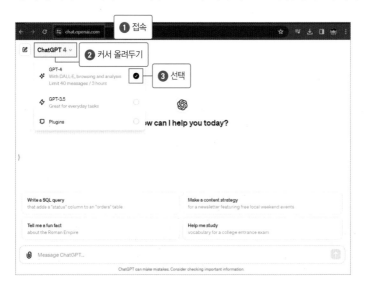

TIP ✦ 챗GPT를 유료 구독하는 것이 부담스럽다면 Bing Chat을 통해서 무료로 사용하는 방법도 있습니다. 이 방법은 161쪽에서 다룹니다.

2 달리·3에서는 대화를 통해 이미지를 생성할 수 있습니다. 프롬프트 입력 창에 원하는 이미지의 모습을 설명하여 생성을 요청합니다. 생성 결과물 또한 챗GPT의 답변 형태로 확인할 수 있으며, 결과물은 한 장을 생성해 줍니다. 이미지를 수정하고 싶을 때도 채팅으로 요청하면 됩니다.

TIP ✦ 달리·3는 한국어로 사용할 수 있으며, 챗GPT의 개발사 OpenAI의 운영 방침에 따라 달리·3가 생성하는 결과물의 수가 달라질 수도 있습니다.

③ 종횡비 변경도 요청할 수 있습니다. 요청할 때마다 이미지가 새롭게 생성되기 때문에 완전히 같은 이미지는 아니지만 거의 유사합니다. 이전 대화를 기억하기 때문에 긴 설명 없이 수정 요청을 해도 됩니다.

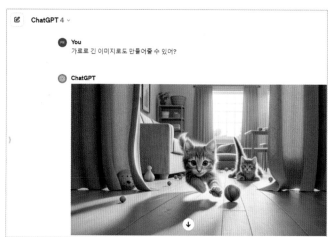

④ 이미지에 등장하는 사람이 입고 있는 옷 혹은 사물의 컬러를 변경하거나, 시간대를 바꾸는 등 세세한 명령도 가능합니다.

✦ 챗GPT에서 줌 애니메이션 영상 만들기

이번에는 달리·3로 이미지를 생성한 뒤 챗GPT의 데이터 분석 기능을 이용하여 이미지 가운데로 줌 인하는 애니메이션 영상을 만들어 보겠습니다. GIF 혹은 영상 파일로 제작이 가능하며, 일반 이미지와 달리 종종 오류가 발생하기도 합니다. 또, 원하는 모션이 아니어서 프롬프트를 수정하거나 다시 제작을 요청해야 하는 경우도 있죠. 그러나 텍스트 프롬프트만으로 움직이는 애니메이션을 제작할 수 있다는 점에서 의미가 있다고 할 수 있습니다.

1 프롬프트 입력 창에 원하는 이미지를 설명하여 생성을 요청합니다. 잠시 기다리면 요청한 대로 이미지가 생성됩니다.

2 GIF 제작을 위해 대화를 이어가 봅시다. 이미지가 어떤 식으로 움직일지 상세하게 설명합니다. 잠시 기다리면 GIF 제작이 완료되며, 챗GPT 답변의 링크를 클릭하여 다운로드받을 수 있습니다.

TIP ✦ 하나의 영상은 연속된 이미지들로 구성됩니다. 이때 영상을 구성하는 각각의 정지된 이미지 한 장을 '프레임'이라고 합니다. '1 프레임당 0.5초'는 1장의 길이를 0.5초로 설정해 달라는 의미입니다. 전환 효과란 프레임과 프레임 사이의 전환을 부드럽게 연결하는 효과를 의미합니다.

3 이번에는 제작된 GIF를 동영상 파일로 변환해 봅시다. .mp4 영상 파일을 요청하는 프롬프트를 입력한 다음 챗GPT 답변의 링크를 클릭하면 .mp4 확장자로 변환된 영상을 다운로드받을 수 있습니다.

✦ Bing Chat에서 무료로 달리·3 사용하기

챗GPT 유료 구독이 부담스럽다면 Bing Chat에서 무료로 달리·3를 경험해 볼 수 있습니다. 다만, Bing Chat에서는 다섯 개의 질문 후 세션이 종료되기 때문에 이전 대화를 기억하며 이미지 생성을 계속 이어나갈 수 없습니다.

1 Bing(bing.com)에 접속하여 상단의 [채팅]을 클릭하고 로그인을 진행합니다. 로그인이 완료되면 [COPILOT(코파일럿)] 탭에 메시지 입력 창이 나타납니다.

2 [보다 창의적인] 대화 스타일을 선택합니다. 하단 입력 창에 [고양이 가족 사진을 만들어 줘]라고 프롬프트를 입력하고 [전송(➤)] 버튼을 클릭합니다. 잠시 후 이미지가 생성됩니다. 이후 사용법은 챗GPT 내의 달리·3 사용법과 같습니다.

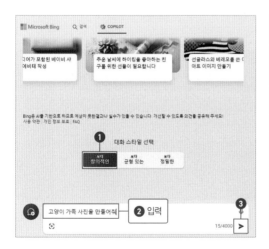

스테이블 디퓨전

스테이블 디퓨전(Stable-diffusion)은 이미지 생성 AI로, 미드저니와 달리·3처럼 사용자가 입력한 프롬프트를 기반으로 작동합니다. Stability AI에 의해 개발되었으며 오픈 소스 즉, 저작권이나 소유권에 대한 제약이 없는 상태로 출시되어 누구나 자유롭게 사용할 수 있습니다. 이는 다른 이미지 생성 AI 서비스들과 대비되는 점으로, 사용자들이 자유롭게 코드를 수정하고 재배포까지 할 수 있습니다.

특정한 서비스를 통해 유료 구독만 한다면 큰 제약 없이 사용할 수 있는 미드저니나 달리·3와 달리, 스테이블 디퓨전은 사용자가 직접 고가의 그래픽 카드가 장착된 고사양의 데스크톱 PC를 준비해야 합니다. 또한 초보자에게는 다소 난해하고 복잡한 설치 과정을 거쳐야만 비로소 사용할 수 있다는 장벽도 존재합니다.

Stability AI는 이러한 단점을 보완하고자 클라우드 기반의 서비스도 출시했습니다. Stability AI의 웹 애플리케이션인 Dream Studio에서 무료로 몇 번의 이미지 생성을 시도할 수 있으며, 더 많은 이미지 생성을 위해서는 크레딧을 구매해야 합니다.

TIP ✦ 스테이블 디퓨전은 두 가지 주요 버전인 1.5와 2.1이 출시되었으며 최근에는 Stable diffusion XL가 공개되었습니다. 곧 버전 3가 출시된다는 소식도 들려오고 있죠. 초기 버전은 저작권이 있는 이미지를 무단으로 인공지능 학습에 사용했다는 점과 포르노나 폭력적인 이미지 등의 위험한 이미지를 생성한다는 점에서 논란이 되었습니다.

> Full ensemble shot of the watcher future combat uniform designed by Syd Mead, set against a flat empty backdrop that hints at a battlefield. Showcase the uniform's emphasis on protection and efficiency, while also highlighting the symbolic elements of the watcher design
>
> 시드 미드가 디자인한 워처 미래 전투복의 전체 앙상블 장면, 전장을 암시하는 단조롭고 빈 배경, 유니폼의 보호 및 효율성에 중점, 감시인 복장 디자인의 상징적 요소 강조

▲ 스테이블 디퓨전 1.5 모델로 생성한 이미지

▲ 스테이블 디퓨전 2.1 모델로 생성한 이미지.

▲ 스테이블 디퓨전 XL 모델로 생성한 이미지

CHAPTER 8

아트 기본기: 영원히 변하지 않는 구도와 원칙

시각적 원리는 캔버스 안의 회화부터 번화가의 간판에 이르기까지 모든 영역에 빠짐없이 적용됩니다. 인간의 정신과 신체가 이미지와 상호작용하는 심리적 작동 원리는 순수 예술뿐만이 아니라 상업적인 영역에도 유용하게 활용될 수 있습니다. 시선을 사로잡아 스크롤을 멈추게 하는 것부터 기업이 제시하는 광고나 영상을 보며 특정한 심리를 느끼게 하는 것, 브랜드 자체에 대한 인식을 특정한 범위로 유도하는 것이 바로 그러한 예시입니다. 이 챕터는 이미지와 사람의 원초적인 상호작용을 이해하고 프롬프트 예시를 통해 관련 이미지들을 직접 제작해 보면서 이론을 익히는 여정이 될 것입니다.

구도에 대한 이해, 프롬프트에 적용하기

구도란 작품 내에서 아이디어, 감정, 아름다움 등을 효과적으로 전달하기 위해 요소들을 의도적으로 배치하는 것을 의미합니다. 사진을 예로 들면 사진의 주인공인 피사체, 배경, 조명, 물체 등을 배치하는 것이 되겠지요. 다시 말해 구도는 이미지의 시각적 구조라고 할 수 있습니다. 구도는 시각 예술의 기본 개념으로 대칭 구도, 비대칭 구도 등 기본 구도 기법을 이해하면 원하는 이미지를 생성하는 데 큰 도움이 됩니다.

그렇다면 구도는 왜 중요할까요? 잘 구성된 이미지는 보는 사람의 시선을 자연스럽게 이끌어 작품 전체에 걸쳐 집중력을 유지시킵니다. 분산되지 않고 끊임없이 이어지는 시선을 만든다면 놀라움과 경이로움 등 특정한 감정이나 반응을 불러일으킬 수도 있습니다. 좋은 구도는 단순한 상황으로부터 이야기를 이끌어내고, 단순한 표현을 기억에 강렬히 남을 서사로 전환합니다.

TIP ✦ 구도는 비단 사진이나 예술 작품뿐만 아니라 벽에 액자를 걸어놓는 일부터 여행지에서 스마트폰으로 사진을 남기는 행위까지 알면 알수록 삶의 모든 부분에서 적용이 가능한 매력적인 원리입니다.

✦ 대칭 구도

대칭 구도는 표현하기 가장 쉬운 구도로, 피사체를 화면의 중앙에 배치합니다. 균형과 안정감을 전달할 수 있어 초상화 혹은 대칭을 이루는 장면을 표현하는 데 효과적입니다. 강렬함과 권위를 보여주며 인물 사진의 경우 직접적으로 감정을 표현할 때 사용하기도 합니다. 대칭 구도의 이미지를 생성할 때는 대칭이라는 뜻의 [symmetry], [symmetrical] 키워드를 사용합니다. 다음 프롬프트를 통해 이미지를 생성하여 피사체를 정중앙에 배치한 이미지가 어떠한 분위기를 만들어 내는지 관찰해보세요.

> **⛵ /imagine**　**prompt**　Gyeongbokgung Palace's, Geunjeongjeon, **symmetry**, hour, courtyard --ar 16:9
>
> 경복궁의, 근정전, **대칭**, 시간, 안뜰

TIP ✦ 프롬프트 간편 활용 시트(gilbut.co/c/24040404hR)를 통해 프롬프트를 손쉽게 복사+붙여넣기하여 활용해 보세요.

> **⛵ /imagine**　**prompt**　a cinematic photo still of a korean female, emotive face, **symmetrical**, full shot --c 5 --v 6.0 --style raw --ar 16:9
>
> 영화 같은 사진 스틸컷 속 한국 여성, 감정이 담긴 얼굴, **대칭**, 풀 샷

✦ 비대칭 구도와 삼분할 법칙

비대칭 구도는 피사체가 이미지의 중앙에서 벗어나도록 의도적으로 배치한 구도입니다. 비대칭 구도 중 가장 대표적인 방법은 삼분할 법칙입니다. 삼분할 법칙이 적용된 이미지는 균형감과 안정감을 주며, 이를 반영하는 이미지를 생성할 때는 삼분할 법칙이라는 뜻의 [rule of thirds] 키워드를 사용합니다. 다양한 피사체와 배경으로 비대칭 구도의 이미지가 대칭 구도와 어떻게 다른지 확인해보세요.

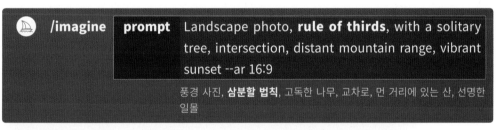

/imagine **prompt** Landscape photo, **rule of thirds**, with a solitary tree, intersection, distant mountain range, vibrant sunset --ar 16:9

풍경 사진, **삼분할 법칙**, 고독한 나무, 교차로, 먼 거리에 있는 산, 선명한 일몰

/imagine **prompt** a photo of a korean female is looking at the city, **rule of thirds**, future city, distant city scape, vibrant weather, asymetrical --ar 16:9

도시를 바라보는 한국 여성의 사진, **삼분할 법칙**, 미래 도시, 먼 거리에 있는 도시 풍경, 선명한 날씨, 비대칭

TIP ✦ 훌륭한 구도는 법칙을 따르는 것 이상의 효과를 만들어 냅니다. 전달하고자 하는 이야기나 감정을 강화할 수 있고, 시선을 집중시키고 장면의 핵심 요소를 강조하여 더욱 인상적이고 기억에 남는 이미지를 만들 수도 있습니다.

✦ 삼분할 법칙 한 걸음 더 활용하기

사진 및 시각 예술 분야에서 가장 강력하고 널리 사용되는 삼분할 법칙에 대해 조금 더 알아봅시다. 삼분할 법칙은 이미지 위에 가로로 두 줄, 세로로 두 줄을 그려 아홉 개의 동일한 면적을 나누는 것에서 시작합니다. 인물이나 주제가 되는 핵심 요소를 이 선 위에 또는 선들이 교차하는 지점에 배치함으로써 더욱 자연스럽고 균형 잡힌 구도를 만들어 낼 수 있습니다. 삼분할 법칙을 적용하면 이미지에 조화와 균형감을 더해 주고, 화면 속에서 시선을 부드럽게 이끌어 보는 이가 이미지와 더욱 깊게 소통하도록 도와줍니다.

TIP ✦ 삼분할 법칙은 이미지 생성뿐만 아니라 스마트폰 촬영에도 적용해볼 수 있습니다.

✦ 풍경 사진에 삼분할 법칙 적용하기

풍경을 표현할 때는 수평선의 위치가 매우 중요합니다. 수평선을 아래쪽 1/3 선에 맞추면 공간 감과 하늘의 느낌이 강조되어 개방감과 장엄함을 더합니다. 실습을 통해 이미지를 만들어 봅 시다. 앞서 설명한 대로 삼분할 법칙의 키워드인 [rule of thirds]와 지평선 혹은 수평선이라는 뜻의 [horizon] 키워드를 프롬프트에 반영합니다.

/imagine **prompt** a landscape photo of a tropical nature, **horizon**, **rule of thirds**, animals and trees, clean weather, asymetrical --ar 16:9

열대 자연을 담은 풍경 사진, **수평선**, **삼분할 법칙**, 동물과 나무, 깨끗한 날씨, 비대칭

/imagine | **prompt** a landscape photo of a futuristic snow field full of gigantic ruins, **horizon, rule of thirds**, cyberpunk nature, asymetrical --ar 16:9

거대한 폐허를 담은 풍경 사진, **지평선, 삼분할 법칙**, 사이버펑크 스타일의 자연, 비대칭

TIP ✦ 예제 프롬프트 외에도 하루 중 서로 다른 시간이나 날씨 조건으로 실험해 보며 이미지의 분위기가 어떻게 달라지는지 살펴보는 것을 추천합니다.

인물 표현에 삼분할 법칙 적용하기

초상화에서 눈은 종종 영혼의 창으로 여겨집니다. 피사체의 눈을 위쪽 1/3 선 혹은 교차점에 배치하면 피사체와 보는 사람 사이에 강렬한 감정적 연결고리를 만들어 줍니다. 인물 표현 실습을 해 보겠습니다. 이때, 너무 구체적으로 프롬프트를 작성하는 것보다 조금 넓은 범위에서 다양한 이미지를 생성하고 마음에 드는 이미지를 고르는 것을 추천합니다. 다양한 배치 속에서 피사체와 어떠한 감정적 교감이 이루어지는지 잘 살펴보세요.

 /imagine **prompt** a portrait photo of a seductive female wearing luxurious dress, indoor of ornate mansion, **rule of thirds**, steam punk mood, asymetrical --ar 3:4

고급스러운 드레스를 입은 매혹적인 여성의 초상, 화려한 저택의 실내, **삼분할 법칙**, 스팀 펑크적 분위기, 비대칭

/imagine **prompt** a portrait photo of a sad korean female wearing sleeve is looking at the camera, in the cemeteries, **rule of thirds**, sorrow mood, asymetrical --ar 3:4

슬리브 복장의 슬픈 한국 여성이 카메라를 바라보는 장면을 담은 초상, 묘지, **삼분할 법칙**, 슬픈 분위기, 비대칭

TIP ✦ 삼분할 법칙은 사람들이 이미지를 바라볼 때 시선을 움직이는 자연스러운 본능을 활용합니다. 주요한 요소들을 전략적으로 배치함으로써 이미지 안에서 더욱 설득력 있는 이야기를 만들 수 있죠. 균형미를 만듦과 동시에 보는 사람들로 하여금 더욱 깊은 공감을 불러일으킵니다.

리딩 라인에 대한 이해, 프롬프트에 적용하기

이미지 안의 자연적이거나 인공적인 선들을 활용하여 보는 이의 시선을 특정 지점으로 자연스럽게 이끄는 것을 리딩 라인(Leading Lines)이라고 합니다. 이 선들은 직선, 곡선, 대각선, 심지어 지그재그 형태일 수도 있지만, 주된 목적은 이미지에 깊이와 원근감을 통한 입체감을 가미하는 것입니다.

리딩 라인은 단순한 '선'을 의미하지 않습니다. 보는 사람의 시선을 장면의 주제로 강하게 이끄는 열차의 선로로써, 시선을 따라 재미있는 여정을 만들어 줍니다. 이미지에 리딩 라인을 활용하면 장면이 인식되는 방식에 큰 영향을 주며 평온함, 흥분, 신비감, 나아가는 느낌 등의 감정을 불러일으킬 수 있습니다.

✦ 도로 또는 길의 리딩 라인

리딩 라인으로 활용되는 고전적인 예시로는 멀리까지 뻗어나가는 도로나 길이 있습니다. 이러한 형태의 리딩 라인은 단순히 보는 사람의 시선을 특정한 지점으로 끌어들일 뿐만 아니라 여정, 모험, 또는 미래에 대한 기대감을 불러일으킵니다. 리딩 라인을 적용하기 위해 [leading line composition] 키워드를 포함하여 프롬프트를 작성하겠습니다.

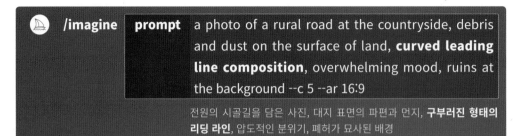

/imagine **prompt** a photo of a rural road at the countryside, debris and dust on the surface of land, **curved leading line composition**, overwhelming mood, ruins at the background --c 5 --ar 16:9

전원의 시골길을 담은 사진, 대지 표면의 파편과 먼지, **구부러진 형태의 리딩 라인**, 압도적인 분위기, 폐허가 묘사된 배경

/imagine **prompt** a photo of a city street and gigantic buildings, glowing and futuristic elements on the surface of land, **leading line composition**, overwhelming mood --c 5 --ar 16:9

도시의 거리와 거대한 건물을 담은 사진, 지표면의 빛나는 미래적인 요소, **리딩 라인 컴포지션**, 압도적인 분위기

TIP ✦ 도로의 형태를 직선, 곡선, 지그재그 등 다양한 형태로 변형하여 이미지 속 깊이감과 기대감이 어떻게 달라지는지 관찰해 보세요.

✦ 건축물의 리딩 라인

건축물은 리딩 라인으로 활용하기에 정말 좋은 소재입니다. 건물을 구성하고 있는 기둥, 모서리, 계단 등은 사람의 시선을 이끌어 주는 역할을 아주 잘 수행하며, 건물의 크기와 장엄함을 강조하거나 특정한 방향으로 관심을 모을 수 있습니다. 다양한 형태, 방향으로 실험하며 서로다른 선들이 이미지의 분위기에 어떠한 영향을 미치는지 알아봅시다.

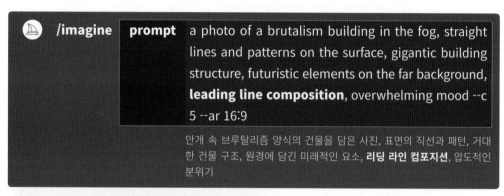

/imagine **prompt** a photo of a brutalism building in the fog, straight lines and patterns on the surface, gigantic building structure, futuristic elements on the far background, **leading line composition**, overwhelming mood --c 5 --ar 16:9

안개 속 브루탈리즘 양식의 건물을 담은 사진, 표면의 직선과 패턴, 거대한 건물 구조, 원경에 담긴 미래적인 요소, **리딩 라인 컴포지션**, 압도적인 분위기

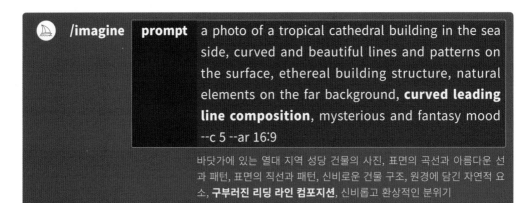

/imagine **prompt** a photo of a tropical cathedral building in the sea side, curved and beautiful lines and patterns on the surface, ethereal building structure, natural elements on the far background, **curved leading line composition**, mysterious and fantasy mood --c 5 --ar 16:9

바닷가에 있는 열대 지역 성당 건물의 사진, 표면의 곡선과 아름다운 선과 패턴, 표면의 직선과 패턴, 신비로운 건물 구조, 원경에 담긴 자연적 요소, **구부러진 리딩 라인 컴포지션**, 신비롭고 환상적인 분위기

TIP ✦ 리딩 라인은 우리가 가지고 있는 본능, 눈으로 특정한 경로를 따라가는 경향성을 활용합니다. 이미지를 가로지르는 선로를 만들어 구도를 더욱 역동적이고 매력적으로 만들며, 이미지에 깊이와 방향성, 의미를 더합니다.

레이어에 대한 이해,
프롬프트에 적용하기

이번에는 레이어를 활용하여 평면의 2차원 이미지에 깊이감과 공간감을 더하고 역동적인 장면을 연출해 봅시다. 이미지에서의 레이어는 전경, 중경, 원경에 서로 다른 요소들을 배치하여 이미지를 구성하는 것을 말합니다. 이를 통해 2차원의 이미지를 3차원처럼 보이게 하는 착시 현상을 강화하고 시각적 흥미를 더합니다.

▲ 전경, 중경, 원경의 레이어로 구성되어 깊이감을 만들어 내는 이미지

레이어를 통해 이미지에 깊이감을 주면 더욱 몰입감 있고 매력적인 장면이 연출되며 마치 이미지 속 요소들이 살아 움직이는 듯한 느낌을 줍니다. 또한 구도에 디테일과 풍부함을 부여하여 더욱 생동감 넘치는 장면을 표현할 수 있습니다.

✦ 풍경 사진의 레이어

풍경 사진의 경우 꽃, 바위, 구불구불한 길 등 독특하고 흥미로운 요소를 전경에 포함시키는 것이 좋습니다. 이런 요소는 크기의 비교 기준을 만들고 보는 사람의 시선을 이미지의 전면에서부터 먼 배경으로 이끌어 층이 진 이야기를 들려줍니다. 전경에 요소를 추가할 때는 [depth by layering a foreground object with~] 키워드를 사용합니다.

/imagine **prompt** a photo of a flower garden in Antarctica, **depth by layering a foreground object with flowers**, midground interest, and distant background --ar 16:9

남극의 꽃 정원 사진, **전경에 배치된 꽃**, 흥미로운 중경, 원경

TIP ✦ 중경에 요소를 추가할 때는 [midground]라는 키워드를, 원경에 요소를 추가할 때는 [distant background]라는 키워드를 사용하면 됩니다.

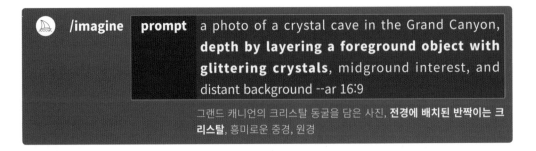

/imagine **prompt** a photo of a crystal cave in the Grand Canyon, **depth by layering a foreground object with glittering crystals**, midground interest, and distant background --ar 16:9

그랜드 캐니언의 크리스탈 동굴을 담은 사진, **전경에 배치된 반짝이는 크리스탈**, 흥미로운 중경, 원경

✦ 도시 풍경의 레이어

도시를 주제로 하는 이미지의 경우 전경에 인물이나 도로, 중경에는 건축물의 디테일, 원경에는 하늘이나 먼 곳의 랜드마크를 배치하여 역동성과 깊이감을 부여할 수 있습니다. 거리에 있을 법한 요소들을 포함시켜 깊이감과 생동감을 줘봅시다.

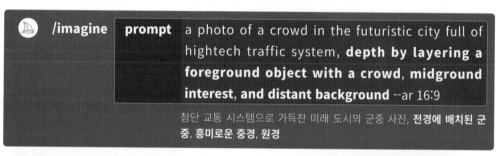

/imagine **prompt** a photo of a crowd in the futuristic city full of hightech traffic system, **depth by layering a foreground object with a crowd, midground interest, and distant background** --ar 16:9

첨단 교통 시스템으로 가득찬 미래 도시의 군중 사진, **전경에 배치된 군중, 흥미로운 중경, 원경**

179

/imagine **prompt** a photo of futuristic dystopian style cars in the city full of debris on the ground, **depth by layering a foreground object with vehicles, midground interest, and distant background** --ar 16:9

잔해로 가득한 도시의 미래형 디스토피아 스타일 차량 사진, **전경에 배치된 차량들**, 흥미로운 중경, 원경

TIP ✦ 레이어 구조를 통해 깊이감을 추가하면 눈으로 실제 사물을 인식하는 방식과 유사한 경험을 만들어 내기 때문에 더욱 사실적인 이미지가 됩니다. 시선이 하나의 요소에서 다음 요소로 연속적으로 이동하며 자연스럽게 장면을 체험하게 되고, 미적인 품질뿐만 아니라 서사의 힘도 강화하기 때문에 단순히 보는 것 이상의 경험을 전달할 때 유용합니다.

액자 구도에 대한 이해,
프롬프트에 적용하기

액자 구도란 이미지 내의 요소들을 활용하여 메인 피사체 주변에 시각적인 틀을 형성하는 것을 말합니다. 나무 줄기와 같은 자연물, 건축물의 창문, 심지어 전경에 있는 물체 등 틀이 될 수 있는 요소는 다양합니다. 피사체를 특정함으로써 보는 이의 시선을 원하는 곳으로 곧바로 모으고, 이전에 설명한 레이어 기법과 유사하게 깊이감을 더해줍니다.

▲ 나무 줄기를 액자로 삼은 아름다운 마을 풍경

이미지 속 액자 구도는 시각적 집중 효과를 증강하여 피사체를 부각하고 친밀감 또는 고립감을 불러일으키며 구성 요소들이 전하는 이야기의 전달력을 향상합니다. 또한, 구도에 여러 층을 더하여 보다 매력적이고 역동적인 이미지를 만듭니다.

✦ 자연물을 활용한 액자 구도

멀리 보이는 경치를 휘감고 있는 나뭇가지부터 눈길을 산으로 이끄는 바위 형태의 아치까지, 자연적인 프레임은 보는 사람의 시선을 집중시킬 뿐만 아니라 깊이감과 규모감을 조성하며 시각적 서사를 풍부하게 전달합니다. 자연의 요소를 활용해서 피사체에 액자 구도를 적용해 봅시다. 나무 사이의 틈새 또는 바위 구조물 등 다양한 종류의 자연물을 활용할 수 있습니다.

/imagine **prompt** a photo of a **framing** in both nature and urban settings, **in the foreground have branches of a large tree creating a natural frame** around a futuristic cyberpunk city in the center, highlighting the beauty of nature, add depth and evoke emotions, making it a vivid example of visual storytelling through **framing techniques** --ar 16:9

자연과 도시를 배경으로 한 **프레이밍** 사진, **전경에 배치된 큰 나뭇가지가 자연스러운 액자 구도를 만들어** 중앙의 미래적인 사이버펑크 도시를 표현하고 있다, 자연의 아름다움을 강조, 깊이감을 더하고 감정을 불러일으키는, 화려한 **액자 구도** 스토리 텔링의 예시

/imagine | **prompt** a photo of a **framing** in ethereal nature settings, **in the foreground have huge stones of a large natural frame** around a couple is standing in front of a mysterious frozen water fall in the center, highlighting the beauty of nature, add depth and evoke emotions, making it a vivid example of visual storytelling through **framing techniques** --ar 16:9

신비로운 자연 배경의 **프레이밍** 사진, **전경에 배치된 거대한 바위 구조물이 액자 구도를 만들어** 중앙의 신비로운 폭포와 앞에 서 있는 커플을 표현하고 있다, 자연의 아름다움을 강조, 깊이감을 더하고 감정을 불러일으키는, 화려한 **액자 구도** 스토리 텔링의 예시

건축 구조물을 활용한 액자 구도

창문, 출입구, 아치와 같은 건축물의 요소는 도시 속에서 훌륭한 액자 구도를 제공합니다. 또, 각 개체들의 상호작용 방식에 따라 호기심, 고립감, 또는 연결성을 만들어 냅니다. 건축물의 특징적 요소를 프레임 삼아 특정한 피사체 또는 장면을 가두는 이미지를 만들어 봅시다. 여러 구조물을 활용해 보고 프레임 안에 펼쳐지는 장면도 다양하게 표현하면서 이미지가 전달하는 감정이 어떻게 변화되는지 관찰해보세요.

/imagine **prompt** a photo of **a framing in architecture settings, in the foreground have brutalism structure of an artificial frame** around ruins in front of an abandon futuristic city after a war in the center, highlighting the dark side of the dystopian world, add depth and evoke emotions, making it an intensive example of visual storytelling through **framing techniques** --ar 16:9

건축물을 활용한 프레이밍 사진, **전경에 배치된 브루탈리즘 건축물 구조가 액자 구도를 만들어** 중앙의 전쟁 후 버려진 미래적 도시의 폐허를 표현하고 있다, 디스토피아 세계의 어두운 면을 강조, 깊이감을 더하고 감정을 불러일으키는, 집중적인 **액자 구도** 스토리 텔링의 예시

/imagine **prompt** a photo of **a framing in architecture settings**, **in the foreground have warm and cozy window of a natural frame** around children playing in front of a colorful playground in the center, highlighting the nostalgia of the memory, add depth and evoke emotions, making it a beautiful example of visual storytelling through **framing techniques** --ar 16:9

건축물 배경의 프레이밍 사진, 전경에 배치된 따뜻하고 편안한 창문이 액자 구도를 만들어 중앙의 놀이터 앞에서 놀고 있는 아이들을 표현하고 있다, 기억 속 향수를 강조, 깊이감을 더하고 감정을 불러일으키는, 아름다운 액자 구도 스토리 텔링의 예시

TIP ✦ 액자 구도는 단순한 기법 그 이상이며, 하나의 이야기 안에서 또 다른 이야기를 들려주는 방법이기도 합니다. 어떤 구조물로 피사체를 감싸야 할지 신중하게 선택함으로써 보는 사람의 시선을 유도하고 깊이감을 더하며, 작업물의 서사를 강화할 수 있습니다.

여백에 대한 이해,
프롬프트에 적용하기

이번에는 피사체의 틀을 넘어선 강력한 도구인 여백(Negative Space)에 대해 알아봅시다. 여백이란, 이미지 속 피사체를 둘러싸면서 분리하는 영역을 말합니다. 일반적으로 '배경'이라 여기는 부분의 대부분을 구성하며, 이미지의 구도에서 아주 중요한 역할을 합니다.

▲ 피사체와 여백의 강한 대비를 통해 이목을 집중시킨 이미지

여백은 단순히 '휑'하거나 심심한, 활용되지 않는 공간이 아닙니다. 이미지 속 여백의 양과 사용법은 보는 사람의 감정과 해석에 큰 영향을 주며 여백의 넉넉한 구도는 고독이나 고요함과 같은 감정을 불러일으키면서 긴 시선의 흐름을 만들지 않기 때문에 눈에는 편안함을 줍니다. 반대로 여백이 최소화된 이미지는 디테일이나 피사체로 가득하기 때문에 에너지, 소란스러움, 친밀감과 같은 느낌을 전달합니다.

우리가 잘 아는 '여백의 미'라는 말처럼 여백은 효과적으로 사용되면 이미지에 감정을 더하고 강한 집중도를 만들 수 있습니다. 또한 미학적인 매력도를 높여 전체 이미지의 분위기를 완전히 바꿀 수 있습니다.

미니멀한 풍경에서의 여백

광활하게 펼쳐진 하늘을 배경으로 외로운 나무 한 그루가 서 있는 풍경 사진은 여백 활용의 고전적인 예시입니다. 나무 주변의 탁 트인 하늘은 피사체를 강조할 뿐만 아니라 고립감, 고요함, 또는 자유로운 느낌까지 전달합니다. 미니멀한 느낌을 만들기 위해 여백을 의미하는 [negative space] 키워드를, 넓은 배경에 대비되는 피사체를 생성하기 위해 [wide(넓은)], [peace(평화)], [simplicity(단순함)] 같은 키워드를 추가합니다.

/imagine **prompt** a simple photo of a single tree against a **wide** and clear sky to symbolize peace and **simplicity**, powerful contrast to show the impact of **negative space**, contrast between the calm, highlight the balance between **empty space** and detailed subjects --ar 16:9 --c 5 --v 6.0 --style raw

넓고 맑은 하늘을 배경으로 한 나무 한 그루의 **단순한** 사진으로 평화와 **단순함**을 상징, **여백**의 효과를 보여주는 강력한 대비, 차분함 사이의 대비, **빈 공간**과 세부 피사체 사이의 균형을 강조

/imagine **prompt** a simple photo of a single tree against a **wide** and clear sky to symbolize **peace** and **simplicity**, powerful contrast to show the impact of **negative space** with a detailed and rebels with pick up truck, full of mercenaries and weapons, contrast between the calm, highlight the balance between **empty space** and detailed subjects --ar 16:9 --c 5 --v 6.0 --style raw

평화와 **단순함**을 상징하는 **넓고** 맑은 하늘을 배경으로 한 나무 한 그루의 단순한 사진, 용병과 무기로 가득 찬 픽업 트럭과 반란군, 평온함 사이의 대비, **빈 공간**과 세부 피사체 사이의 균형을 강조하는 강력한 대비로 부정적인 공간의 영향을 보여주는 사진

붐비는 장소에서의 여백

이번에는 여백이 거의 없는 분주한 시장과 축구 경기장을 살펴봅시다. 세부적인 부분과 피사체들로 가득 차 있기 때문에 생동감, 에너지, 사람들의 연결고리와 같은 느낌을 전달합니다. 여백이 거의 없는 장면을 묘사해야 하니 군중을 뜻하는 [crowd]나 [full of people] 같은 키워드를 포함하고, 여백을 최소화하는 [without negative space] 키워드를 추가하는 것도 좋습니다. 여백의 부재가 어떠한 감정을 전달하는지 확인해보세요.

⛵ **/imagine** **prompt** a photo of an italian busy market **full of people**, colorful stalls, and lots of items for sale, like fruits, vegetables, and crafts, **without negative space which is so packed**, shows how **crowded** and full of life it is, with all the different colors and people talking or buying things --ar 16:9

사람들로 가득 찬 번잡한 이탈리아의 시장 사진, 다채로운 좌판, 다양한 상품, 과일, 야채, 공예품, **여백 없이 꽉 찬 공간**, **군중**으로 가득하고 활기가 넘치는, 다양한 색상과 물건을 사는 사람들

/imagine   **prompt**   a photo of a soccer stadium stand which is **full of spectators**, colorful uniforms and chairs, and lots large flags, hand flares, **without negative space which is so packed**, shows how **crowded** and full of passion, with all the people screaming and yelling --ar 16:9

관중들로 가득 찬 축구 경기장 관중석, 화려한 유니폼과 의자, 대형 깃발, 연막, **여백 없이 꽉 찬 공간**, **군중**으로 가득하고 열정이 넘치는, 소리를 지르고 고함을 치는 사람들

TIP ✦ 여백과 피사체는 조화를 이루기도 하고 대비를 만들어 내기도 합니다. 고요함, 고독함을 연출하는 미니멀한 구도를 사용하든 여러 요소로 가득 찬, 활기와 열정이 느껴지는 장면을 연출하든 여백의 신중한 활용은 시각적으로 설득력 있고 감정적으로 공감을 불러일으키는 이미지를 만들기 위해 필수적입니다.

선에 대한 이해,
프롬프트에 적용하기

선은 이미지를 구성하는 가장 기본적인 요소로, 이미지의 구조를 정의하고 공간을 분리하며 독자적인 시각적 효과를 생성합니다. 선은 그 형태와 방향에 따라 다양한 감정과 메시지를 전달하는 효과적인 도구가 되기 때문에 이미지를 분석할 때는 선의 특성이 이미지에 어떤 영향을 미치는지 주의 깊게 살펴보아야 합니다.

✦ 수평선으로 안정감 표현하기

먼저, 수평선에 대해 알아보겠습니다. 수평선은 일반적으로 안정감과 평온함을 전달합니다. 이를 잘 나타내는 예로는 조르주 쇠라의 〈그랑드자트 섬의 일요일 오후〉가 있습니다. 이 작품에서 수평선은 강과 하늘을 구분 짓는 경계로서 평화로운 풍경을 그리고 있습니다. 이는 수면이나 평원의 수평선이 주는 평온함과 넓은 시야를 떠올리게 합니다.

▲ 〈그랑드자트섬의 일요일 오후 A Sunday Afternoon on the Island of La Grande Jatte〉, 조르주 쇠라, 1884

미드저니에서 수평선을 활용하여 평온함과 넓은 시야가 담긴 해질녘 바다의 풍경 이미지를 생성해 보겠습니다. 수평선을 뜻하는 [clean horizon] 키워드를 사용합니다.

/imagine **prompt** Pointillism pointage oil painting by Georges Seurat, a beautiful park in the caribbean island with beautiful **clean horizon** and sunlight just before sunset --ar 4:3 --style raw

일몰 직전의 **깨끗한 수평선**과 햇살이 아름다운 카리브해 섬의 아름다운 공원, 조르주 세라트의 점묘 스타일 유화

✦ 수직선으로 활력과 에너지 표현하기

수직선은 활력과 에너지를 상징합니다. 이를 잘 보여주는 작품으로 에드워드 스타이켄의 사진 〈플랫 아이언 빌딩〉이 있습니다. 이 사진은 수직선을 이용해 빌딩의 높이와 웅장함을 강조하며, 에너지와 활력을 상징합니다. 나무나 빌딩의 수직선이 주는 인상과 유사합니다.

▲ 〈플랫아이언 빌딩 The Flatiron〉, 에드워드 스타이켄, 1904

마찬가지로 수직선을 활용하여 에너지와 활력을 담은 이미지를 생성해 봅시다. 에드워드 스타이켄의 이름을 참조로 넣었고, 수직선을 활용한 운동감을 만들어야 하는 만큼 위의 예시와 동일하게 빌딩을 만들어 보았습니다. 또한 비슷한 분위기를 만들기 위해 안개와 어두운 분위기라는 키워드를 포함했습니다.

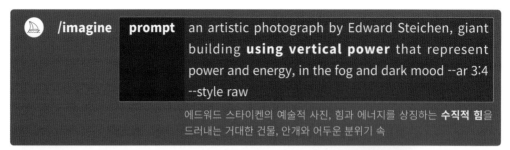

/imagine **prompt** an artistic photograph by Edward Steichen, giant building **using vertical power** that represent power and energy, in the fog and dark mood --ar 3:4 --style raw

에드워드 스타이켄의 예술적 사진, 힘과 에너지를 상징하는 **수직적 힘**을 드러내는 거대한 건물, 안개와 어두운 분위기 속

✦ 대각선으로 긴장감 표현하기

대각선은 움직임과 변화를 상징합니다. 특히 급한 대각선은 긴장감과 동적인 움직임을 연상시킵니다. 테오도르 제리코의 〈메두사의 뗏목〉은 이를 잘 보여주는 예시입니다. 이 작품은 대각선을 활용해 능동적인 움직임과 불안한 상황을 연출하고 있습니다. 왼쪽 아래에서 오른쪽 위로 이어지는 대각선은 인물들의 몸짓과 표정을 통해 절망에서 희망으로 이어지는 감정의 흐름을 표현합니다. 또한 강렬한 동적 움직임을 강조하여 작품 전체에 긴장감을 더합니다.

▲ 〈메두사의 뗏목 The Raft of the Medusa〉, 테오도르 제리코, 1819

동일한 원리를 적용해 미드저니로 이미지를 생성해 봅시다. 같은 상황을 묘사하기 위해 동일한 아티스트의 이름과 상황을 묘사했고, 긴장감 있고 역동적인 구도를 만들기 위해 우측 상단으로의 대각선 원근법이라는 키워드를 사용했습니다.

⛵ **/imagine** **prompt** an oil painting by Theodore Gericault, a group of people are trying to escape from the sinking ship, **diagonals in single point perspective to the right**, tense and dynamic composition, unbalanced feeling, breathtaking mood --ar 4:3 --style raw

테오도르 제리코의 유화, 침몰하는 배에서 탈출하려는 사람들, **오른쪽으로 상단으로의 대각선** 원근법, 긴장되고 역동적인 구도, 불균형한 느낌, 숨 막히는 분위기

색상에 대한 이해,
프롬프트에 적용하기

색상은 이미지에서 강력한 감정적 효과를 만드는 주요 요소입니다. 각 색상은 고유한 심리적 특성을 가지며, 이 특성은 우리가 그 색상을 보는 방식에 큰 영향을 미칩니다. 사진 작가 또는 화가는 색상의 심리적 특성을 이해하고 그에 맞게 색상을 사용하여 이미지를 구성합니다. 이를 통해 특정한 감정 상태나 분위기를 전달하죠. 색상은 우리가 이미지를 해석하고 이해하는 데 큰 역할을 하며, 이미지가 우리에게 주는 전체적인 느낌과 메시지에 큰 영향을 미칩니다.

✦ 붉은색으로 열정과 활력 표현하기

붉은색은 일반적으로 열정, 활력, 사랑, 위험을 상징합니다. 붉은색을 사용한 대표적인 예로는 바실리 칸딘스키의 〈컴포지션 VII〉가 있습니다. 색상의 심리적 효과를 극대화하여 붉은색을 통해 작품 전체의 에너지와 리듬을 조율했죠. 이 작품에서 칸딘스키는 붉은색과 다른 색상들을 혼합하여 강렬한 감정과 역동적인 운동성을 표현했습니다. 작품 속에서 붉은색은 열정과 내적인 강도를 상징하며, 보는 이의 시선을 사로잡고 강한 감정적 반응을 이끌어 냅니다.

▲ 〈컴포지션 VII Composition VII〉, 바실리 칸딘스키, 1913

바실리 칸딘스키의 작품을 참고하여 붉은색 계통의 컬러를 통해 열정과 역동성을 표현하는 이미지를 만들어 봅시다. 아티스트의 이름이 프롬프트에 반영이 되면 해당 아티스트가 즐겨 쓰던 컬러나 형태가 자연스럽게 반영이 됩니다. 이는 생성형 AI가 아티스트들이 즐겨 쓰던 표현 방법, 주제 등을 대부분 학습했다는 의미이기도 합니다. 여러 아티스트의 스타일을 파악하여 용도에 맞게 활용하면 더욱 양질의 결과물을 얻을 수 있습니다.

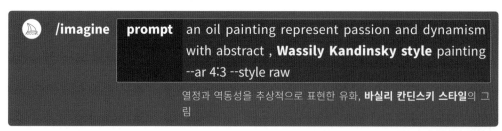

/imagine **prompt** an oil painting represent passion and dynamism with abstract , **Wassily Kandinsky style** painting --ar 4:3 --style raw

열정과 역동성을 추상적으로 표현한 유화, **바실리 칸딘스키 스타일**의 그림

푸른색으로 안정감 표현하기

푸른색은 평온함, 안정감, 신뢰를 상징합니다. 이러한 느낌을 전달하는 작품으로는 클로드 모네의 〈수련 연못과 일본식 다리〉가 있습니다. 수련 연못과 그 위를 가로지르는 다리는 푸른색과 녹색의 다양한 색조로 표현되어 있으며, 이를 통해 평온함과 안정감을 전달합니다.

▲ 〈수련 연못과 일본식 다리 Water Lilies and Japanese Bridge〉, 클로드 모네, 1899

클로드 모네의 작품을 참고하여 평온, 안정, 신뢰 등을 상징하는 이미지를 만들어 봅시다. 모네의 화풍으로 호수 옆 아름다운 정원을 표현했고 초록색과 푸른색을 직접적으로 사용했습니다.

/imagine | **prompt** | an oil painting by Claude Monet, a peaceful beautiful garden next to a lake with a **green and blue** --ar 3:4 --style raw

클로드 모네의 유화, **초록색과 파란색**이 어우러진 호수 옆의 평화롭고 아름다운 정원

또 다른 예로는 빈센트 반 고흐의 〈별이 빛나는 밤〉을 들 수 있습니다. 이 작품에서는 파란색이 주를 이루지만, 강렬한 노란색 별이 반짝이는 밤하늘을 표현함으로써 대조적인 감정 표현을 보여줍니다.

▲ 〈별이 빛나는 밤 The Starry Night〉, 빈센트 반 고흐, 1889

빈센트 반 고흐의 작품을 참고하여 푸른색과 노란색 계통의 대비를 이루며 감성적인 느낌을 자아내는 서울 한강의 풍경을 만들어 보겠습니다. 반 고흐 스타일의 그림으로 야경을 표현하였으며, 푸른색과 노란색 등의 컬러 키워드를 사용했습니다.

/imagine **prompt** an oil painting by Vincent Van Gogh, a scene of Han river in modern Seoul, in the beautiful night sky full of stars and Aurora, **black and blue and yellow color,** very emotional, nostalgic, peaceful mood --ar 4:3 --style raw

빈센트 반 고흐의 유화, 현대 서울의 한강 장면, 별과 오로라로 가득한 아름다운 밤하늘, **검은색과 파란색과 노란색**, 감성적으로 향수를 불러일으키는 평화로운 분위기

풍부한 색채로 생동감 표현하기

풍부한 색채는 환상적인 이야기 요소를 강화하고 경이감과 흥분을 불러일으킵니다. 생동감 넘치고 창의적인 색상 조합을 반영한 이미지를 만들어 봅시다. 대담하고 밝은 색상의 사용은 보는 사람의 몰입도를 한층 끌어올리며 환상적인 요소를 더욱 매력적으로 만듭니다.

/imagine **prompt** a cinematic photo still of a korean female street dancer, set under bright daylight, captures the **lively and inventive color palette**, colorful and vivid smoke at the background, **bold and bright colors** to bring out the fantastical elements, wonder and excitement, fantastical aspects more immersive and appealing, cinematic lighting --ar 16:9

한국 여성 스트리트 댄서의 시네마틱 스틸컷 사진, 밝은 대낮을 배경으로, **생동감 있고 독창적인 색상** 조합, 화려하고 생생한 연기를 배경으로, **대담하고 밝은 색감**을 통한 환상적인 요소가 돋보이는, 경이로움과 신남, 환상적인 요소가 더욱 몰입감 있고 매력적으로 표현된, 시네마틱 조명

✦ 제한된 색상으로 음울한 분위기 표현하기

반대로 제한된 범위의 색상을 활용하면 음울한 분위기와 미스터리한 느낌, 긴장감을 불러일으
킵니다. 이를 통해 서사의 감정적 무게를 강화하고 보는 사람으로 하여금 심리적 깊이를 더하
며 그들을 이야기 속으로 끌어들일 수 있습니다.

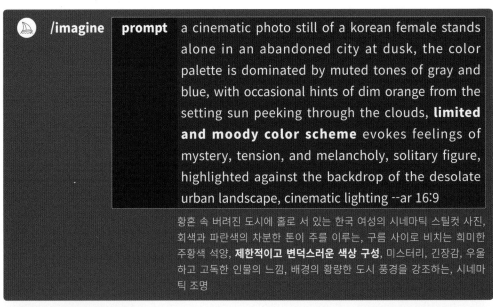

> ⛵ **/imagine** **prompt** a cinematic photo still of a korean female stands alone in an abandoned city at dusk, the color palette is dominated by muted tones of gray and blue, with occasional hints of dim orange from the setting sun peeking through the clouds, **limited and moody color scheme** evokes feelings of mystery, tension, and melancholy, solitary figure, highlighted against the backdrop of the desolate urban landscape, cinematic lighting --ar 16:9
>
> 황혼 속 버려진 도시에 홀로 서 있는 한국 여성의 시네마틱 스틸컷 사진, 회색과 파란색의 차분한 톤이 주를 이루는, 구름 사이로 비치는 희미한 주황색 석양, **제한적이고 변덕스러운 색상 구성**, 미스터리, 긴장감, 우울하고 고독한 인물의 느낌, 배경의 황량한 도시 풍경을 강조하는, 시네마틱 조명

TIP ✦ 색상은 이미지의 분위기를 결정하며 피사체와 주제의 깊이, 전하고자 하는 메시지 등 모든 요소에 영향을 미칩니다.

형태에 대한 이해,
프롬프트에 적용하기

형태는 이미지를 통해 구체적인 사물이나 주제를 정의하는 요소입니다. 사람의 실루엣, 동물의 형태, 건물의 윤곽 등은 모두 형태의 예시로 이미지가 어떤 주제를 다루고 있는지, 그리고 그 주제에 대해 어떤 메시지를 전달하려고 하는지를 알려줍니다. 이미지를 이해하고 해석하는 데 있어 필수적인 요소라고 할 수 있죠.

✦ 군중과 개인의 경계로 고독함 표현하기

에드바르 뭉크의 〈저녁때의 카를 요한 거리〉라는 작품을 봅시다. 이 작품은 좌측에 모여 걸어 오는 사람들과 반대 방향으로 외롭게 걸어가는 한 사람의 실루엣을 보여줍니다. 이 실루엣은 작품의 주요 테마인 '불안'과 '고독감'을 강조합니다. 그뿐만 아니라 행인들의 과장된 표정, 그리고 대비되는 반대 방향으로 걷는 한 사람의 뒷모습은 군중으로부터 소외된, 도시인으로서의 작가 자신을 표현하고 있습니다.

▲ 〈저녁때의 카를 요한 거리 Evening on Karl Johan〉, 에드바르 뭉크, 1892

205

대비를 통해 고독함을 담은 이미지를 만들어 보겠습니다. 동일한 아티스트, 그리고 이미지가 드러낼 감정을 프롬프트에 포함합니다. 직접적으로 사람들을 단절시키라는 주문을 넣어 보다 더 고립된 분위기를 만들었습니다.

 **/imagine** **prompt** an oil painting by Edvard Munch, Lonely person is walking away on the right side, people with panic face are coming down from the city, beside the Han River in quiet Seoul, **each elements separate people** feel loneliness, very emotional, lonely, isolated mood --ar 4:3 --repeat 5

에드바르 뭉크의 유화, 고요한 서울의 한강 옆 외롭게 걷고 있는 사람, 무언가에 질린 듯한 표정으로 도시로부터 걸어오는 사람들, **각 요소는 사람들을 단절시켜** 외로움, 매우 감정적인, 외롭고 고립된 분위기를 느끼게 한다

✦ 인체의 아름다움 표현하기

실루엣을 통해 인체의 아름다움을 표현하는 대표적인 작품은 장 오귀스트 도미니크 앵그르의 〈그랑드 오달리스크〉로, 여성의 신체 형태를 길게 늘어뜨려 우아함과 여성성을 강조합니다. 이 과장된 형태는 자연스러움을 벗어나 있으며 앵그르의 예술적 해석과 재창조의 과정을 보여줍니다.

▲ 〈그랑드 오달리스크 Grande Odalisque〉, 장 오귀스트 도미니크 앵그르, 1814

실루엣을 통해 우아함과 인체의 아름다움을 담은 이미지를 만들어 봅시다. 생성 결과물을 살펴보면 앞선 예시들과 달리 프롬프트가 100% 반영되지 않은 것을 확인할 수 있습니다. 미드저니는 인물을 표현하는 측면에서 뛰어난 성능을 보여주는 편이지만 때로는 원하는 결과물을 내어주지 않기도 합니다. 이번 경우 역시 카메라를 바라본다는 프롬프트를 입력했지만 결과물에는 반영되지 않았습니다.

/imagine **prompt** an oil painting by Jean Auguste Dominique Ingres, Grande Odalisque, Beautiful emotive woman is looking at the camera lying on the bed, **artistic full body shape silhouette**, full body, full shot --ar 2:1 --style raw

장 오귀스트 도미니크 앵그르의 유화, 아름다운 여성이 침대에 누워 카메라를 바라본다, 우아하고 고급스럽고 여성스럽고 **예술적인 전신 실루엣**, 전신, 풀샷

✦ 형태 변형하기

파울 클레의 〈세네치오〉는 형태와 색상을 이용해 작품의 주제를 정의하는 훌륭한 예입니다. 이 작품은 단순화된 얼굴 형태와 서로 다른 색상의 조화를 통해 인간의 얼굴을 추상적으로 표현하고 있습니다. 사각형, 원, 삼각형 등 기본적인 형태를 사용하여 복잡하고 해석하기 어려운 인간의 본성을 상징적으로 담아냈으며, 이는 보는 이로 하여금 형태와 색상이 만들어 내는 심오한 의미와 감정을 탐색하게 합니다.

마찬가지로 미드저니를 통해 불분명한 정체를 담은 이미지를 제작해 보겠습니다. 보통의 상식과 다른 형태의 왜곡을 통해 신비로움을 만들어 내는 작업이기 때문에 형태 왜곡, 미묘한 느낌, 신비로운 분위기 등의 키워드를 사용했습니다.

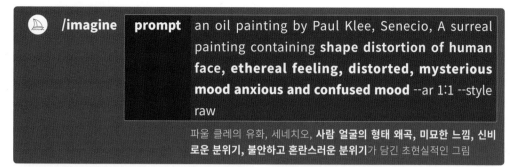

/imagine **prompt** an oil painting by Paul Klee, Senecio, A surreal painting containing **shape distortion of human face, ethereal feeling, distorted, mysterious mood anxious and confused mood** --ar 1:1 --style raw

파울 클레의 유화, 세네치오, **사람 얼굴의 형태 왜곡, 미묘한 느낌, 신비로운 분위기, 불안하고 혼란스러운 분위기**가 담긴 초현실적인 그림

▲ 〈세네치오 Senecio〉, 파울 클레, 1922

렌즈에 대한 이해,
프롬프트에 적용하기

이번에는 이미지를 만들어 내는 장비를 통해 변화를 주는 방법을 소개합니다. 먼저, 카메라에 부착되어 사용되는 렌즈에 대해 알아봅시다.

✦ 광각 렌즈

광각 렌즈(Wide-Angle Lenses)는 일반적으로 초점 거리가 35mm 이하이며 넓은 화각을 자랑합니다. 화각이 넓은 만큼 한 프레임 안에 많은 요소를 포착할 수 있어 풍경, 건축물, 인테리어 공간 등을 촬영할 때 유용합니다. 광각 렌즈의 가장 큰 특징은 원근감을 과장한다는 점입니다. 물체를 실제보다 훨씬 크고 강하게 보이게 할 수 있는데, 특히 가까운 거리에서 촬영한 사진에서 그 효과는 증폭됩니다.

광각 렌즈는 화면 내 장면의 규모감과 깊이감을 강조해 극적인 감정적 반응이나 경외감 혹은 압도되는 듯한 기분을 불러일으킵니다. 탁 트인 풍경의 거대함이나 규모가 큰 건물을 마주했을 때 나 자신이 작아진 듯이 느끼는 것과 같은 원리입니다.

광각 렌즈로 과장된 원근감 표현하기

건축물을 촬영할 때 광각 렌즈를 사용하는 것은 흔히 목격되는 일반적인 방법입니다. 건물을 아래쪽에서 위를 향하는 각도에서 광각 렌즈로 촬영하면 빌딩이 마치 하늘을 찌를 듯이 높고 크게 표현되어 장엄함과 압도적인 느낌을 줍니다. 광각 렌즈 중 하나인 [15mm lens]라는 키워드를 프롬프트에 반영해 봅시다.

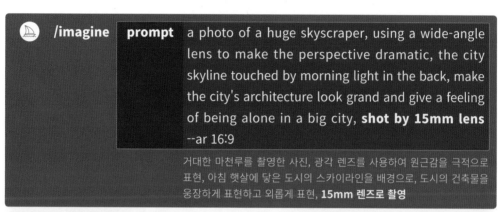

/imagine **prompt** a photo of a huge skyscraper, using a wide-angle lens to make the perspective dramatic, the city skyline touched by morning light in the back, make the city's architecture look grand and give a feeling of being alone in a big city, **shot by 15mm lens** --ar 16:9

거대한 마천루를 촬영한 사진, 광각 렌즈를 사용하여 원근감을 극적으로 표현, 아침 햇살에 닿은 도시의 스카이라인을 배경으로, 도시의 건축물을 웅장하게 표현하고 외롭게 표현, **15mm 렌즈로 촬영**

TIP ✦ 원근감을 과장하고 장면을 넓게 포착하는 방식이 때로는 유용할 수도 있지만 그만큼 이미지의 전체적인 균형과 집중력을 유지하는 것이 어려워질 수 있습니다.

✦ 표준 렌즈

표준 화각이라고도 불리는 표준 렌즈(Standard Lenses)는 초점 거리가 약 50mm 정도로, 인간의 눈이 사물을 지각하는 원근감과 시야를 유사하게 재현합니다. 사실적으로 장면을 담아내는 특징 덕분에 왜곡 현상이 없이 자연스러운 원근감을 제공하죠. 이러한 특징 덕분에 표준 렌즈는 스트리트, 인물 등 다양한 장르에 범용적으로 활용할 수 있으며, 우리가 눈으로 보는 장면을 그대로 재현하기 때문에 신뢰감과 익숙한 느낌을 줍니다.

표준 렌즈는 사실주의적 표현과 연결되며 즉흥적인 촬영에서 특히 효과를 발휘합니다. 표준 렌즈로 포착한 화면은 보는 사람들이 마치 그 장면 앞에 서 있는 듯한 생동감을 불러일으키기도 합니다.

표준 렌즈로 자연스러운 원근감 표현하기

표준 렌즈로 표현한 스트리트 사진은 왜곡 없이 있는 그대로의 삶을 포착하며, 현실을 충실하게 반영하여 피사체와 보는 이를 더 투명하게 연결하고 공감을 불러일으킵니다. 스트리트 사진을 뜻하는 [street photography]와 표준 화각을 뜻하는 [50mm lens] 키워드를 추가하여 프롬프트를 작성합니다.

 /imagine **prompt** a photo of a **candid street photograph** capturing a busy morning in New York city street, showing people in various activities with true-to-life detail and balance, highlight the real textures and emotions of the scene, shot by **50mm lens** --ar 16:9

뉴욕의 바쁜 아침을 담은 **자연스러운 스트리트 사진**, 다양한 활동을 하는 사람들의 모습을 디테일과 균형감을 통해 사실적으로 표현한, 장면의 실제 질감과 감정을 강조하는, **50mm 렌즈로 촬영**

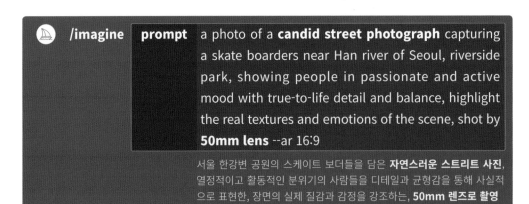

/imagine **prompt** a photo of a **candid street photograph** capturing a skate boarders near Han river of Seoul, riverside park, showing people in passionate and active mood with true-to-life detail and balance, highlight the real textures and emotions of the scene, shot by **50mm lens** --ar 16:9

서울 한강변 공원의 스케이트 보더들을 담은 **자연스러운 스트리트 사진**, 열정적이고 활동적인 분위기의 사람들을 디테일과 균형감을 통해 사실적으로 표현한, 장면의 실제 질감과 감정을 강조하는, **50mm 렌즈로 촬영**

TIP ✦ 표준 렌즈는 줌 기능을 사용한 확대나 축소에 의존하기보다는 현장 안에서 직접 움직여 샷을 구성하도록 합니다. 이러한 특징 덕분에 미드저니에서 표준 렌즈를 통해 이미지를 생성할 경우 보다 장면 내에 가까이 다가간 듯한 능동적인 이미지가 생성됩니다.

✦ 망원 렌즈

망원 렌즈(Telephoto Lenses)는 보통 초점 거리 85mm 이상의 렌즈를 말하며, 멀리 있는 피사체를 확대하여 표현하고 공간을 압축시킵니다. 피사체를 주변 환경으로부터 구분 혹은 고립하고자 하는 작가들에게 없어서는 안 될 도구죠.

망원 렌즈의 특성은 멀리 있는 피사체를 확대시켜 실제보다 가까이 보이도록 하는 것으로, 이제는 대부분의 스마트폰에도 유사한 기능이 탑재되어 있어 경험해 보지 않은 사람이 거의 없을 정도입니다. 스포츠, 야생동물 그리고 인물 촬영에서 특히 유용한데, 다양한 이유로 인해 피사체에 가까이 다가갈 수 없거나 혹은 접근하는 것을 원하지 않을 때에 사용됩니다. 또, 화각이 상대적으로 좁은 편이기 때문에 주위의 복잡한 배경을 제외시키고 피사체를 잘 구분하여 강하게 부각시킨 이미지를 만들어 냅니다.

망원 렌즈는 피사체를 고립시키고 공간과의 관계를 압축함으로써 친밀감이나 극적인 효과를 연출하고 보는 사람의 시선을 강하게 붙잡습니다. 아웃 포커싱이라 불리는, 망원 렌즈가 만들어내는 얕은 심도 또한 배경에 있는 산만한 요소들을 흐리게 만들어 주기 때문에 피사체를 보다 분명하게 표현합니다.

✦ 망원 렌즈로 피사체 분리하기

피사체를 흐릿한 배경 속에 배치하여 피사체의 상태와 감정을 부각하고 보는 사람과의 연결을 만들어 내는 기법은 대표적인 망원 렌즈 활용법 중 하나입니다. 이 방식은 피사체의 표정, 그리고 감정의 미묘한 차이까지 담아내는 인물 사진에서 특히 효과적입니다. 망원 렌즈를 뜻하는 [200mm lens] 키워드와 주인공이 될 피사체에 대한 자세한 묘사를 프롬프트에 반영합니다.

> ⛵ **/imagine** **prompt** a photo of a korean pretty girl in clear focus with emotive face, in the background of heavy snow and fog, symbolizes loneliness and isolation, an empty and dark snowfield at dawn, the environment around her is calm, captures a moment of her beauty and pureness, highlighting the isolation and the feeling of sadness and the balance of fearsome in nature, shot by **200mm lens** --ar 16:9
>
> 감정이 담긴 얼굴을 한 아름다운 소녀의 선명한 사진, 폭설과 안개를 배경으로, 외로움과 고립을 상징하는, 어두운 새벽의 텅 빈 설원, 그녀를 둘러싼 차분한 환경, 그녀의 아름다움과 순수함의 순간을 포착하는, 고독과 슬픔 그리고 자연의 무시무시함이 만들어내는 균형을 강조, **200mm 렌즈로 촬영**

/imagine **prompt** a photo of a korean pretty girl in clear focus with emotive face, in the background of the scene of a major fire disaster, symbolizes panic and tragedy, a roaring flames and dark smoke, the environment around her is furious, captures a moment of her beauty and anger, highlighting the isolation and the feeling of vengeance and reverlry with the balance of fearsome in nature, shot by **200mm lens** --c 5 --ar 16:9

감정이 담긴 얼굴을 한 아름다운 소녀의 선명한 사진, 대형 화재 현장을 배경으로, 공포와 비극을 상징하는, 포효하는 화염과 검은 연기, 그녀를 둘러싼 격렬한 환경, 그녀의 아름다움과 분노의 순간을 포착하는, 고독과 복수심 그리고 자연의 무시무시함이 만들어내는 균형을 강조, **200mm 렌즈로 촬영**

TIP ✦ 본디 망원 렌즈를 잘 다루려면 다양한 거리 감각과 카메라 흔들림, 빠른 셔터 스피드와 손떨림 보정법 등을 모두 고려해야 합니다. 하지만 미드저니는 긴 시간에 걸쳐 얻어야 하는 이러한 정보들을 모두 학습한 상태입니다.

조명에 대한 이해,
프롬프트에 적용하기

이번에는 조명에 대해 알아봅시다. 조명은 여러 기준으로 나눌 수 있습니다. 우선, 밝음과 대비에 따라서 하이키 조명과 로우키 조명으로 나뉩니다. 하이키 조명과 로우키 조명 중 무엇을 선택하는지에 따라 사진이나 장면의 분위기와 감정에 지대한 영향을 줍니다.

▲ 하이키 조명을 통해 표현한 여성

▲ 로우키 조명을 통해 표현한 여성

하이키 조명

하이키 조명(High-Key Lighting)은 밝음과 낮은 대비가 특징이며, 그림자를 최소화하는 충분한 양의 조명을 필요로 합니다. 행복, 순수, 안전, 혹은 청명함을 전달하고자 할 때 사용되어 광고, 코미디와 같은 장르나 경쾌함을 나타낼 때 유용합니다. 밝고 낙관적인 분위기를 조성하고, 평탄한 빛은 개방감과 안정감을 불러일으켜 친근감 있고 매력적인 장면을 묘사합니다.

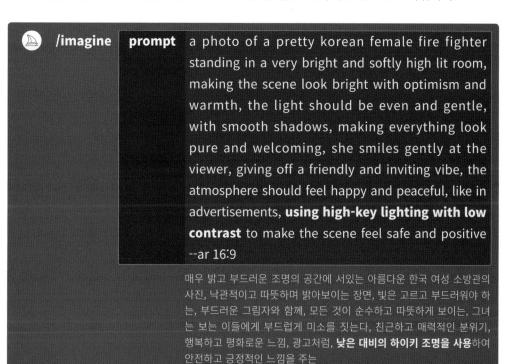

/imagine **prompt** a photo of a pretty korean female fire fighter standing in a very bright and softly high lit room, making the scene look bright with optimism and warmth, the light should be even and gentle, with smooth shadows, making everything look pure and welcoming, she smiles gently at the viewer, giving off a friendly and inviting vibe, the atmosphere should feel happy and peaceful, like in advertisements, **using high-key lighting with low contrast** to make the scene feel safe and positive --ar 16:9

매우 밝고 부드러운 조명의 공간에 서있는 아름다운 한국 여성 소방관의 사진, 낙관적이고 따뜻하며 밝아보이는 장면, 빛은 고르고 부드러워야 하는, 부드러운 그림자와 함께, 모든 것이 순수하고 따뜻하게 보이는, 그녀는 보는 이들에게 부드럽게 미소를 짓는다, 친근하고 매력적인 분위기, 행복하고 평화로운 느낌, 광고처럼, **낮은 대비의 하이키 조명을 사용**하여 안전하고 긍정적인 느낌을 주는

로우키 조명

로우키 조명(Low-Key Lighting)은 어둡고 대비가 높으며, 강한 그림자와 제한된 조명이 특징입니다. 미스터리한 분위기, 긴장감과 같은 서사 혹은 위험을 연출하기 위해 활용됩니다. 누아르, 스릴러, 공포 등의 장르에 주로 쓰이는 조명이기도 합니다. 로우키 조명이 자아내는 극적인 대비, 빛과 그림자는 긴장감과 부정적인 사건이 가득한 느낌을 불러일으키며 보는 이를 보다 긴밀한 세계로 이끌어 감정의 깊이와 상호작용을 부각합니다.

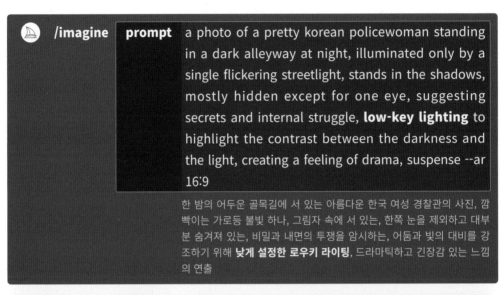

/imagine **prompt** a photo of a pretty korean policewoman standing in a dark alleyway at night, illuminated only by a single flickering streetlight, stands in the shadows, mostly hidden except for one eye, suggesting secrets and internal struggle, **low-key lighting** to highlight the contrast between the darkness and the light, creating a feeling of drama, suspense --ar 16:9

한 밤의 어두운 골목길에 서 있는 아름다운 한국 여성 경찰관의 사진, 깜빡이는 가로등 불빛 하나, 그림자 속에 서 있는, 한쪽 눈을 제외하고 대부분 숨겨져 있는, 비밀과 내면의 투쟁을 암시하는, 어둠과 빛의 대비를 강조하기 위해 **낮게 설정한 로우키 라이팅**, 드라마틱하고 긴장감 있는 느낌의 연출

TIP ✦ 하이키 조명은 피사체를 보다 개방적이고 친근하게 보이게 만드는 반면, 로우키 조명은 깊이와 강렬함을 더해 보다 복잡하거나 극적인 서사가 내재되어 있음을 표현합니다. 둘 중 한 쪽을 선택할 때는 내가 들려주고 싶은 이야기, 이끌어 내고 싶은 감정, 그리고 장면의 전반적인 분위기를 고려할 필요가 있습니다.

✦ 하드 라이트와 소프트 라이트

그림자와 대비에 따라서 하드 라이트와 소프트 라이트로 나눌 수도 있습니다. 이때, 조명은 단순히 대상을 비추는 역할을 넘어 다양한 방법으로 형태를 조절하고 이미지의 전체적 분위기와 느낌을 결정합니다.

▲ 하드 라이트를 통해 표현한 여성

▲ 소프트 라이트를 통해 표현한 여성

하드 라이트(Hard Lighting)는 뚜렷한 그림자와 높은 대비가 특징으로, 분산되지 않고 집중된 조명으로 인해 형성됩니다. 빛과 그림자 사이의 명확한 구분으로 극적인 이미지를 만들어 내는 데 사용됩니다. 반면 소프트 라이트(Soft Lighting)는 분산된 그림자와 낮은 대비를 특징으로 하며, 빛의 강도를 줄이고 밝은 영역과 어두운 영역 사이의 경계를 부드럽게 만드는 방법으로 연출됩니다.

하드 라이트와 소프트 라이트는 사진의 분위기에 상당한 영향을 줍니다. 하드 라이트는 강렬하고 거친 느낌을 주기 때문에 질감을 강조하거나 선명하고 극적인 느낌을 연출하기에 적합합니다. 섬세한 그림자와 미묘한 대비를 지닌 소프트 라이트는 보다 우아하고 로맨틱하며 사실적인 분위기를 조성하는 경향이 있습니다. 종종 인물 사진에 사용되어 피부를 부드럽게 표현하며 따뜻하고 온화한 느낌을 전달합니다.

하드 라이트로 질감과 개성 드러내기

하드 라이트는 인물 사진에서 질감, 주름, 윤곽 등을 강조하여 피사체의 묘사에 깊이감과 강렬함을 더하는 데 효과적입니다. 또, 피사체의 개성이나 이야기를 드러내어 이미지를 보다 설득력 있고 매력적으로 만들 수 있습니다.

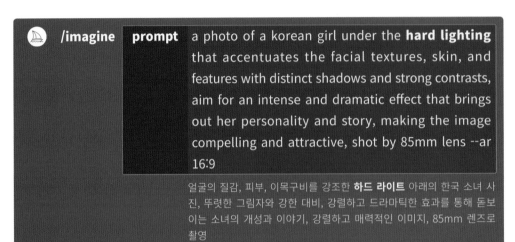

/imagine **prompt** a photo of a korean girl under the **hard lighting** that accentuates the facial textures, skin, and features with distinct shadows and strong contrasts, aim for an intense and dramatic effect that brings out her personality and story, making the image compelling and attractive, shot by 85mm lens --ar 16:9

얼굴의 질감, 피부, 이목구비를 강조한 **하드 라이트** 아래의 한국 소녀 사진, 뚜렷한 그림자와 강한 대비, 강렬하고 드라마틱한 효과를 통해 돋보이는 소녀의 개성과 이야기, 강렬하고 매력적인 이미지, 85mm 렌즈로 촬영

✦ 소프트 라이트로 부드럽고 우아한 느낌주기

소프트 라이트는 얼굴의 잔주름을 줄이고 전체적으로 고르고 은은한 빛을 비춰 피부를 부드럽게 보이게 합니다. 뷰티 화보, 로맨틱한 인물 사진 등 보다 부드럽고 친근한 분위기를 표현할 때 사용되죠.

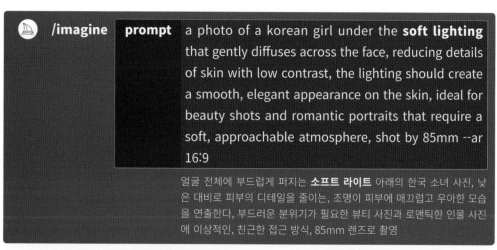

/imagine **prompt** a photo of a korean girl under the **soft lighting** that gently diffuses across the face, reducing details of skin with low contrast, the lighting should create a smooth, elegant appearance on the skin, ideal for beauty shots and romantic portraits that require a soft, approachable atmosphere, shot by 85mm --ar 16:9

얼굴 전체에 부드럽게 퍼지는 **소프트 라이트** 아래의 한국 소녀 사진, 낮은 대비로 피부의 디테일을 줄이는, 조명이 피부에 매끄럽고 우아한 모습을 연출한다, 부드러운 분위기가 필요한 뷰티 사진과 로맨틱한 인물 사진에 이상적인, 친근한 접근 방식, 85mm 렌즈로 촬영

TIP ✦ 하드 라이트와 소프트 라이트의 차이를 이해하는 것은 특정 분위기를 전달하거나 특정 방식으로 피사체를 부각하고자 하는 작가에게 필수적입니다. 조명의 선택은 이미지를 인식함에 있어 큰 변화를 일으켜 보는 이의 감정적 반응과 이미지의 전반적인 느낌에 영향을 미칩니다.

AI 아트 툴
실무 활용하기

생성형 AI의 성능이 아무리 뛰어나다고 해도 단일 AI 툴만으로 완성도 높은 결과물을 얻거나 실무에 효과적으로 적용하기에는 여전히 한계가 있습니다. 각 생성형 AI가 제공하는 기능이 제한적이며, 다양한 AI 간의 상호 보완이 필요한 경우가 많기 때문입니다. 따라서 서로 다른 기능을 지닌 여러 AI 툴을 효율적으로 접목하는 능력이 매우 중요합니다.

이번 파트에서는 실무에서 유용하게 사용할 수 있는 여러 AI 툴을 소개하고 구체적인 프로젝트 예제를 통해 여러 툴을 어떻게 접목하여 결과물을 생성하는지에 대해 안내합니다. 또, 다양한 상황에서 범용성 좋게 사용할 수 있는 8가지 AI 툴을 추가로 소개합니다.

CHAPTER 9

두 가지 AI 툴
함께 활용하기

이 챕터에서는 다양한 AI 툴을 접목하여 사용하는 방법을 안내
합니다. 두 개의 툴을 적절하게 접목하면 콘텐츠의 품질과 작업
의 효율성이 높아집니다. 버추얼 캐릭터를 생성하거나 인쇄용
배너를 디자인하고, 이미지 퀄리티를 높이거나 애니메이션과 음
성을 합성하는 등 다양한 직무에서 두루 사용할 수 있는 실무
활용법을 배워봅시다.

목적에 맞는
이미지 만들기

• 챗GPT • 미드저니

이미지를 생성할 때 가장 어려운 부분은 다름 아닌 '기획'입니다. 이 책을 통해 미드저니와 같은 생성형 AI 툴에 익숙해졌다고 해도, 여전히 무엇을 만들고 어떠한 방식으로 표현해야 하는지에 대한 고민은 사라지지 않을 것입니다. 앞길이 막막할 때는 당장 할 수 있는 것부터 차근차근 풀어나가는 것이 좋습니다. 그 답은 대화형 AI인 챗GPT가 알려줄 것입니다.

이번 예제에서는 '카페를 운영하는 자영업자'라는 상황을 가정해 보겠습니다. 여름철 신메뉴로 과일 음료를 준비했고, 이를 홍보하기 위한 점포 앞 배너 이미지와 SNS용 홍보 이미지가 필요한 상황입니다. 이때, 챗GPT와 미드저니를 활용하면 월 몇 만원에 홍보용 이미지를 만들 수 있습니다.

TIP ✦ 불경기에 어려움을 겪는 자영업자분들에게 정말 추천하는 활용법입니다.

1 먼저 챗GPT에게 마케팅 전문가 역할을 수행해 달라고 요청합니다. 챗GPT에게 도움을 요청할 때는 반드시 영어로 해야 하고 역할을 부여해야 합니다. 챗GPT가 보다 명확하고 좁은 범위에서 답변을 생성할 수 있도록 하기 위함입니다.

> **Q** act as a professional marketing strategy expert
> (프로페셔널한 마케팅 전략 전문가 역할을 수행해줘.)

2 다음으로 구체적인 상황을 안내합니다. 이때, 나에게 필요한 답을 바로 요청하기보다는 역으로 질문을 해 달라고 요청하는 것이 좋습니다. 그렇게 해야 챗GPT가 명확한 대답을 하는데 필요한 요소를 알 수 있기 때문입니다.

> **Q** 신메뉴로 여름철 과일 음료를 준비했고 이를 위한 점포 앞 배너 이미지와 SNS용 홍보 이미지가 필요한 상황이야. 해당 이미지 디자인을 의뢰하고 싶은데 어떻게 요구를 해야 할지 모르겠어. 나에게 질문을 던져주는 방식으로 이 문제를 해결해 줄 수 있을까?
>
> 물론이죠! 여름철 과일 음료를 위한 점포 앞 배너 및 SNS 홍보 이미지 디자인을 위해 필요한 정보를 질문 형태로 안내해 드리겠습니다.

227

1. 브랜드와 컨셉: 귀하의 브랜드는 어떤 이미지를 가지고 있나요? 여름철 과일 음료의 컨셉이나 특별한 이야기가 있나요? (예: 상쾌함, 자연 친화적, 열대 과일 사용 등)

2. 타깃 고객: 이 음료를 주로 어떤 고객층에게 판매하고자 하나요? (예: 젊은 층, 가족 단위, 건강을 중시하는 소비자 등)

3. 주요 메시지와 문구: 배너와 SNS 이미지에 포함시키고 싶은 주요 메시지나 슬로건이 있나요?

4. 음료의 특징: 이 과일 음료의 특별한 맛이나 재료가 있나요? (예: 특정 과일 사용, 유기농 재료, 첨가물 없음 등)

5. 디자인 요소: 특정 색상이나 이미지 스타일을 선호하나요? (예: 밝고 화려한 색상, 미니멀한 디자인 등)

6. SNS 플랫폼: 어떤 SNS 플랫폼에 주로 홍보할 계획인가요? (예: 인스타그램, 페이스북, 트위터 등)

7. 기타 특별한 요구사항: 배너나 SNS 이미지에 특별히 추가하고 싶은 요소가 있나요? (예: 할인 정보, 한정 판매, 이벤트 안내 등)

3 챗GPT가 제공한 질문에 답변합니다. 전부 대답하지 않아도 괜찮으니, 모르는 부분은 모른다고 하고 대답을 진행합니다.

Q 1) 커피숍이고 디저트를 판매하고 있어. 최근에 매출이 좋지 않은데 날씨는 더워지고 있어서 생과일 주스를 신메뉴로 준비했어. 2) 점포 앞 유동 인구는 보통 20대 30대인 것 같아. 3) 모르겠어. 4) 생과일, 유기농, 첨가물 없음. 5) 모르겠어. 밝은 느낌? 6) SNS는 인스타그램, 그리고 점포 앞에 배너도 설치할 계획이야. 7) 모르겠어.

감사합니다. 제공해주신 정보를 바탕으로, 여름철 과일 음료 신메뉴를 위한 점포 앞 배너 및 인스타그램용 홍보 이미지 디자인에 대한 요구사항을 구체화할 수 있습니다. 다음과 같은 방향으로 디자인 요청을 하시면 좋을 것 같습니다.

1. 브랜드 및 컨셉: 커피숍과 디저트 판매점의 이미지를 반영하면서, 생과일 주스의 신선함과 여름철 더위를 날려줄 상쾌함을 강조하는 디자인을 요청하세요.

2. 타깃 고객: 20대와 30대 유동인구에 맞추어 트렌디하고 스타일리시한 디자인을 추구하세요. 이 연령대는 보통 시각적으로 매력적이고 감각적인 디자인을 선호합니다.

3. 주요 메시지:"상쾌한 여름, 생과일의 신선함을 느껴보세요"와 같은 간결하고 매력적인 문구를 제안하세요. 구체적인 문구는 디자이너와 상의하여 결정할 수 있습니다.

4. 음료의 특징: 생과일, 유기농, 첨가물 없음 등의 특징을 강조하여 건강과 자연스러움을 전달하는 디자인을 요청하세요.

5. 디자인 요소: 밝고 상쾌한 느낌의 디자인을 요청하세요. 생과일을 사용한 이미지, 생동감 넘치는 색상 등을 사용하여 여름철 음료의 신선함을 강조할 수 있습니다.

6. SNS 플랫폼: 인스타그램에 최적화된 이미지를 요청하세요. 인스타그램은 시각적으로 매력적인 이미지가 중요하므로, 과일의 색감과 질감을 강조하는 데 중점을 둘 수 있습니다.

7. 기타 요구사항: 현재로서는 특별한 추가 요구사항이 없으시다면, 기본적인 디자인 요소에 집중하시는 것이 좋겠습니다.

이러한 요구사항을 바탕으로 디자인 의뢰를 하시면, 디자이너가 귀하의 브랜드와 메뉴에 맞는 매력적인 배너와 SNS 이미지를 제작할 수 있을 것입니다. 추가적으로, 점포 위치, 고객층의 특성, 이벤트 등을 고려하여 프로모션 전략을 세우는 것도 고려해보세요.

✦ 챗GPT로 미드저니 프롬프트 생성하기

1 이제 챗GPT가 제시한 내용을 바탕으로 이미지를 생성해 봅시다. 챗GPT에게 해당 내용을 통해 이미지를 제작할 예정임을 전달합니다. 보다 적절한 양식으로 변환을 요구하고 반드시 영문으로 작성할 것을 요구합니다.

Q 위 내용으로 이미지를 만들고 싶은데 디자이너가 알아들을 수 있게 보다 명확한 영문 지시문을 작성해 줬으면 좋겠어.

알겠습니다. 아래는 영문으로 작성된 보다 명확한 이미지 디자인 요구사항입니다. 이 지시서를 디자이너에게 전달하시면, 여름철 과일 음료를 위한 점포 앞 배너 및 인스타그램 홍보 이미지를 효과적으로 제작할 수 있을 겁니다.

Design Brief for Summer Fruit Juice Menu Promotion

1. Brand and Concept:

· Emphasize the freshness and coolness of the new fruit juice menu, suitable for a coffee shop and dessert outlet.

· Reflect the essence of summer with a focus on the natural, refreshing aspects of the fruit juice

… (이하 생략)

2 챗GPT가 영문으로 생성한 내용을 전체 선택하여 복사한 다음 화살표(⑴)를 클릭하여 좌측 메뉴를 활성화합니다. 상단의 [Explore GPTs] 메뉴를 클릭합니다.

TIP ✦ GPTs는 챗GPT의 유저 커스터마이징 툴입니다. 특정 주제에 대해서만 대화를 나누는 방식으로, 보다 효율적이고 집약적인 대화가 가능합니다. GPTs는 유료 구독 시에만 사용할 수 있습니다.

3 미드저니에 사용할 텍스트 프롬프트를 생성하는 것에 특화된 GPTs를 찾아봅시다. 검색 창에 [midjourney]를 검색한 후 검색 결과 가장 상단의 항목을 클릭합니다. 기존 챗GPT 화면처럼 채팅할 수 있는 창이 나타납니다.

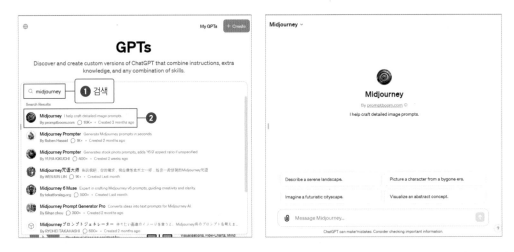

TIP ✦ 검색 결과 가장 상단에 있는 항목 외에 다른 항목도 대부분 기능이 비슷합니다. 무엇을 선택해도 무방하나, 되도록이면 사용자가 많은 상단 항목을 추천합니다.

4 하단 메시지 입력 창에 단계 **2** 에서 복사해 둔 영문 지시서를 붙여넣고 전송합니다.

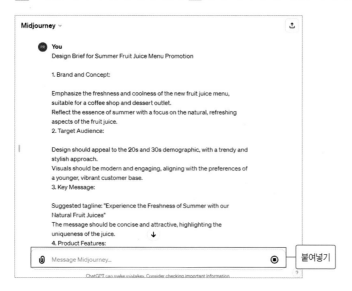

5 지시서 내용을 바탕으로 Midjourney GPTs가 적절한 텍스트 프롬프트를 생성합니다. 이 텍스트 프롬프트를 복사합니다.

✦ 미드저니로 홍보용 이미지 생성하기

1 챗GPT가 생성한 텍스트 프롬프트를 미드저니에 입력하여 이미지를 생성해 봅시다. SNS용 홍보 이미지는 가로세로 1:1 비율이 일반적입니다. 복사한 텍스트 프롬프트를 붙여넣은 다음 종횡비 파라미터 [--ar 1:1]을 입력합니다.

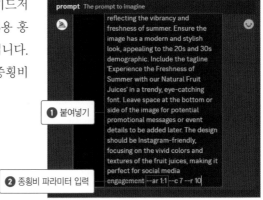

2 이미지가 생성되었습니다. 결과물을 보면 챗GPT와 나눈 대화의 상당 부분이 반영되어 있는 것을 확인할 수 있습니다.

3 이번에는 배너 이미지를 만들어보겠습니다. 국내에서 유통되는 배너의 규격은 일반적으로 600×1800mm입니다. 프롬프트는 그대로 두고 파라미터만 [--ar 1:3]으로 수정합니다.

TIP ✦ 여기서는 1:1 비율과 1:3 비율의 이미지를 생성했지만 상황과 용도에 따라 다른 비율의 이미지가 필요할 수 있겠죠? 이럴 땐 텍스트 프롬프트는 그대로 두고 종횡비 파라미터를 사용하여 가로세로 비율만 조절하면 됩니다.

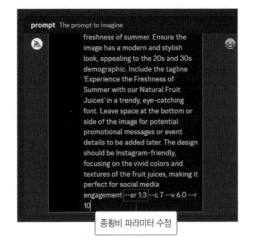

4　1:3 비율의 배너 이미지가 생성되었습니다.

TIP ✦ 이 상태로 인쇄를 하면 이미지가 깨져보일 수 있습니다. 제대로 인쇄하여 사용하려면 이미지를 큰 사이즈로 바꾸는 업스케일 작업이 필요합니다. 이미지를 업스케일하는 방법은 250쪽에서 안내합니다.

두 가지 AI를 함께 활용하기

233

글자가 들어간
홍보 이미지 만들기

• 미드저니 • 포토피아

이번에는 글자가 들어간 홍보 이미지를 만들어 봅시다. 미드저니는 아직 글자를 잘 생성하지 못하기 때문에 또 다른 이미지 편집 툴을 함께 사용하는 것이 좋습니다. 여기서는 미드저니로 이미지를 생성하고 포토피아로 수정하여 딸기 케이크를 홍보하는 이미지를 제작하겠습니다.

Before

After

무료 이미지 편집 툴, 포토피아

포토피아는 이미지를 편집할 수 있는 서비스로, 웹상에서 무료로 사용할 수 있습니다. 무료 서비스인 만큼 광고가 나타난다는 단점이 있지만, 포토샵과 거의 유사한 UI와 기능을 제공하기 때문에 편리합니다.

✦ 미드저니로 이미지 생성하고 포토피아로 편집하기

1 우선 미드저니로 이미지를 생성합니다. 인스타그램 스토리와 릴스에 사용할 수 있도록 9:16 비율의 종횡비 파라미터를 추가했습니다.

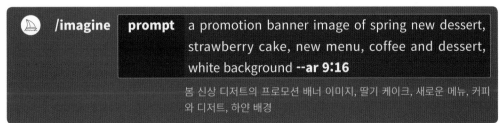

/imagine **prompt** a promotion banner image of spring new dessert, strawberry cake, new menu, coffee and dessert, white background **--ar 9:16**

봄 신상 디저트의 프로모션 배너 이미지, 딸기 케이크, 새로운 메뉴, 커피와 디저트, 하얀 배경

2 생성된 이미지에 알 수 없는 문구가 적혀있습니다. 포토피아를 활용하여 문구를 수정해봅시다. 포토피아 홈페이지(photopea.com)에 접속하여 [컴퓨터에서 파일 열기]를 클릭한 다음 미드저니로 생성한 이미지를 불러옵니다.

3 우선 기존의 문구를 지워봅시다. 좌측 패널의 ▨을 길게 클릭한 뒤 [얼룩 복구 브러시 도구]를 클릭합니다. 키보드에서 대괄호 [를 누르면 브러쉬의 크기가 작아지고, 대괄호]를 누르면 브러쉬의 크기가 커집니다. 브러쉬를 적당한 크기로 설정한 다음 글자를 마우스로 드래그하여 지웁니다..

4 글자가 있던 자리에 원하는 문구를 입력해 봅시다. 좌측 패널에서 T를 클릭하여 문자 도구를 활성화합니다. 마우스로 드래그하여 텍스트 상자를 만듭니다.

5 문구를 입력합니다. 여기서는 [NEW 2024 Spring 베리베리 케이크]라고 입력했습니다.

잠깐만요

얼룩 복구 브러시를 사용하는 이유

이미지 위에 사각형 도형을 덧대어 글자를 가리는 방법도 있지만, 이렇게 하면 배경의 그라데이션 때문에 도형으로 덧댄 티가 나서 눈에 거슬릴 수 있습니다. 책에서 소개한 방법대로 얼룩 복구 브러시 도구를 사용하면 배경에서 글자만 자연스럽게 지울 수 있습니다.

이미지 위에 사각형 도형을 덧대어 글자를 가린 경우 ▶

6 입력한 텍스트를 드래그하여 선택한 다음 서식을 지정합니다. 상단 패널에서 글자 모양, 굵기, 크기, 좌우 정렬을 지정할 수 있습니다. 서식 지정 후 ☑를 클릭하여 완료합니다.

TIP ✦ 텍스트 상자의 위치를 조정하고 싶다면 텍스트 상자를 선택한 뒤 이미지 바깥 영역에 마우스를 둡니다. 마우스 커서가 ✛ 모양으로 변하면 마우스를 움직여 위치를 조정할 수 있습니다.

7 파일을 PSD 형식으로 저장하면 추가 편집이 필요할 때 다시 불러올 수 있습니다. [파일]-[PSD로 저장]을 클릭한 뒤 저장할 폴더를 지정하고 [저장]을 누르면 완료됩니다.

8 편집한 이미지를 PNG나 JPG 이미지로 내보내려면 [파일]-[내보내기 형식]에서 원하는 형식을 클릭하면 됩니다. '웹용으로 저장' 팝업 창이 나타나면 품질을 100%로 설정하고 [저장]을 클릭합니다.

9 세로로 긴 홍보 이미지가 완성되었습니다.

영화 포스터 디자인하기

* 미드저니 * 포토피아

미드저니를 활용하면 포스터 제작에 도전할 수도 있습니다. 미드저니는 버전 6으로 업데이트되면서 영문 알파벳에 한하여 텍스트 생성이 상당히 개선되었습니다. 이를 활용하여 영화 포스터 초안을 생성하고, 앞서 활용했던 이미지 편집 툴 포토피아를 통해 간단한 마무리 작업을 해보겠습니다.

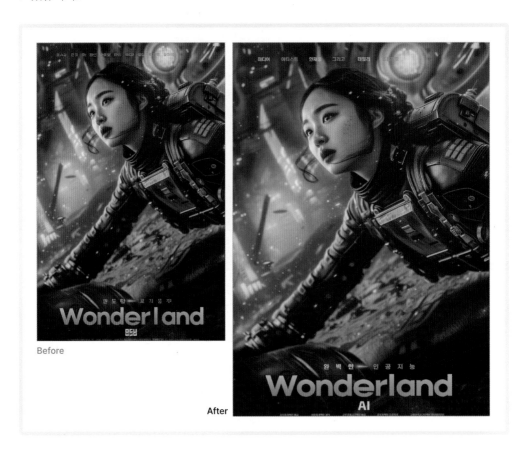

Before

After

✦ 미드저니로 포스터 초안 생성하고 포토피아로 편집하기

1️⃣ 먼저 [poster(포스터)]라는 키워드를 포함하여 프롬프트를 입력합니다. 영화 제목은 책 제목과 같은 ["AI Wonderland"]로 설정했습니다. 영화 포스터 특성상 인물이 등장해야 주목도가 높아지니, 인물에 대한 묘사도 추가합니다.

/imagine | **prompt** | **a movie poster** of a science fiction movie with **a title "AI Wonderland",** a pretty korean female wearing sci-fi suit is looking at the lens

과학 소설 **영화의 포스터**로 **"AI Wonderland"라는 제목,** 예쁜 한국 여성이 SF 슈트를 입고 렌즈를 바라보고 있음

TIP ✦ 영화 제목에는 큰따옴표를 붙여줍니다.

2️⃣ 신비한 모험의 분위기, 영화적 조명, 높은 대비, 굴절, 아크릴 판, 자연스러운 포즈, 카메라와 렌즈 정보 등의 키워드도 적어줍니다. 일반적인 영화 포스터 비율에 맞춰 종횡비 파라미터를 [--ar 2:3]으로 입력합니다. 텍스트 생성 기능은 아직 완벽하지 않기 때문에 보다 많은 경우의 수를 확보해야 합니다. 반복 생성 파라미터를 [--r 10]으로 입력합니다.

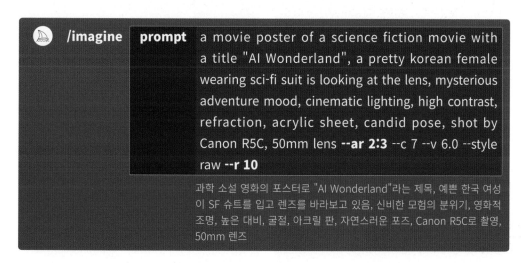

/imagine | **prompt** | a movie poster of a science fiction movie with a title "AI Wonderland", a pretty korean female wearing sci-fi suit is looking at the lens, mysterious adventure mood, cinematic lighting, high contrast, refraction, acrylic sheet, candid pose, shot by Canon R5C, 50mm lens **--ar 2:3** --c 7 --v 6.0 --style raw **--r 10**

과학 소설 영화의 포스터로 "AI Wonderland"라는 제목, 예쁜 한국 여성이 SF 슈트를 입고 렌즈를 바라보고 있음, 신비한 모험의 분위기, 영화적 조명, 높은 대비, 굴절, 아크릴 판, 자연스러운 포즈, Canon R5C로 촬영, 50mm 렌즈

3 생성된 이미지를 살펴봅시다. 텍스트가 정상적으로 생성된 것은 40장의 이미지 중 2~3장 정도입니다. 이중 마음에 드는 이미지를 선택합니다. 여기서는 오른쪽 이미지를 선택하여 진행합니다.

TIP ✦ 미드저니 기술의 발전으로 제법 훌륭하게 표현이 되긴 했지만 여전히 사람의 손이 필요합니다.

4 웹 브라우저를 열고 포토피아 홈페이지(photopea.com)에 접속합니다. 중앙의 'Drop any files here' 영역에 선택한 이미지를 드래그 앤 드롭하여 업로드합니다.

5 이미지를 쉽게 수정할 수 있도록 확대해 봅시다. 좌측 패널의 🔍를 선택하여 확대 도구를 활성화한 다음 이미지를 클릭합니다. 이미지가 확대되면 수정이 필요한 영역을 확인합니다.

6 텍스트를 삭제하겠습니다. 좌측 패널의 🩹를 클릭하여 얼룩 복구 브러시 도구를 활성화합니다. 삭제해야할 텍스트 영역을 마우스로 드래그하면 지워집니다.

TIP ✦ 브러시의 크기가 너무 작다면 키보드의 ⊞ 버튼을, 너무 크다면 ⊟ 버튼을 눌러 크기를 조절해 줍니다.

7 나머지 부분들도 같은 방법으로 정리하여 불필요한 텍스트 없이 깔끔하게 정리합니다. 정리한 자리에 다른 문구를 넣고 싶다면 237쪽을 참고하여 추가합니다. 여기서는 이미지 상단과 영화 제목 위 아래에 문구를 추가했습니다.

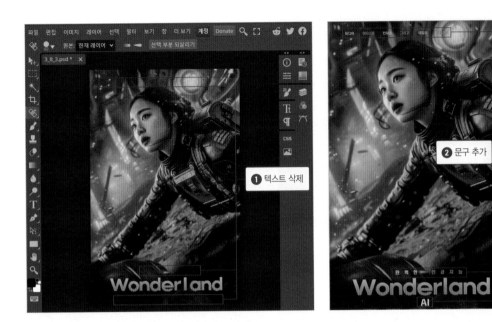

TIP ✦ 디자인에 대한 이해가 있고 포토샵과 같은 프로그램을 능숙하게 다룰 수 있는 분들은 비슷한 색상과 타입의 폰트를 사용하여 보다 완벽하게 마무리할 수 있습니다.

포토샵 AI로 사진 편집하기

• 미드저니 • 포토샵

앞서 살펴본 예제들은 대비가 높은 이미지이거나 간단한 문구 수정만 했기 때문에 포토피아 같은 무료 툴로도 충분했지만 더 정교하고 자연스러운 이미지 편집을 위해서는 포토샵의 Generative Fill 기능을 사용하는 것이 좋습니다. 미드저니를 통해 예시 이미지를 생성한 다음 포토샵 Generative Fill 기능으로 수정해 봅시다.

TIP ✦ 미드저니에서 생성한 이미지는 Vary(Region) 기능을 통해 자체적으로 수정할 수도 있습니다만, 포토샵의 Generative Fill 기능은 기존에 가지고 있던 사진을 수정할 수도 있기 때문에 범용성이 좋습니다. 한 번 배워두면 어떤 상황에서도 유용하게 사용할 수 있죠.

Before

After

✦ 미드저니로 이미지 생성하고 포토샵으로 불러오기

 먼저 미드저니로 웨딩 사진을 만들어 봅시다. 웨딩 사진, 웨딩 드레스, 부케라는 키워드를 포함하고, 배경은 도시의 거리로 설정했습니다. 야외를 배경으로 설정했기 때문에 여성 뒤쪽에 차량이 흐릿하게 보이는 이미지가 생성되었습니다.

> ⛵ **/imagine** **prompt** **a wedding photo** of a beautiful korean woman is wearing **wedding dress** holding **a flower bouquet**, in the **city street**, shot by Canon R5, 50mm lens, natural lighting --ar 16:9 --c 7 --v 6.0 --style raw --r 10
>
> 아름다운 한국 여성이 **웨딩드레스**를 입고 꽃다발 **부케**을 들고 있는 **도시 거리**의 **웨딩 사진**, 캐논 R5로 촬영, 50mm 렌즈, 자연광

245

2   차량과 같은 금속 물체는 빛을 반사시켜 시선을 분산하기 때문에 사진에 포함하지 않는 것이 좋습니다. 포토샵을 통해 배경의 차량을 제거하겠습니다. 포토샵을 실행하고 좌측 상단의 [Open]을 클릭하여 이미지를 열어줍니다.

3   우측 메뉴에서 [Layers(레이어)]를 클릭하면 레이어 패널이 나타납니다. 배경 레이어 우측의 🔒를 클릭하여 레이어 잠금 상태를 해제합니다.

TIP ✦ 자물쇠 아이콘을 클릭하여 레이어 잠금을 해제하면 레이어 이름이 'Background'에서 'Layer 0'으로 변경됩니다.

✦ Generative Fill로 자연스럽게 차량 삭제하기

1 좌측 메뉴에서 ￼을 클릭하여 올가미 툴을 활성화합니다. 마우스로 드래그하여 인물 뒤편의 차량 주위로 영역을 설정한 다음, 키보드의 Del 을 눌러 삭제합니다.

2 상단 메뉴에서 [Select(선택)]-[Modify(수정)]-[Expand(확대)]를 클릭합니다. 'Expand Selection' 팝업 창이 나타나면 확대 값을 [10] pixels로 입력한 후 [OK]를 클릭합니다.

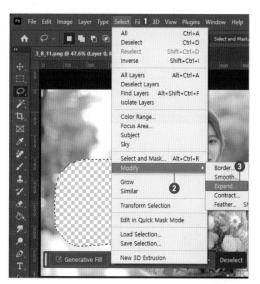

TIP ✦ Generative Fill 기능을 사용하여 특정 영역을 삭제하고 새롭게 생성할 때는 이렇게 삭제한 영역을 약간 넓혀주어야 더욱 자연스럽게 수정됩니다.

3 선택 영역이 더 넓어진 것을 확인하고 하단의 [Generative Fill]을 클릭합니다. 우선은 프롬프트 입력 영역을 비워두고 진행하겠습니다. 우측의 [Generate] 버튼을 클릭합니다.

4 아무런 텍스트를 입력하지 않았기 때문에 세 개의 무작위 옵션이 등장했습니다. 가장 자연스러운 첫 번째 옵션을 선택합니다.

TIP ✦ 세 가지 옵션 모두 마음에 들지 않으면 [Generate]를 재차 클릭하여 새롭게 생성합니다.

5 차량이 깔끔하게 제거되었습니다. 같은 방식으로 행인이나 구조물 등 사진 속 불필요한 요소를 감쪽같이 삭제할 수 있습니다.

TIP ✦ 생성형 AI를 활용하면 사진을 자유자재로 수정할 수 있기 때문에 촬영 시간대가 조금 더 자유로워지고, 촬영이 잘못되었을 때 재촬영을 할 필요도 없으니 시간과 인건비까지 절약할 수 있습니다.

✦ Generative Fill로 부케 교체하기

1 이번에는 사진 속 신부가 들고 있는 부케를 바꿔봅시다. 마찬가지로 이미지를 불러온 후 올가미 툴로 부케 영역을 넉넉하게 선택합니다. 이번에는 선택 영역의 특정 요소를 교체하는 것이기 때문에 선택 영역을 삭제하지 않고 바로 [Generative Fill]을 클릭합니다. 프롬프트 창에 다음과 같이 입력한 다음 [Generate]를 클릭합니다.

> a luxurious flower bouquet, realistic, photoreal
> 럭셔리한 부케, 사실적인, 포토리얼

TIP ✦ 원하는 결과가 나오지 않는다면 계속해서 [Generate]를 클릭합니다.

2 다음과 같이 부케를 교체했습니다. 같은 방식으로 의상과 헤어스타일, 액세서리도 교체할 수 있습니다.

출력용 고화질 이미지 만들기

· 미드저니 · 기가픽셀

미드저니는 최대 가로 2048px×세로 2048px 이미지를 생성합니다. 온라인에서 사용하기에는 충분한 픽셀 수지만 그 이상의 사이즈가 필요한 경우 업스케일 툴을 따로 사용해야 합니다. 업스케일 과정을 거칠 경우 훨씬 고화질의 이미지로 변환될 뿐만 아니라 인쇄 출력 시에도 화질 저하를 최소화한 결과물을 얻을 수 있습니다.

✦ 이미지의 픽셀 수를 늘리는 툴, 기가픽셀

기가픽셀(Gigapixel)은 생성된 이미지의 픽셀 수를 늘리는, 다시 말해 업스케일 기능을 제공하는 툴입니다. 99달러의 유료 툴이라 가격이 부담스럽게 느껴질 수도 있지만, 1회 구매로 영구적 사용과 1년 간의 업데이트가 보장되며 가장 만족스러운 업스케일 결과물을 얻을 수 있습니다. 기가픽셀을 사용하면 기존 이미지에서 최대 6배까지 업스케일할 수 있습니다.

Resize Mode

❶ **Scale:** 가장 기본적인 업스케일 기능입니다. 아래에서 배수를 선택하여 업스케일합니다.

❷ **Width & Height:** Width(가로) 혹은 Height(세로) 값을 지정하여 특정 값만큼 업스케일합니다.

❸ **0.5x, 2x, 4x, 6x …:** 업스케일 배수를 지정합니다. 이미지의 전체 크기를 0.5배, 2배, 4배, 6배 업스케일한다는 뜻입니다.

AI Model

❹ **AI Model:** 이미지 특징이나 상황에 따라 모델을 선택합니다. 선택이 어렵다면 ⬛ 버튼을 클릭하여 자동으로 모델을 선택합니다.

❺ **Standard:** 대부분의 사진에 무난하게 어울리는 모델입니다.

❻ **Lines:** 이미지의 라인을 좀 더 강조해주는 모델입니다. 건축물 이미지에 적합합니다.

❼ **Art & CG:** 컴퓨터 그래픽, 아트, 드로잉, 스캔 이미지 등 사진이 아닌 이미지에 적합한 모델입니다.

❽ **HQ:** 카메라로 찍은 고화질 이미지 혹은 디테일이 많고 화소 저하가 적은 이미지에 적합한 모델입니다.

❾ **Low Res:** 압축으로 인한 화질 저하가 있는 이미지에 적합한 모델입니다. 'Very Compressed' 모델보다 더 많은 디테일을 유지합니다.

❿ **Very Compressed:** 화질 저하가 심한 이미지에 적합한 모델입니다. 작은 크기로 저장된 이미지, 스캔 이미지, 오래된 디지털 이미지 등에 사용합니다.

Settings

⓫ **Suppress Noise(노이즈 제거) & Remove Blur(블러 제거):** 원하는 값을 지정할 수 있지만, ⬛ 을 클릭하여 자동 적용을 하는 것이 편리합니다.

Additional Settings

⓬ **Face Recovery:** 얼굴이 나오는 인물 이미지에 사용하여 얼굴 표현을 좀 더 매끄럽게 합니다. 전후를 비교하며 Strength 값을 조절하면 됩니다.

⓭ **Gamma Correction:** 각 색상이 원래 의도한 대로 정확히 표현되도록 밝기를 조정합니다.

✦ 기가픽셀 회원가입하고 구입하기

1️⃣ 기가픽셀 홈페이지(topazlabs.com/gigapixel)에 접속합니다. 회원가입과 로그인을 한 다음, 메인 페이지의 [Buy now $99] 버튼을 클릭하여 프로그램을 구입합니다.

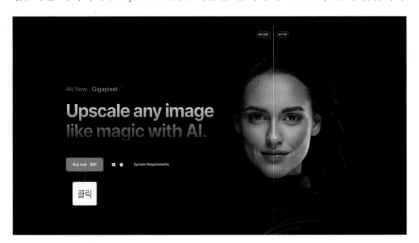

2️⃣ 구입 후 상단 메뉴의 'Downloads' 탭에서 기가픽셀을 다운로드할 수 있습니다. Windows와 Mac 중 사용하는 OS에 맞는 설치 파일을 다운로드합니다.

TIP ✦ Downloads 탭에서 Topaz Labs의 다른 서비스도 확인할 수 있습니다. Photo AI는 기가픽셀과 Sharpen AI, DeNoise AI가 모두 합쳐진 서비스로, 가격이 훨씬 비쌉니다. 영상을 업스케일하는 Video AI 서비스도 있습니다.

3️⃣ 설치 파일을 실행하여 기가픽셀을 설치합니다. 설치가 완료되면 기가픽셀을 실행한 다음 [Activate]를 클릭하고 기가픽셀을 구입했던 계정으로 로그인합니다.

미드저니로 이미지 생성하고 기가픽셀로 업스케일링 하기

1 먼저, 미드저니로 이미지를 하나 생성합니다. 업스케일(Subtle, Creative)을 하지 않고 가로 1024px×세로 1024px 크기의 이미지를 생성했습니다.

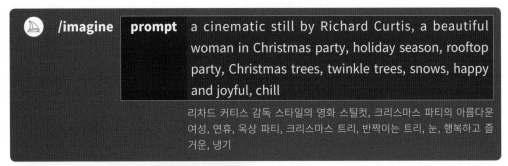

/imagine **prompt** a cinematic still by Richard Curtis, a beautiful woman in Christmas party, holiday season, rooftop party, Christmas trees, twinkle trees, snows, happy and joyful, chill

리차드 커티스 감독 스타일의 영화 스틸컷, 크리스마스 파티의 아름다운 여성, 연휴, 옥상 파티, 크리스마스 트리, 반짝이는 트리, 눈, 행복하고 즐거운, 냉기

TIP ✦ 업스케일 전후 차이를 뚜렷하게 확인하기 위해 미드저니에서는 별도의 업스케일을 진행하지 않습니다.

2 기가픽셀을 실행한 다음 로그인합니다. [Browse Images] 버튼을 클릭하여 앞서 미드저니로 생성했던 이미지를 업로드합니다.

TIP ✦ 이미지 파일을 드래그 앤 드롭하여 업로드할 수도 있습니다.

3 오른쪽 상단의 ■ 버튼을 클릭한 다음 가운데 바를 좌우로 드래그하며 업스케일 전후를 비교할 수 있습니다.

4 오른쪽 패널을 통해 업스케일 배수와 모델 선택, 상세 조정을 합니다. 설정이 끝났다면 [Save Image]를 클릭합니다.

TIP ✦ 오른쪽 패널의 각 항목에 대한 상세한 설명은 251쪽을 참고하세요.

5 저장 옵션 창이 나타나면 Image Format(파일 형식)을 지정하고, Quality(퀄리티)를 [Maximum]으로 선택한 뒤, Filename(파일명)을 입력합니다. 저장 옵션을 모두 확인했다면 [Save] 버튼을 클릭합니다. 1024×1024px 이미지가 4096×4096px로 업스케일되었습니다.

TIP ✦ Color profile(컬러 프로필)에서는 다양한 RGB 방식을 선택할 수 있습니다. 별다른 요구 조건이 없다면 그대로 둡니다.
　　　 Save directory(저장 경로)에서 Source를 선택하면 이미지가 지정된 폴더에 저장되며, Custom을 선택하면 다른 폴더
　　　 를 저장 경로로 지정할 수 있습니다.

버추얼 캐릭터 만들기

• 미드저니 • D-ID

다양한 생성형 AI 서비스가 출시되던 2023년 초, '해리포터 by 발렌시아가(Harry Potter by Balenciaga)'라는 영상이 조회수 1,000만을 넘길 정도로 화제가 되었습니다. 사람들에게 익숙한 영화 해리포터 시리즈의 배우들이 '발렌시아가'라는 명품 브랜드의 모델이 되는 영상으로, 그들은 멈춰있지 않고 눈을 깜빡이며 말을 하기도 합니다.

▲ 유튜브 채널 'demonflyingfox'에 업로드된 '해리포터 by 발렌시아가' 영상

이들의 모습은 미드저니를 통해 생성되었습니다. 실제 생김새와 100% 같지는 않더라도 거의 유사했죠. 음성에 맞춰 입을 움직여 말하는 모습은 D-ID라는 AI 서비스를 통해 구현했습니다. 이처럼 미드저니로 생성한 이미지를 D-ID로 가공하면 나만의 버추얼 캐릭터를 만들 수 있으며, 이미지에 생동감을 추가할 수 있습니다.

TIP ✦ 버추얼 캐릭터란 비디오 게임 속 등장인물처럼 컴퓨터로 만들어진 캐릭터입니다. 현실에 존재하지 않으며 디스플레이에서만 볼 수 있죠. 인간이나 동물, 상상 속의 생물 등 다양한 모습을 가지며 사람이 직접 조종할 수 있고 다른 사람과 음성 등을 통해 소통할 수도 있습니다.

✦ 말하는 영상을 제작하는 툴, D-ID

D-ID는 정지된 인물 이미지를 말하거나 움직이는 것처럼 보이게 만드는 영상 생성 AI 툴입니다. AI, 특히 딥러닝을 사용하여 얼굴의 움직임을 현실적으로 이해하고 재현하는 것이죠. 역사적 인물을 생동감 있게 만들어 학생들의 학습 성취도를 높이거나 마케팅 콘텐츠를 위한 인물을 제작하는 등 다양한 용도로 활용할 수 있습니다. 우선, 영상 제작 페이지를 살펴보겠습니다. 이곳에 이미지와 음성 파일을 업로드할 수 있습니다.

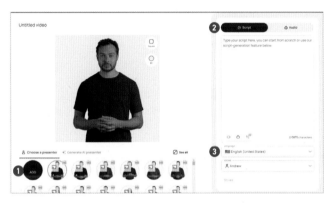 

❶ ADD: 실제 인물 이미지를 업로드합니다. 마우스 커서를 올려보면 허리 위가 표현된 미디엄 샷, 신체와 얼굴이 정면을 바라보고 입은 다물어야 하며 가급적 감정이 드러나지 않는 표정 등 최적의 품질을 만들어 내는 이미지 가이드 라인이 등장합니다.

❷ Script(스크립트): 스크립트를 입력합니다. D-ID는 한국어 성우를 지원하기 때문에 한국어 스크립트를 입력할 수 있습니다.

❸ Language(언어): 어떤 언어로 음성을 생성할지 선택합니다. 한국어 음성을 만들고 싶다면 [Korean]을 선택한 다음 아래 Voices 목록에서 한국어 성우를 선택하면 됩니다.

❹ Audio 탭: 내가 직접 녹음한 음성 파일이나 AI로 생성한 음성 파일을 업로드할 수 있습니다.

✦ D-ID 회원가입하고 무료 체험하기

1 D-ID 홈페이지(d-id.com)에 접속하여 메인 페이지 상단의 [Start Free Trial]을 클릭합니다.

2 'Studio' 페이지가 나타나면 오른쪽 상단의 [Create Video] 버튼을 클릭하여 영상 제작 페이지로 진입합니다. 영상 제작 페이지가 나타나면 [ADD] 버튼을 클릭합니다.

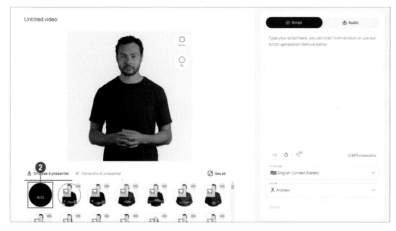

3 본격적인 영상 제작에 앞서 회원가입 팝업이 나타납니다. 편리한 방법을 선택하여 회원가입 합니다. 회원가입 후 D-ID 사용 목적에 대한 설문 조사를 진행합니다.

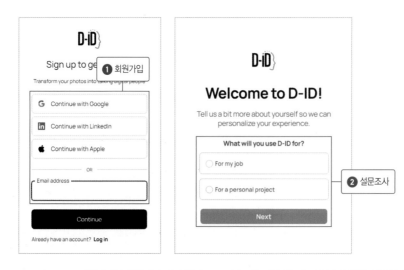

TIP ✦ D-ID 개발사에서 사용자가 어떤 목적으로 서비스를 이용하는지 파악하기 위한 설문입니다. 답변 내용은 서비스 사용에 영향을 미치지 않습니다.

④ 최초 회원가입 후 2주간 무료 체험을 할 수 있습니다. 이 기간동안 대략 5분 분량의 영상을 제작할 수 있는 무료 크레딧이 주어집니다. 로그인 후 좌측 하단을 보면 '20 credits left'라는 문구를 확인할 수 있습니다. 최초 회원가입 후 무료 크레딧을 20개 받았다는 의미입니다.

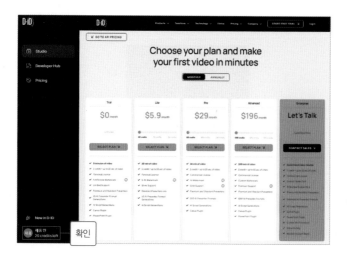

TIP ✦ 체험 기간 종료 혹은 모든 크레딧 소진 시에는 유료로 구독한 후 사용할 수 있습니다.

✦ 미드저니로 이미지 생성하고 D-ID로 영상 만들기

① 먼저 미드저니에서 인물 이미지를 하나 생성합니다. D-ID에 업로드할 이미지는 인물의 정면 모습일수록, 배경이 깔끔할수록 왜곡이 덜하기 때문에 다음과 같이 특정 키워드를 넣어 프롬프트를 작성합니다.

2 생성된 이미지를 저장한 다음 D-ID로 넘어갑니다. 로그인 후 'Studio' 페이지가 나타나면 오른쪽 상단의 [Create Video]를 클릭하여 영상 제작 페이지로 진입합니다. [ADD] 버튼을 클릭하여 미드저니에서 생성한 캐릭터 이미지를 업로드합니다.

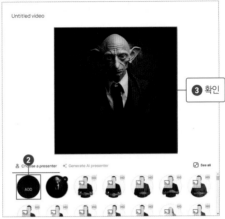

3 Script 입력 창에 한국어로 스크립트를 입력합니다. Language에서 [Korean]을 선택한 다음 Voices 목록에서 한국어 성우를 선택합니다. 설정을 완료한 다음 하단의 🔊을 클릭하여 미리 듣기를 할 수 있습니다. [Generate video]를 클릭하여 영상을 생성합니다.

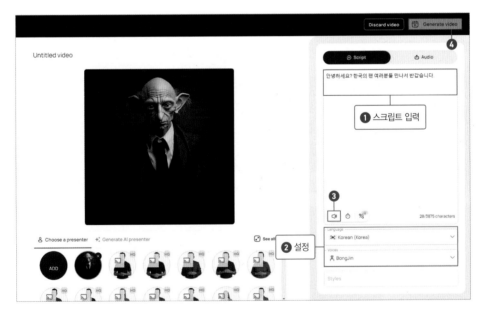

TIP ✦ 따로 준비한 음성 파일이 있다면 Audio 탭에 파일을 업로드합니다.

4 팝업 창을 통해 총 영상 길이(Video length)가 얼마인지, 크레딧이 몇 개 소모되는지 확인할 수 있습니다. 영상 길이와 소모 예정 크레딧 개수를 확인한 후 [Generate]를 클릭합니다.

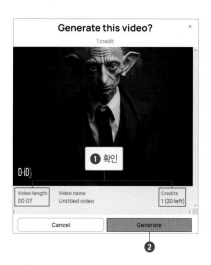

TIP ✦ 1 크레딧 당 최대 15초의 영상을 생성할 수 있습니다. 영상 길이가 16초가 될 경우 2 크레딧이 사용되는 것이죠. 따라서 가능하다면 1개의 크레딧을 최대한 사용할 수 있는 길이로 영상을 생성하는 것이 좋습니다.

5 잠시 기다리면 생성이 완료됩니다. 'Studio' 페이지의 Recent videos에서 영상을 확인할 수 있습니다. 클릭하여 재생하면 도비 이미지가 작성한 스크립트대로 입을 움직이며 말합니다. 이런 방식으로 나만의 버추얼 캐릭터를 만들어 활용할 수 있습니다.

TIP ✦ 무료 체험 기간에 생성된 영상에는 D-ID 로고 워터마크가 영상 전체에 삽입되어있습니다. Lite 플랜과 Pro 플랜 구독 시 영상 왼쪽 하단에만 워터마크가 삽입되며, Advanced 플랜을 구독하더라도 커스텀 워터마크가 삽입됩니다. AI로 생성된 '진짜 같은' 영상이 사람들에게 혼란을 줄 수 있으니, 유료 플랜을 구독하더라도 AI로 생성된 영상임을 증명하는 워터마크를 반드시 삽입하고 있는 것이죠.

이미지와 텍스트로
애니메이션 생성하기

· 미드저니 · Gen-2

✦ 최고의 영상 생성 AI 툴, Gen-2

Gen-2는 Runway에서 제공하는 영상 생성 AI 툴로, 이미지나 텍스트 프롬프트를 기반으로 영상을 만들 수 있습니다. 미드저니로 생성한 이미지를 업로드하면 이를 첫 번째 프레임으로 사용하여 애니메이션을 생성하는 것이죠. Gen-2는 엄청난 잠재력을 가지고 있는 툴입니다. Gen-2 덕분에 과거에는 컨셉 스케치, 디자인, 3D 모델링, 렌더링 등 광범위한 분야를 배우고 오랜 시간을 들여야 했던 작업을 매우 빠르게 수행할 수 있게 되었습니다.

TIP ✦ 이미지를 기반으로 영상을 만드는 것을 img2vid, 텍스트 프롬프트를 기반으로 영상을 만드는 것을 text2vid라고 부릅니다.

✦ Gen-2 활용하여 텍스트 기반의 영상 제작하기

1 Gen-2 홈페이지(research.runwayml.com/gen2)에 접속하여 [Try Gen-2 in Runway]를 클릭합니다. 대시보드가 등장하면 섬네일 중 [Text/Image to Video(Gen-2)]를 클릭합니다.

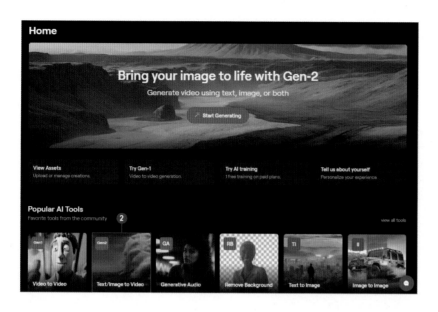

2 먼저 텍스트를 기반으로 영상을 제작해 봅시다. 좌측의 텍스트 프롬프트 입력 창을 클릭하고 다음과 같이 입력한 다음 [Generate 4s] 버튼을 클릭합니다. 잠시 기다리면 텍스트 프롬프트를 바탕으로 눈밭에 핀 장미 영상이 생성됩니다.

> a rose is blooming in the snow field, cinematic lighting, in the morning
> 눈밭에서 피어나고 있는 장미, 시네마틱 조명, 아침

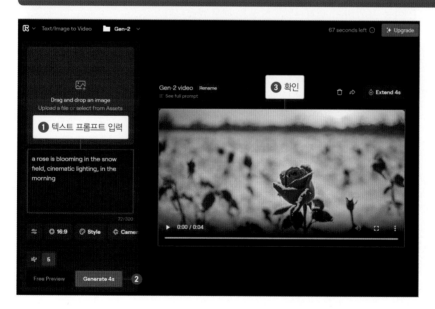

✦ 미드저니에서 생성한 이미지로 애니메이션 만들기

1 이번에는 미드저니에서 생성한 이미지를 애니메이션화 해 봅시다. 미드저니를 통해 인물이 등장하는 이미지를 준비한 다음 Gen-2 작업 창의 [Drag and drop an image]를 클릭하여 이미지를 업로드합니다.

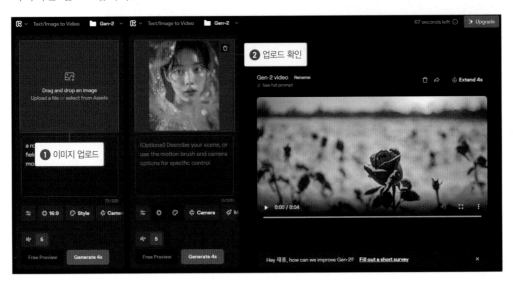

2 우선은 설정값을 변경하지 않고 [Generate 4s]를 클릭하여 영상을 생성합니다. 기본 설정값으로 영상을 생성하면 이미지 내의 요소들을 불규칙적으로 변경하기 때문에 다소 어색한 결과물이 나옵니다. 이를 보완하기 위해 세부 설정을 해보겠습니다.

3 ▪️을 클릭하면 설정 메뉴가 활성화됩니다. 설정 메뉴에서는 시드, 인터폴레이션, 업스케일, 워터마크 제거를 설정할 수 있습니다.

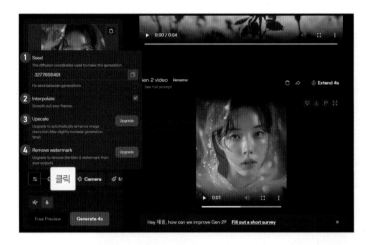

❶ **Seed(시드)**: 118쪽에서 다룬 미드저니의 시드와 거의 동일한 기능입니다. 경우의 수를 나타냅니다.

❷ **Interpolate(인터폴레이션)**: 프레임이 끊겨 보이는 것을 막기 위해 프레임과 프레임 사이를 부드럽게 연결합니다.

❸ **Upscale(업스케일)**: 결과물을 업스케일합니다.

❹ **Remove watermark(워터마크 제거)**: 결과물의 워터마크를 제거합니다. 특정 요금제를 구독하면 활성화됩니다.

4 ▪️ 5 버튼을 클릭하면 General Motion 설정 창이 활성화됩니다. 애니메이션의 강도를 조절하는 기능으로, 기본값은 5로 설정되어 있으며 범위는 1부터 10입니다. 값이 0에 가까울수록 이미지와 다름 없는 밋밋한 결과물이 나오고, 10에 가까울수록 영상의 왜곡 정도가 심해지므로 5~6 정도의 값을 권장합니다.

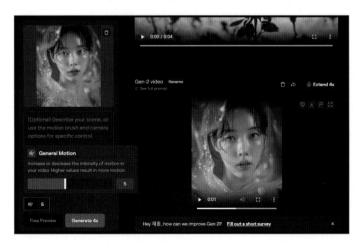

⑤ [Camera] 버튼을 클릭하면 카메라 모션 설정 창이 활성화됩니다. 카메라가 비디오 내에서 어떻게 움직일지 설정하는 기능으로, 우측에는 각각의 옵션이 어떻게 동작하는지 보여주는 예시 화면이 있습니다.

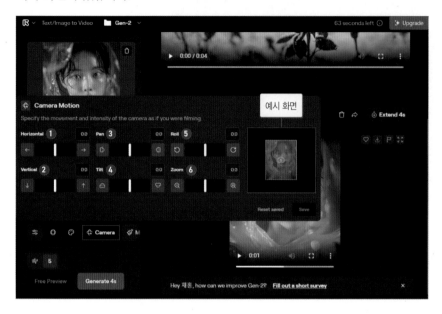

❶ **Horizontal:** 카메라가 좌우로 움직입니다.

❷ **Vertical:** 카메라가 상하로 움직입니다.

❸ **Pan:** 카메라가 좌우 방향으로 회전합니다.

❹ **Tilt:** 카메라가 상하 방향으로 회전합니다.

❺ **Roll:** 카메라가 시계 방향 또는 반시계 방향으로 회전합니다.

❻ **Zoom:** 줌 인 혹은 줌 아웃 합니다.

⑥ Motion Brush 버튼을 클릭하면 모션 브러시 설정 창이 활성화됩니다. 이미지의 특정 영역만 선택하여 애니메이션 효과를 주는 기능으로 영역을 선택하는 브러시와 지우개, 선택된 영역이 어떠한 방식으로 움직일 것인지를 정하는 세 개의 슬라이드가 있습니다.

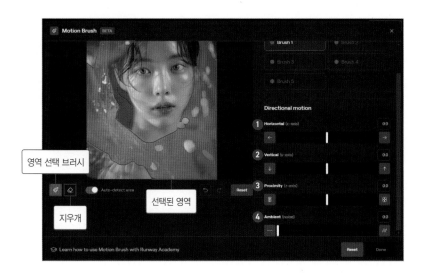

① **Horizontal(X축)**: 좌우의 움직임을 만듭니다.

② **Vertical(Y축)**: 상하의 움직임을 만듭니다.

③ **Proximity(Z축)**: 전후방의 움직임을 만듭니다.

④ **Ambient(배경)**: 안개와 구름 등의 자연스러운 배경 움직임을 만듭니다.

TIP ✦ 모션 브러시 도구는 애니메이션 AI 분야에서 현존하는 가장 강력한 도구입니다. 이미지의 각 요소를 인공지능이 자체적으로 해석하여 애니메이션을 부여하죠. 다만, 이러한 특성 때문에 단순한 움직임뿐만 아니라 조명의 밝기, 연기의 움직임 등이 불규칙적으로 생성됩니다. 달리 말하면 매 회차의 생성이 매우 불규칙하다는 것이며, 필연적으로 여러 번의 시행착오를 겪으며 결과물을 얻어 내야 한다는 것을 의미합니다.

7 세부 설정을 완료했다면 [Generate 4s]를 클릭합니다. 기본 설정으로 영상을 생성했을 때에 비해 상대적으로 매우 안정적인 결과물이 완성되었습니다.

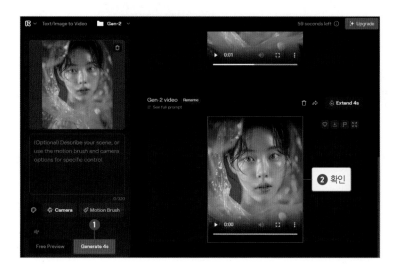

조명 추가하여
완성도 있는 이미지 만들기

• 미드저니 • Clipdrop

✦ 다양한 이미지 편집 기능을 제공하는 툴, Clipdrop

Clipdrop은 스테이블 디퓨전을 개발한 Stability AI의 AI 이미지 편집 툴입니다. 이미지의 특정 부분을 쉽게 제거하거나 편집할 수 있으며 클린업, 배경 제거, 이미지 업스케일, 리라이트(조명 추가) 등의 기능을 제공합니다.

✦ Clipdrop 활용하여 이미지에 조명 추가하기

1 Clipdrop 홈페이지(clipdrop.co/stable-diffusion)에 접속합니다. 메인 화면에는 Clipdrop에서 제공하는 다양한 서비스가 나열되어 있습니다. 스크롤을 내려 [Image edition]-[Relight]를 클릭합니다.

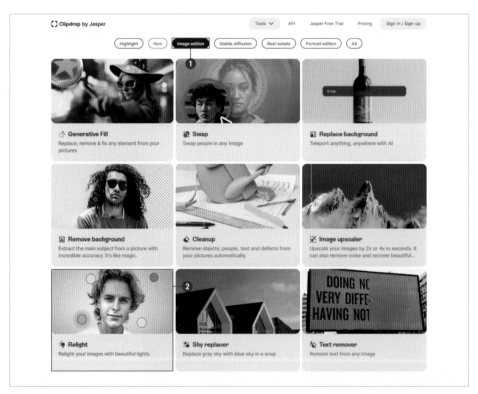

TIP ✦ 리라이트는 사진에 다양한 색상과 강도의 조명을 추가하여 사진의 분위기를 바꾸는 기능입니다.

268

2 리라이트(Relight) 작업 창이 나타나면 스크롤을 내려 'TRY AN EXAMPLE' 영역의 [Try with this example] 버튼을 클릭합니다. 이곳에서 여러 종류의 샘플을 직접 시연해볼 수 있습니다.

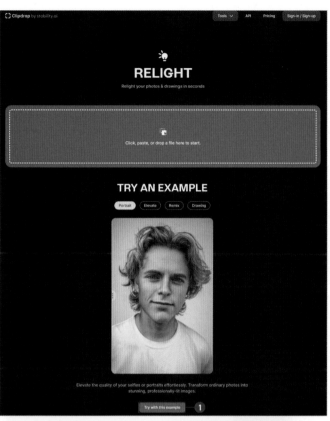

❷ 샘플 확인

3 좌측부터 [Preset], [Ambient], [Light 1], [Light 2], 그리고 [+ Light] 버튼이 있습니다. 각 버튼을 클릭하면 Color(색상), Power(강도), Distance(거리), Radius(광원의 크기) 등을 조절할 수 있는 슬라이드가 나타납니다. 이미지 위의 원형 아이콘을 드래그하여 조명의 위치를 바꿀 수 있습니다.

드래그하여 조명 위치 바꾸기

❶ **Preset:** 사전 설정된 조명으로 미리 설정된 값을 체험해볼 수 있습니다.

❷ **Ambient:** 앰비언트 라이트, 즉 주변광입니다. 특정한 방향으로 비추는 광원이 아닌 공간 전체에 고르게 퍼지는 빛이죠.

❸ **Light 1, 2:** 균등한 성질의 광원으로 세부적인 광원의 크기나 거리, 밝기와 색상 등을 직접 조절할 수 있습니다. [+ Light]를 클릭하여 추가할 수 있습니다.

TIP ✦ 조명은 하나의 앰비언트, 그리고 다수의 라이트로 구성되어 있습니다.

4 광원의 강도를 지나치게 올리거나 광원의 위치를 비현실적인 공간으로 옮기게 될 경우 화질이 손상될 수 있으니 주의해야 합니다. 이러한 부분을 고려하며 광원을 수정하면 조명을 보정하여 보다 완성도 있는 이미지를 만들 수 있습니다.

이미지에 모션 추가하기

• 미드저니 • LeiaPix

✦ 이미지에 간단한 움직임을 더하는 툴, LeiaPix

미드저니로 제작한 이미지에 아주 간단한 모션을 추가하면 어떻게 될까요? 보는 이의 시선을
잡아두어 기존의 이미지에 비해 조금 더 긴 시간동안 콘텐츠를 노출시킬 수 있습니다. 이때 유
용한 서비스가 바로 LeiaPix입니다. 이 서비스를 활용하면 미드저니를 통해 생성한 이미지에
애니메이션을 더하여 아주 간단하게 영상으로 변환할 수 있습니다.

✦ LeiaPix에 이미지 업로드하여 영상 만들기

1 LeiaPix(leiapix.com) 홈페이지에 접속하
여 회원가입과 로그인을 완료하면 바로 이미지
를 업로드할 수 있는 작업 화면으로 진입합니다.
[+Upload] 버튼을 클릭하고 원하는 이미지를 업로
드합니다.

TIP ✦ 가급적이면 인물이 중앙에 위치한 이미지가 좋습니다.

2 업로드가 완료되면 별도의 조작 없이 바로 이미지가 영상화되어 움직이기 시작합니다.

✦ 영상 컨트롤 세부 메뉴 알아보기

결과물 오른쪽에는 영상을 컨트롤하는 세부 메뉴가 있습니다. 하나씩 살펴봅시다.

1️⃣ Animation Style은 애니메이션의 종류를 선택하는 메뉴입니다. 기본적으로 Perspective 가 선택되어 있으며, 만들고자 하는 영상 스타일에 따라 선택하면 됩니다. 각 애니메이션 스타 일의 특징은 아래 내용을 참고하세요.

❶ **Loop:** 애니메이션을 무한 반복합니다.

❷ **Reverse:** 애니메이션을 역방향으로 재생합니다.

❸ **Vertical:** 카메라가 중앙의 피사체를 중심으로 위아래로 움직입니다.

❹ **Horizontal:** 카메라가 중앙의 피사체를 중심으로 좌우로 움직입니다.

❺ **Circle:** 카메라가 원형으로 움직입니다. 앞뒤로는 움직이지 않고 고정되어 있습니다.

❻ **Perspective:** 카메라가 상하좌우 모두 움직이며 원근감까지 부여하는 회전 애니메이션을 만듭니다.

❼ **Zoom:** 카메라가 줌 인과 줌 아웃을 반복합니다.

❽ **Dolly:** 카메라가 전후방으로 움직입니다.

❾ **Zoom Left, Center, Right:** 각각 좌측, 중앙, 우측 방향으로 줌 인 합니다.

❿ **Custom:** 카메라의 움직임을 세부적으로 조절합니다. X축은 좌우, Y축은 상하, Z축은 전후를 의미하며, 각 설정값을 조절하여 애니메이션의 회전, 직선 방향 등을 직접 설정할 수 있습니다.

2 Amount of Motion은 애니메이션 자체의 강도를 조절하는 메뉴입니다. 아주 미세한 움직임부터 격렬한 움직임까지 선택할 수 있습니다. 애니메이션의 강도가 지나치게 강하면 영상에 왜곡이 발생할 수도 있습니다.

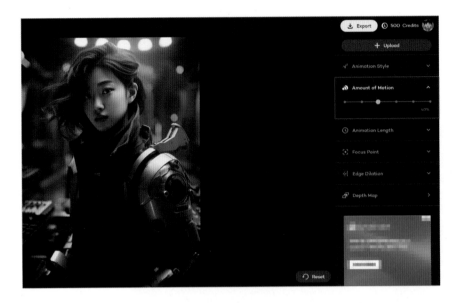

3 Animation Length는 단계 1 에서 선택한 애니메이션의 길이를 선택하는 메뉴입니다. 아주 빠르고 짧은 길이부터 설정할 수 있으며 가장 긴 길이는 약 10초 정도입니다.

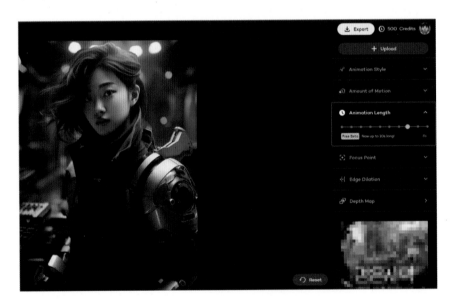

4 Focus Point는 애니메이션의 중심을 변경하는 메뉴입니다. LeiaPix에서 생성하는 애니메이션은 반복 또는 회전 운동을 하는데, 그 운동의 중심축을 가까이 혹은 멀게 조정하는 것이죠. 중심이 가까울수록 움직임의 폭이 작아지고 멀어질수록 커집니다.

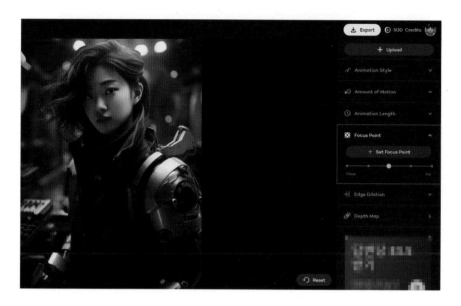

5 Edge Dilation은 중심 피사체의 가장자리를 조절하는 메뉴입니다. 3D 형태로 변환된 이미지는 다양한 각도에서 보았을 때 특정 영역의 가장자리에서 품질 저하나 왜곡이 발생할 수 있습니다. Edge Dilation으로 이미지의 가장자리를 인공적으로 확장하거나 줄이면 이러한 문제를 어느 정도 해결할 수 있습니다.

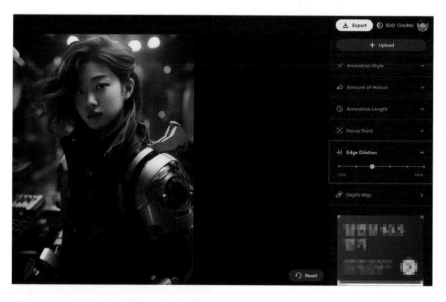

TIP ✦ Edge Dilation은 애니메이션의 일관된 품질을 유지해 주는 중요한 옵션이며 이미지 품질에 영향을 많이 주기 때문에 가급적이면 중앙값을 추천합니다.

6 Depth Map Brush는 LeiaPix에서 이미지를 영상화하는 원리인 Depth Map을 편집하는 메뉴입니다. Depth, Size, Hardness, Opacity 등 여러 옵션이 부가된 브러시 형태로, 업로드한 이미지로부터 기본적으로 추출된 Depth Map을 수정할 수 있습니다.

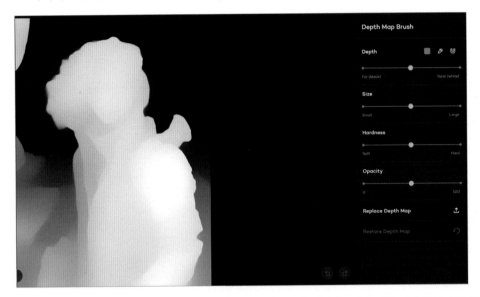

TIP ✦ Depth Map은 3차원 공간에서 개체의 멀고 가까운 정도를 2차원 형태의 그레이스케일 이미지로 표현한 것입니다. 간단히 말해서, 사물이 카메라로부터 얼마나 떨어져 있는지를 나타내는 것이죠. 각 픽셀의 명암은 사물이 카메라로부터 얼마나 멀리 있는지를 나타냅니다. 일반적으로 값이 밝을수록 카메라에 더 가까이 있고 값이 어두울수록 더 멀리 있음을 의미합니다. Adobe 애프터 이펙트 등 다른 소프트웨어에서도 일반적으로 사용되며, 컴퓨터 비전, 3D 모델링, 가상 현실, 로봇 공학, 군사 분야 등 다양한 분야에서 사용됩니다.

7 애니메이션 설정이 완료되었다면 [Export] 버튼을 클릭하여 영상을 추출하고 다운로드합니다. 원본 크기의 mp4 확장자 영상을 하나 다운로드 받는데 50 크레딧이 소모됩니다.

TIP ✦ LeiaPix는 최초 회원 가입 시 300 크레딧이 무료로 주어집니다.

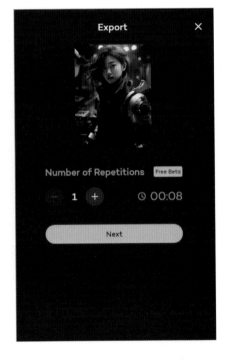

내 목소리를 학습한
AI로 음성 파일 만들기

· 챗GPT · ElevenLabs

✦ 음성 생성 AI 툴, ElevenLabs

ElevenLabs는 다양한 언어의 성우가 스크립트를 읽어주는 Text to Speech 기능과 AI 더빙 등으로 유명한 음성 생성 AI 툴입니다. 내 목소리를 학습시킬 수 있는 음성 학습(Voice Cloning) 기능도 많이 사용되고 있죠. 대부분의 음성 생성 AI 서비스들이 영어 화자에 초점이 맞추어져 있는 반면, ElevenLabs의 음성 학습(Voice Cloning)은 한국어를 지원합니다. 1~2분 정도의 녹음 파일만 있다면 내가 직접 말하지 않아도 내 목소리로 스크립트를 읽는 음성 파일을 만들 수 있어요. 여기에 챗GPT를 함께 사용하면 스크립트 작성까지 도움을 받을 수 있습니다.

TIP ✦ D-ID에서 만든 버추얼 캐릭터에 음성을 추가하여 말하는 아바타 영상을 만들거나 영상에 삽입할 나레이션 파일을 제작할 때 사용하면 유용하겠죠?

✦ 챗GPT로 스크립트 작성하기

먼저 챗GPT에게 스크립트 작성을 요청합니다. 스크립트가 이미 있다면 이 단계는 건너뛰어도 좋습니다.

> **Q** 챗GPT를 소개하는 아바타 영상을 만들고 싶어. 스크립트를 300자 이내로 작성해줘.
>
> 네, 챗GPT를 소개하는 아바타 영상 스크립트는 다음과 같습니다.
>
> 안녕하세요! 저는 ChatGPT, 여러분의 지식 탐험가입니다. 인공지능 기술로 여러분의 모든 질문에 답하고, 창의적인 아이디어를 제공합니다. 궁금한 것이 있다면 언제든지 물어보세요. 새로운 지식의 세계로 안내해드릴게요. ChatGPT와 함께라면 지식 탐색이 더 쉽고 재미있어집니다!

✦ ElevenLabs 회원가입 후 구독하기

1 ElevenLabs 기능을 사용하려면 회원가입과 유료 구독이 필요합니다. ElevenLabs 홈페이지(elevenlabs.io)에 접속하여 [Sign up]을 클릭한 다음 회원가입을 진행합니다.

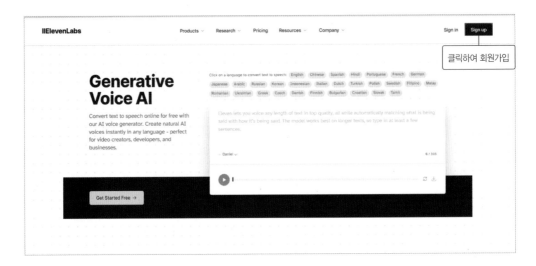

2 회원가입과 로그인을 완료한 다음, 좌측 메뉴의 [Subscription(구독)]을 클릭합니다. 음성 학습 기능은 가장 낮은 요금제인 Starter부터 지원합니다. Starter 요금제의 [Subscribe] 버튼을 클릭한 후 결제를 진행합니다.

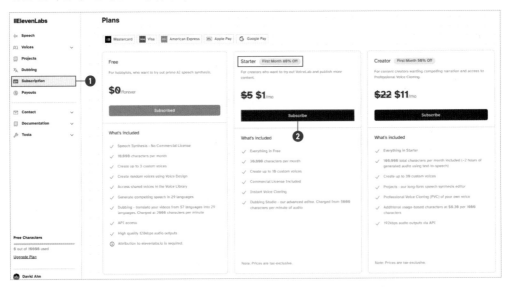

✦ ElevenLabs로 음성 학습하기

1️⃣ 이제 본격적으로 음성 학습(Voice Cloning) 기능을 사용해 봅시다. 상단 메뉴 중 [Voices]–[Create]를 클릭한 다음 Add Generative or Cloned Voice의 [+] 버튼을 클릭합니다.

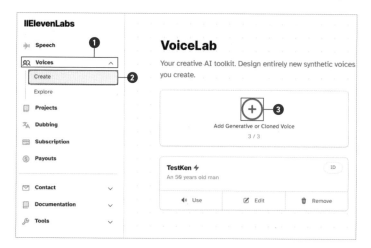

2️⃣ 어떤 방식으로 음성을 만들 것인지 선택하는 팝업 창이 나타납니다. 사용자의 목소리를 학습하여 주어진 스크립트를 읽는 음성 파일을 생성하는 [Instant Voice Cloning] 기능을 선택합니다.

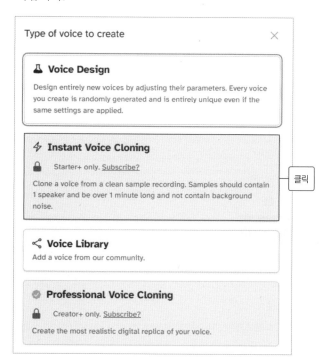

TIP ✦ Voice Design은 연령, 성별, 억양 등 선택한 매개 변수에 따라 아예 새로운 목소리를 디자인하는 기능이며, Instant Voice Cloning은 내 목소리나 특정인의 목소리를 학습한 음성을 추가하는 기능입니다. Voice Design을 사용해 만든 음성은 Voice Library에서 불러올 수 있습니다.

3 'Add Voice' 팝업 창에 학습시키고자 하는 음성 파일을 업로드하고 정보를 작성합니다. Name에 이름을 적고 그 아래 점선 박스에 녹음한 파일을 드래그 앤 드롭하여 업로드합니다. Labels에는 업로드한 음성 파일의 화자 정보를, Description에는 추가 정보를 입력합니다. 이용 약관에 동의한 후 [Add Voice] 버튼을 클릭합니다.

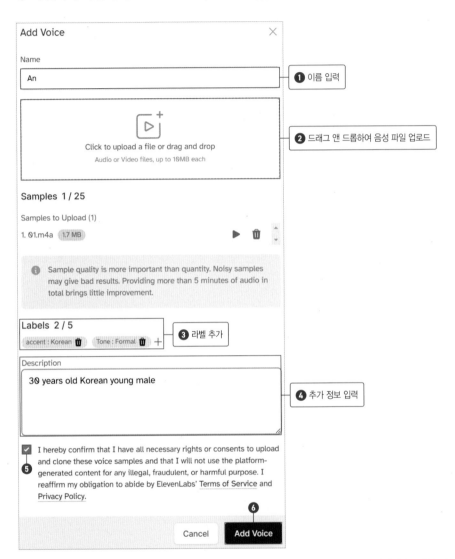

TIP ✦ 녹음 파일은 1~2분 길이가 적당하며 배경 소음이 적고 목소리가 선명하게 녹음된 파일일수록 학습이 잘 됩니다.

TIP ✦ Labels에 입력할 수 있는 정보는 다음과 같습니다.

• Gender(성별): Male(남성), Female(여성), Neutral(중성)

• Age(나이): Young Adult(청년), Adult(성인), Senior(노인)

• Accent(악센트): American(미국인), British(영국인), Korean(한국인), Chinese(중국인), Japanese(일본인)

• Emotion(감정): Neutral(뉴트럴한), Happy(행복한), Sad(슬픈), Angry(화난), Scared(겁에 질린), Excited(신난)

• Tone(톤): Formal(격식을 차린), Casual(캐주얼한), Friendly(친근한), Serious(심각한)

• Style(스타일): Newscaster(뉴스캐스터), Singer(가수), Actor(배우), Radio DJ(라디오 DJ)

4 잠시 기다리면 VoiceLab에 AI로 학습시킨 음성이 추가됩니다. 추가된 음성을 사용하기 위해 [Use] 버튼을 클릭합니다.

5 Speech Synthesis(음성 합성) 창이 나타나면 챗GPT로 생성한 스크립트를 'Text'에 입력한 뒤 [Generate] 버튼을 클릭하여 음성을 생성합니다. 잠시 기다리면 학습된 목소리로 스크립트를 읽는 음성 파일이 생성되며 화면 하단에 재생 바가 나타납니다. 결과물이 마음에 든다면 재생 바 오른쪽의 ⬇ 버튼을 클릭하여 음성 파일을 다운로드합니다.

TIP ✦ ElevenLabs의 음성 합성 기능은 아직 감정이나 발음을 미세하게 조정하는 데 부족함이 있습니다. 따라서 마음에 드는 결과물을 얻기 위해 여러 번 재생성해야 하는 경우도 있습니다.

TIP ✦ 생성한 음성 파일을 298쪽에서 다룰 Adobe Enhance Speech로 다듬으면 녹음실 퀄리티로 한층 업그레이드할 수 있습니다.

CHAPTER 10

다양한 AI 툴 활용하기

이번 챕터에서는 다양한 AI 툴과 그 사용 방법을 다룹니다. 대표적인 영상 생성 AI 툴 Gen-1, 실시간 AI 툴 Krea.ai, 다양한 언어로 이미지를 생성해 주는 파이어플라이, 음성 녹음 파일을 개선하는 Enhance Speech, 특정 이미지와 유사한 이미지를 생성하는 Synthesys X 등을 상세히 알아봅시다.

영상에 스타일 적용하기

· Gen-1

✦ 독특한 영상을 만들어 내는 영상 편집 툴, Gen-1

Gen-1은 Gen-2과 마찬가지로 Runway에서 서비스하고 있는 영상 편집 AI 툴로, 다양한 스타일과 효과를 적용하여 창의적이고 독특한 시각적 작품을 만들 수 있게 해줍니다. 이 서비스의 핵심은 AI가 제공하는 강력한 스타일링 기능으로, 참조 이미지나 사전 설정(프리셋)을 사용하여 내 영상에 원하는 스타일을 쉽게 적용할 수 있습니다. 예를 들어, 평범한 영상을 유명한 화가의 그림 스타일로 변환하거나 새로운 시각적 효과를 적용하는 것이죠. 프로세스가 간단하기 때문에 초보자도 자신만의 독특한 영상을 손쉽게 만들 수 있습니다.

▲ 원본 영상

▲ Gen-1을 활용하여 상자를 빌딩으로 바꾼 영상

▲ Gen-1을 활용하여 배경까지 도시 느낌으로 바꾼 영상

소규모 스튜디오와 개인 창작자들은 Gen-1의 스타일링 기능을 활용하여 예산 문제로 시도해 보지 못했던 다양한 작업물을 만들 수 있습니다. 완벽한 재료를 준비할 필요가 없기 때문에 작은 상자들을 테이블 위에 놓고 빌딩으로 바꾼다거나, 파이널 렌더링을 진행하지 않은 상태의 3D 모델링 등을 바탕으로 결과물을 만들어 낼 수 있죠.

TIP ✦ Gen-2와 달리 Gen-1은 별도의 원본 영상이 필요합니다. 원본 영상으로 또 다른 영상을 만들어 내기 때문에 Video2video라고 불립니다.

✦ 샘플 영상에 사전 설정 스타일(프리셋) 적용하기

1 262쪽 과정을 참고하여 대시보드로 이동합니다. 섬네일 버튼 중 [Video to Video(Gen-1)]를 클릭하면 작업 공간이 나타납니다. 이곳에 영상 파일을 드래그 앤 드롭하거나 업로드할 수 있습니다. 먼저 샘플 영상을 변환해 보겠습니다. 좌측 하단의 [Demo Assets]를 더블 클릭하고 가장 왼쪽 영상을 더블 클릭합니다.

2 샘플 영상이 크게 활성화됩니다. 이 영상에 프리셋 스타일을 적용해 봅시다. 우측 메뉴 중 [Presets]를 클릭하면 24가지 사전 설정 스타일이 나타납니다. 스크롤을 내려 [Sci-fi] 스타일을 클릭합니다.

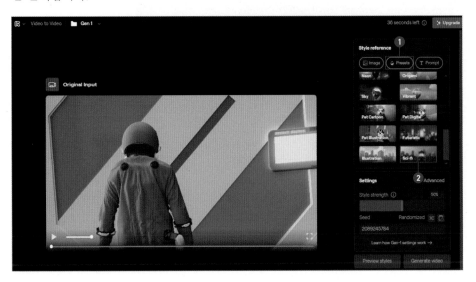

TIP ✦ Gen-1의 인터페이스와 프로세스는 Gen-2과 유사합니다. 다만 Gen-2과 달리 Gen-1에서는 미리보기를 지원하며, Gen-2에 비해 생성 시간이 더 짧습니다.

TIP ✦ 프리셋(Preset)이란 사용자가 서비스를 쉽게 이용할 수 있도록 기업 측에서 미리 설정해 둔 옵션입니다. 간단한 클릭만으로 사용할 수 있어서 편리하죠.

3 Preview styles와 Generate video 버튼이 활성화됩니다. 크레딧을 소모하지 않는 미리보기 기능인 [Preview styles] 버튼을 클릭합니다. 아래에 네 개의 미리보기가 나타납니다.

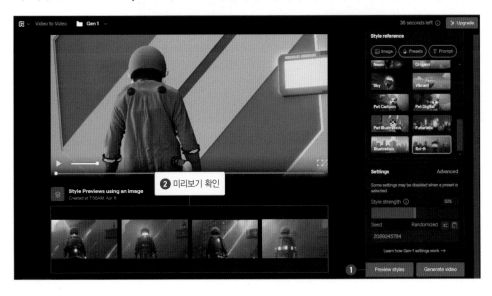

285

4 미리보기 중 마음에 드는 것을 클릭하거나 [Generate video] 버튼을 클릭하여 영상을 생성합니다. 영상 생성에는 약 1분 정도의 시간이 소요됩니다.

5 원본 영상을 바탕으로 새롭게 탈바꿈된 결과물이 완성되었습니다. 완성된 영상을 재생해 보면 원본 영상과 동일한 구성의 움직임과 구도를 확인할 수 있습니다.

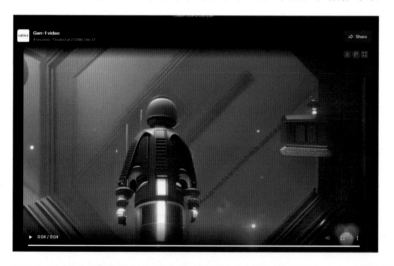

TIP ✦ 결과물이 마음에 들지 않는다면 새롭게 생성하거나 우측 메뉴의 Style strength 옵션을 통해 스타일의 반영 정도를 조절할 수 있습니다.

✦ 특정 이미지를 기반으로 한 스타일 적용하기

1 이번에는 미드저니로 생성한 이미지를 업로드하여 스타일을 적용해 봅시다. 이미지를 직접 사용하여 새로운 영상을 만드는 것이 아니라 이미지의 스타일을 영상에 반영하는 것을 의미합니다. 우측 상단의 [Image] 버튼을 클릭하여 이미지를 업로드합니다.

2 마찬가지로 [Preview styles]를 클릭하여 미리보기를 확인하고 영상을 생성합니다. 업로드한 이미지의 붉은 특성이 잘 반영된 영상이 완성되었습니다.

✦ 텍스트 프롬프트로 스타일 적용하기

마지막으로 텍스트 프롬프트를 통해 스타일을 적용해 봅시다. 우측 상단의 [Prompt]를 클릭하여 프롬프트 입력 창을 활성화합니다. 프롬프트를 입력하고 잠시 기다리면 결과물이 나타납니다. 입력한 대로 스타일이 적용된 것을 확인할 수 있습니다.

실시간 AI 아트 툴로
아이디어 시각화하기

• Krea AI

✦ 다양한 방법으로 시각적 콘텐츠를 생성하는 툴, Krea AI

Krea AI는 실시간으로 AI 아트를 만들 수 있는 툴로, 디자인과 창작 과정을 간소화하고 빠르고 효율적으로 아이디어를 시각화할 수 있게 도와줍니다. 아주 간단한 인터페이스를 통해 고품질의 시각적 콘텐츠를 쉽게 만들 수 있다는 점이 특징이며, 다양한 방법론을 통해 창의적인 결과물을 만들 수 있으므로 예술가들에게 특히나 유용한 툴입니다.

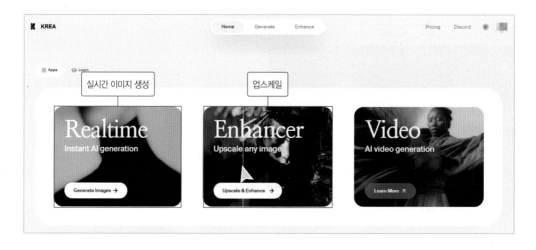

Krea AI는 실시간 이미지 생성과 업스케일 기능을 제공합니다. 실시간 이미지 생성 기능은 사용자가 입력한 프롬프트를 바탕으로 이미지를 생성하는 text2img, 이미지를 통해 이미지를 생성하는 img2img, 컴퓨터 화면을 바탕으로 이미지를 생성하는 screen2img, 웹캠이나 카메라를 바탕으로 이미지를 실시간으로 생성하는 camera2img까지 지원하고 있습니다. 또, 사각형이나 원과 같이 다양한 도형을 사용하여 이미지를 조작하거나 페인트 브러시 기능을 사용하여 효과와 디자인을 직접 그려 만들 수 있죠.

Krea AI의 업스케일은 조금 특별합니다. 다른 업스케일 서비스들은 기존 이미지에 디테일을 추가하는 방식으로 작동하기 때문에 때로는 이질감을 느끼게 하는 부정확한 요소들을 만들거나 색의 변형이 발생하기도 합니다. 하지만 Krea AI는 기존 이미지를 기반으로 최대한 유사하게 재생성하는 방식으로 업스케일을 하기 때문에 비교적 깔끔한 결과물을 생성합니다.

TIP ✦ Krea AI는 포토샵과 일러스트레이터, 기타 3D 프로그램 등 외부 소프트웨어와 연동하여 사용할 수 있습니다.

Krea AI로 실시간 이미지 생성하기

 Krea AI 홈페이지(krea.ai)에 접속한 다음 메인 화면 Realtime의 [Generate Images] 버튼을 클릭하면 실시간 생성 기능을 사용할 수 있습니다. 단순한 도형의 조합을 통해서 이미지를 실시간으로 생성할 수 있죠.

 좌측 메뉴를 살펴봅시다. Text2Img는 미드저니나 스테이블 디퓨전처럼 텍스트 프롬프트를 통해 이미지를 생성하는 기능입니다. 버튼을 클릭하면 이미지 생성 영역이 등장하고, 하단에 프롬프트를 입력할 수 있는 창이 나타납니다.

3 두 번째 메뉴는 Img2Img 입니다. 단계 1 에서 소개했던 도형의 조합으로 이미지를 생성할 수 있고, 내가 가진 이미지를 바탕으로 새로운 이미지를 생성할 수도 있습니다. 프롬프트 입력 창 우측의 슬라이드를 조절하여 원본과 얼마나 가깝게 생성할지 정할 수도 있죠. 또한 브러시로 직접 그려서 원하는 위치에 원하는 색상의 요소를 추가할 수도 있습니다.

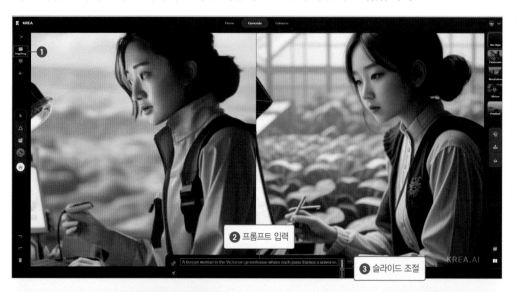

TIP ✦ 브러시를 사용할 경우 태블릿을 연결하여 작업하면 더욱 편리합니다.

④ 다음 메뉴는 Screen2Img 입니다. 사용자가 현재 보고 있는 화면을 이미지로 변환하는 기능입니다. 웹 브라우저를 띄워두었다면 해당 웹 브라우저의 화면을 기반으로, 모든 창을 닫고 바탕화면만 띄워두었다면 바탕화면과 아이콘을 기반으로 새로운 이미지를 생성합니다. 아래 예시를 보면, 필자의 인스타그램 화면이 우측의 사진으로 변환된 것을 확인할 수 있습니다.

⑤ 마지막 메뉴는 Camera2img입니다. 웹캠이나 카메라에 비친 화면을 기반으로 실시간으로 이미지를 생성하는 기능이죠. [Camera] 버튼을 클릭하면 실시간으로 이미지가 변화되는 것을 볼 수 있습니다.

TIP ✦ 우측 메뉴에서는 스타일을 지정할 수 있습니다. 스타일은 총 다섯 가지로 Default(기본), Portrait(인물초상), Concept(컨셉아트), CGI(컴퓨터그래픽), Cartoon(카툰) 입니다. 원본 이미지 또는 프롬프트와 연관성이 높을수록 더 원활하게 생성됩니다. 스타일 아래에는 Quick Enhance(빠른 개선), Download Image(이미지 다운로드), Send to Enhance & Upscale(업스케일 창으로 이미지 보내기) 버튼이 있습니다.

✦ Krea AI로 이미지 업스케일하기

1 Krea AI 메인 화면 Enhancer의 [Upscale & Enhance] 버튼을 클릭합니다.

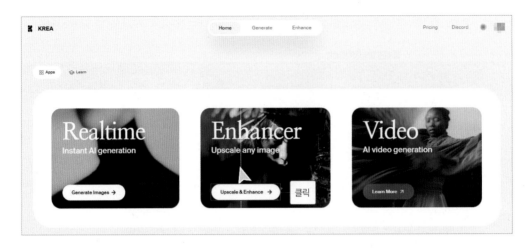

2 이미지 업스케일 작업 화면이 나타나면 원하는 이미지를 업로드합니다. 화면 우측에 원본 이미지와 이를 조절할 수 있는 옵션들이 나타납니다.

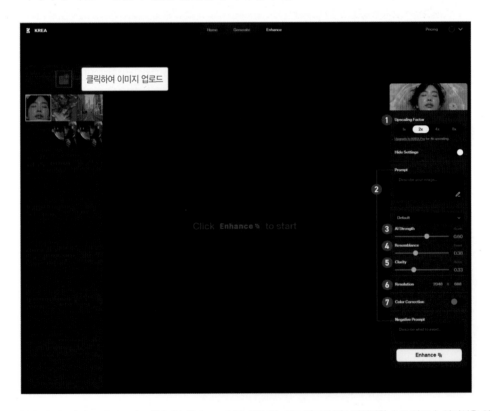

> **TIP** ✦ Real-time Generation의 Quick Enhance(빠른 개선) 기능으로 빠르게 업스케일링할 수도 있으나, 안정성을 위해 가급적 Upscale & Enhance 메뉴에서 이미지 품질을 개선시키는 것을 추천합니다.

① **Upscaling Factor:** 이미지를 얼마나 업스케일링 할지 설정합니다. 기본값은 2로 설정되어 있으며, 이미지를 2배 크기로 키운다는 것을 의미합니다.

② **Prompt/Negative Prompt:** 프롬프트와 네거티브 프롬프트를 입력합니다. 공란으로 비워 놓아도 무방하며 필요시 입력합니다.

③ **AI Strength:** AI가 결과물에 미치는 영향력을 설정합니다. 값이 작을수록 원본 이미지와 유사한 결과물이 나옵니다.

④ **Resemblance:** 원본과의 유사도를 설정합니다. 값이 높을수록 원본과 최대한 비슷하게 표현됩니다만, 색상 등에서 왜곡 현상이 발생할 수 있습니다.

⑤ **Clarity:** 이미지를 어느 정도로 선명하게 표현할지 설정합니다. 지나치게 높은 값은 노이즈나 왜곡을 발생시킬 수 있습니다.

⑥ **Resolution:** 이미지의 가로세로 크기를 숫자로 직접 입력합니다. 최대 2048 픽셀까지만 지원하고 있습니다.

⑦ **Color Correction:** 색상을 자동으로 보정합니다.

3 옵션을 모두 설정했다면 [Enhance] 버튼을 클릭하여 업스케일을 진행합니다. 업스케일은 약 2~3분 정도가 소요됩니다. 업스케일이 완료되면 결과 이미지를 확인할 수 있고, 중앙의 흰색 선을 좌우로 드래그하여 전후 이미지를 비교할 수 있습니다.

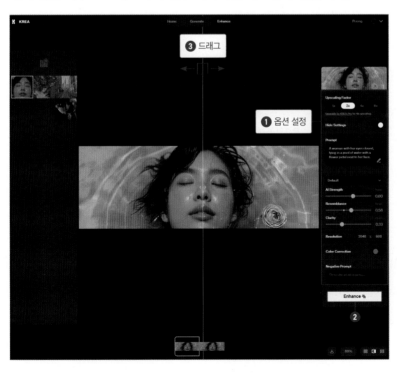

한국어로 이미지 생성하기

• 파이어플라이

✦ 다양한 언어를 지원하는 서비스, 파이어플라이

이미지 생성 AI를 사용할 때 가장 큰 난제는 영어로 프롬프트를 입력해야 한다는 점입니다. 챗
GPT를 사용하여 한국어를 영어로 번역하거나 DeepL(deepl.com/translator)이라는 번역 AI
를 사용할 수도 있지만, 처음부터 한국어로 이미지를 생성한다면 훨씬 편리하겠지요?

포토샵과 일러스트레이터의 개발사인 Adobe에서도 '파이어플라이(Firefly)'라는 생성형 AI를
출시했습니다. 가장 큰 특징은 텍스트 프롬프트 작성 시 한국어를 포함한 100여 개 언어를 지
원한다는 점입니다. 파이어플라이를 활용하면 한국어로도 이미지를 생성할 수 있으며, 간단한
마우스 클릭만으로 스타일을 설정할 수 있습니다.

TIP ✦ 수많은 이미지 생성 AI는 각각의 장단점이 있으며, 나와 잘 맞는 서비스를 찾는 것이 무엇보다 중요합니다. 파이어플
라이의 경우, 한국어 사용자 친화적인 서비스를 찾는 분들께 안성맞춤인 AI입니다.

✦ 파이어플라이 활용하여 한국어로 이미지 생성하기

1 파이어플라이에서 이미지를 생성하려면 로그인을 해야합니다. 파이어플라이 홈페이지
(firefly.adobe.com)에 접속하여 회원가입 후 로그인을 진행합니다.

2 회원가입 및 로그인을 완료했다면 '텍스트를 이미지로' 메뉴의 [생성하기]를 클릭합니다.

3 텍스트 프롬프트를 입력할 수 있는 창이 나타납니다. 한국어로 프롬프트를 입력해 봅시다. 여기서는 '식물이 가득한 아늑한 거실, 인테리어 디자인'이라고 삭성했습니다. [생성하기] 버튼을 클릭하고 잠시 기다리면 이미지가 생성됩니다.

4 왼쪽 패널에서 결과물의 종횡비와 스타일을 지정할 수 있습니다. 스타일 예시 이미지를 참고하여 원하는 스타일을 선택합니다. 여기서는 종횡비는 [16:9]로, 콘텐츠 유형은 [사진]으로, 색상 및 톤은 [금색], 조명은 [골든 아워]를 선택했습니다. 설정이 끝났다면 다시 [생성하기] 버튼을 클릭합니다.

TIP ✦ '금색' 효과는 이미지의 전체적인 톤을, '골든 아워' 효과는 조명을 바꿔줍니다. 종횡비와 콘텐츠 유형 설정 창은 295쪽 마지막 이미지를 참고하세요.

5 지정한 스타일에 따라 사진 이미지가 생성되었습니다.

6 생성된 결과물을 저장해 봅시다. 이미지 위에 마우스 커서를 올려두면 옵션 메뉴가 나타납니다. [다운로드]를 클릭합니다.

TIP ✦ 파이어플라이를 무료로 사용할 경우 결과물 왼쪽 하단에 'Adobe Firefly'라는 워터마크가 표시됩니다. 워터마크를 제거하려면 유료 구독이 필요합니다. 워터마크가 표시되더라도 파이어플라이로 생성된 이미지는 상업적인 용도로 사용할 수 있으니, 참고하여 구독 여부를 결정하면 됩니다.

녹음실 퀄리티로
음성 파일 다듬기

• Enhance Speech

✦ 음성 파일을 다듬어 주는 서비스, Enhance Speech

핸드폰으로 음성을 녹음하면 항상 잡음이 섞이고 다듬어지지 않은 느낌이 듭니다. 녹음실에서 좋은 마이크로 녹음한다면 훨씬 더 나은 퀄리티의 음성 파일을 얻을 수 있지만, 그런 환경을 마련하기란 쉽지 않죠. 이럴 때 유용한 서비스가 있습니다. 핸드폰으로 녹음한 음성 파일도 마치 녹음실에서 녹음한 것처럼 다듬어주는 Adobe의 Enhance Speech입니다.

TIP ✦ 직접 녹음한 파일 혹은 ElevenLabs에서 생성한 음성 파일을 Adobe Enhance Speech에서 다듬은 뒤 사용하거나, 다듬은 음성 파일을 D-ID에 업로드하여 말하는 아바타 영상을 제작할 수도 있습니다. 이처럼 여러 AI 툴을 결합하면 퀄리티 면에서 차별화된 콘텐츠 제작이 가능합니다.

✦ Enhance Speech 활용하여 음성 파일 다듬기

1 Adobe Podcast 홈페이지(podcast.adobe.com)에 접속하여 회원가입과 로그인을 완료한 다음 메인 페이지의 [Enhance Speech]를 클릭합니다.

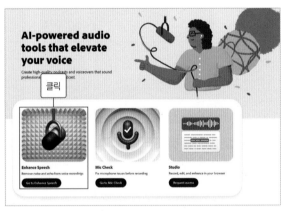

2 Enhance Speech 작업 화면이 나타납니다. 사각형 점선 박스에 음성 파일을 드래그 앤 드롭하거나 [Choose files] 버튼을 클릭하여 업로드합니다.

TIP ✦ 업로드 가능한 파일 형식은 .wav, .mp3, .aac, .flac, .ogg 입니다.

3 잠시 기다리면 Enhance Speech가 적용된 결과물이 나타납니다. [재생(▷)] 버튼을 클릭하면 적용 전후를 비교하여 미리 들어볼 수 있습니다. 확인 후 [Download] 버튼을 클릭하여 저장합니다.

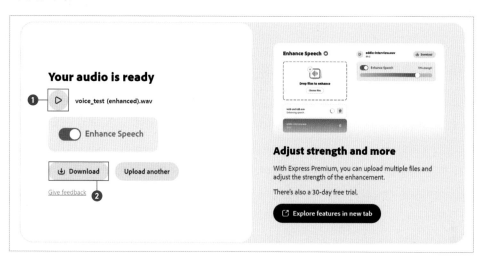

잠깐만요

Adobe Enhance Speech의 구독 모델

Adobe Enhance Speech를 유료 구독하면 한 번에 여러 파일을 업로드하여 일괄 변환할 수 있으며, Enhance Speech 적용 강도를 조절할 수 있습니다. 무료 구독 시 1회당 음성 파일 길이는 최대 30분(최대 500MB)으로 제한되며 하루 최대 1시간까지 음성 파일을 변환할 수 있습니다. 또, Adobe 유료 구독을 하고 있다면 Adobe Enhance Speech가 구독 중인 플랜에 이미 포함되어 있는 경우도 있으니 꼭 확인해 보세요.

특정 이미지와 유사한 이미지 생성하기

• Synthesys X

✦ 이미지로 새로운 이미지를 생성하는 툴, Synthesys X

텍스트 프롬프트 작성이 어렵다면 내가 만들고자 하는 이미지와 유사한 참고 이미지를 기반으로 새로운 이미지를 생성하는 방법도 있습니다. 여러 서비스가 있지만 그중 가장 대표적인 것이 크롬 브라우저의 확장 프로그램인 Synthesys X입니다. Synthesys X는 구글 이미지 검색 결과에서 바로 사용할 수 있으며, 원하는 이미지를 텍스트로 묘사할 필요 없이 참고 이미지를 통해 바로 이미지를 생성하기 때문에 사용성이 좋습니다.

1 구글 검색 창에 [Synthesys X]를 검색한 다음 첫 번째 검색 결과를 클릭하여 크롬 웹 스토어로 이동합니다. [Chrome에 추가] 버튼을 클릭하여 확장 프로그램을 설치합니다.

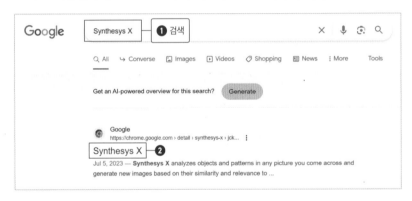

2 주소 표시줄에 Synthesys X의 로고가 나타나면 성공적으로 설치된 것입니다. 이제 참고 이미지를 찾아봅시다. 여기서는 상업용 이미지를 무료로 제공하는 사이트인 Unsplash(unsplash.com)에 접속했습니다.

3 생성하고자 하는 이미지와 유사한 이미지 위에 마우스 커서를 올려두고 우클릭합니다. 메뉴 중 [Revisualize this image]를 클릭하면 화면 오른쪽에 Synthesys X 창이 활성화되고, 참고 이미지를 바탕으로 생성된 두 장의 결과물을 확인할 수 있습니다. 마음에 드는 이미지가 없다면 [Try Again]을 클릭하여 이미지를 재생성합니다.

4 생성된 결과물 중 마음에 드는 것에 마우스 커서를 올려두면 [Download] 버튼이 활성화
됩니다. 버튼을 클릭하여 이미지를 저장합니다.

잠깐만요

Synthesys X의 구독 모델

Synthesys X를 무료로 사용할 경우 한 달에 총 50장의 이미지를 생성할 수 있습니다. Synthesys X는 1회당 2장의 이미
지를 생성하기 때문에 생성 횟수는 한 달에 25회가 주어지는 것이지요. 생성 횟수는 메뉴(▤)를 클릭하여 확인 가능합
니다. 아래 예시를 살펴보면 20 out of 25/mo, 즉 이번 달은 20회가 남아있다는 뜻입니다. 생성 횟수를 모두 소진하면
유료 구독을 하거나 다음 달까지 기다려야합니다. 유료 구독을 하면 최대 2K 고화질 이미지 생성 등 다양한 부가 기능
이 제공됩니다.

AI 음악 생성하기

• SOUNDRAW

✦ 비전공자도 음악을 만들 수 있는 서비스, SOUNDRAW

SOUNDRAW는 AI를 활용해 누구나 직접 음악을 만들 수 있는 서비스입니다. 영상 콘텐츠 제작자에게 특히 유용하며, 원하는 스타일과 분위기에 맞춰 개인화된 음악을 생성할 수 있습니다. 기존의 유사 서비스들은 마음에 드는 곡을 찾더라도 길이가 맞지 않거나 특정 부분의 구성 때문에 선택을 포기해야 하는 경우가 많았습니다. 하지만 SOUNDRAW는 그러한 지점을 AI를 통해 즉각 수정할 수 있게 함으로써 음원 선택 과정을 간소화하면서도 사용자에게 통제력을 제공합니다.

✦ SOUNDRAW로 AI 음악 생성하기

1 SOUNDRAW 홈페이지(soundraw.io)에 접속하여 회원가입을 진행하고 로그인합니다. [Try it for free]를 클릭하여 본격적인 음악 제작에 들어갑니다.

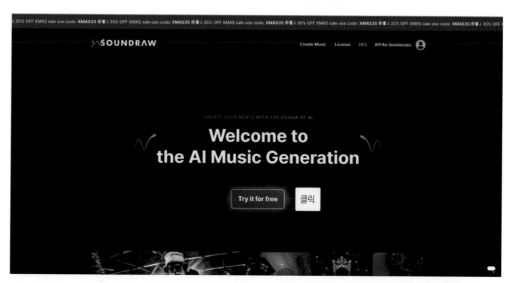

2　음원 생성 화면이 나타납니다. 음원의 길이와 템포를 설정한 다음 원하는 테마, 분위기, 장르 중 하나를 선택합니다. 가령, 시네마틱 테마를 선택하면 웅장한 느낌의 음악이 생성되고 엠비언트 장르를 선택하면 조용한 분위기의 감성적인 음악이 생성되는 식입니다. 장르를 선택하면 본격적으로 음원이 생성됩니다.

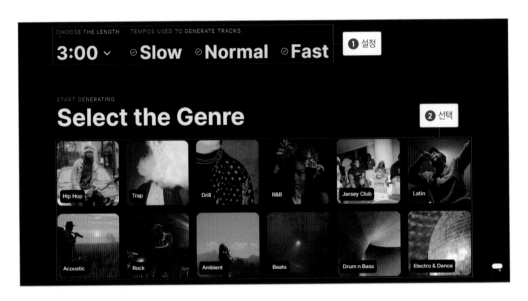

3　선택한 옵션을 바탕으로 음원이 생성되었습니다. 필요에 따라 상단 탭을 통해 장르, 분위기, 테마를 수정할 수 있습니다.

TIP ✦ 분위기, 장르, 테마를 적절하게 선택하면 영상의 분위기와 잘 어울리는 음악을 제작할 수 있습니다.

4 상단 메뉴를 통해 길이, 템포, 악기 등을 수정할 수도 있습니다. 원하는 악기를 선택하거나 제외하여 곡의 톤과 스타일을 결정합니다.

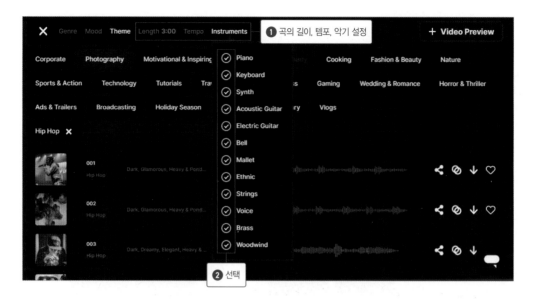

5 음원을 클릭하면 곡의 부분별 강약, 길이와 템포를 조절할 수 있습니다. 해당 음원을 특정 영상에 사용하려고 한다면 여기서 음원 길이를 설정하면 됩니다. 각 섹션의 강도를 미세 조정할 수 있으며, 드럼을 제거하거나 베이스를 강화하는 식의 조정 또한 가능합니다. 설정이 끝났다면 [다운로드(⬇)] 버튼을 클릭하여 음원을 다운로드합니다.

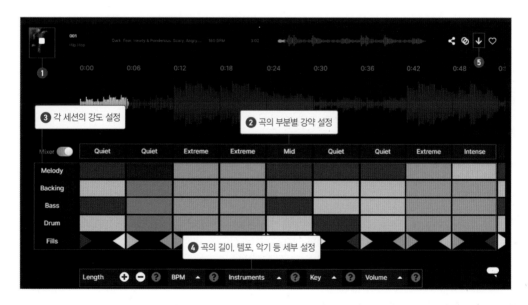

PPT 슬라이드 초안 만들기

• Gamma App

✦ 프레젠테이션 초안을 빠르게 제작하는 툴, Gamma App

Gamma App은 AI를 활용하여 프레젠테이션 슬라이드를 쉽고 빠르게 만들 수 있는 툴입니다. 짧은 시간 안에 발표 슬라이드나 제안서의 초안을 제작할 때 아주 유용하죠. 워크스페이스를 생성하여 개인 혹은 팀워크 목적으로 사용할 수 있으며, 비즈니스 프레젠테이션과 교육 자료, 프로젝트 제안 등 다양한 목적으로 유용하게 사용 가능한 툴입니다.

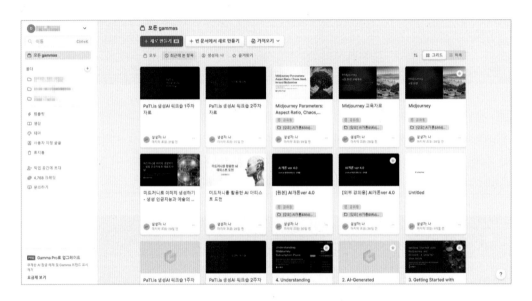

Gamma App의 핵심 기능은 AI를 활용한 슬라이드 생성입니다. 주제만 입력하면 AI가 다양한 아이디어와 콘텐츠를 제안하며, 이를 바탕으로 개요를 짜고 프레젠테이션을 구성할 수 있죠. 또, 다양한 템플릿과 디자인 옵션을 제공하기 때문에 손쉽게 원하는 스타일의 프레젠테이션 슬라이드를 만들 수 있습니다.

TIP ✦ Gamma App을 사용하기 위해서는 크레딧이 필요합니다. 슬라이드 생성 혹은 제안을 사용할 때마다 약 40 크레딧을 소모합니다. 초대 링크를 통해 가입하면 기본 200 크레딧을 얻게 되며, 초대한 사람에게도 200 크레딧이 지급됩니다. 이러한 레퍼럴 링크를 통해 친구를 초대하거나 요금제를 업그레이드하여 추가 크레딧을 얻을 수 있습니다. 다만, 크레딧 관련 정책이 주기적으로 변하고 있기 때문에 가입 시점에 다시 한번 확인하는 것을 추천합니다.

✦ Gamma App으로 PPT 슬라이드 만들기

1️⃣ 우선 PPT 슬라이드를 만들어 봅시다. 홈페이지(gamma.app)에 접속하여 회원가입과 로그인을 합니다. 상단의 [새로 만들기 AI] 버튼을 클릭한 다음, 세 가지 옵션 중 [생성] 버튼을 선택합니다.

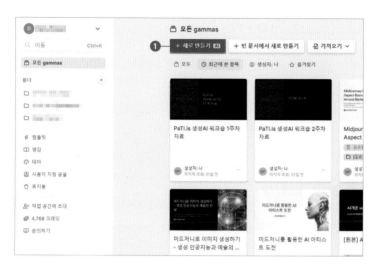

2️⃣ AI 디자인 파트너가 무엇을 만들 것인지 질문합니다. '프레젠테이션'은 발표 슬라이드를, '문서'는 이미지가 포함된 텍스트 중심의 결과를, '웹 페이지'는 웹 경험에 적합한 방식의 결과를 생성합니다. 여기서는 [프레젠테이션]을 선택하겠습니다.

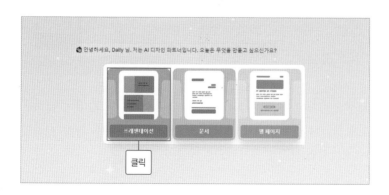

3 이제 대화를 통해 내용을 구체화할 차례입니다. 하단에 나타난 대화 상자에 원하는 주제를 입력하면 AI가 주제에 적합한 개요를 자동으로 생성합니다. 문제가 없다면 하단의 [계속] 버튼을 클릭합니다.

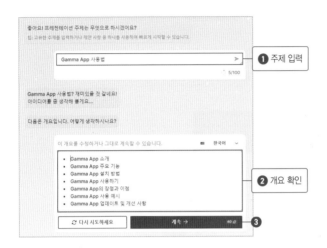

TIP ✦ 생성된 개요가 마음에 들지 않는다면 [다시 시도하세요] 버튼을 클릭하여 재생성할 수 있습니다.

4 이번에는 슬라이드의 테마와 디자인을 선택해 봅시다. 좌측에서 테마가 적용된 미리보기 예시를 확인할 수 있고, 우측의 [날 놀라게 해 봐] 버튼을 클릭하여 랜덤한 결과물을 얻을 수도 있습니다. 적절한 테마를 선택했다면 [계속] 버튼을 클릭합니다.

5 선택한 개요와 테마, 디자인에 맞추어 슬라이드가 생성되었습니다. 어느 정도 손을 보기는 해야겠지만 기본 구조를 빠르게 만들어 주기 때문에 문서 구조 만들기, 레이아웃 잡기, 디자인 하기와 같은 단순 반복 작업에 소비되던 시간을 획기적으로 아낄 수 있습니다.

6 이제 마무리 단계입니다. 생성된 슬라이드에 텍스트, 이미지, 비디오 등의 요소를 추가하거나 편집하여 실제 목적에 알맞게 슬라이드를 수정합니다. 이미지의 경우, 이미지 검색 기능을 통해 손쉽게 이미지를 찾아 교체할 수도 있습니다.

TIP ✦ 이미지 검색 기능의 이미지 라이선스 필터 옵션을 통해 상업적으로 자유롭게 사용할 수 있는 이미지만 모아볼 수 있습니다.

TIP ✦ 공유 옵션을 통해 완성된 슬라이드를 다른 사람과 공유하거나 PowerPoint 혹은 PDF 형식으로 내보낼 수 있습니다.

모바일 앱
UI 디자인 만들기

• Uizard

✦ 텍스트 프롬프트로 UI 디자인을 생성하는 툴, Uizard

Uizard는 텍스트 프롬프트로 UI 디자인을 생성하는 AI 서비스입니다. 생성형 AI 기술로 UI 디자인에도 쉽게 도전할 수 있게 된 것이죠.

1 Uizard 홈페이지(uizard.io)에 접속합니다. 오른쪽 상단 [Sign up for free] 버튼을 클릭하여 회원가입을 진행합니다.

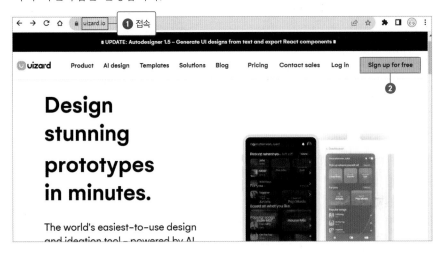

2 First name(이름)과 Last name(성), Work Email(이메일 주소), Password(비밀번호)를 직접 입력하거나 Sign up with Google(구글 계정으로 회원가입하기) 혹은 Sign up with Microsoft(마이크로소프트 계정으로 회원가입하기) 버튼을 클릭하여 회원가입을 진행합니다.

3   로그인을 하면 다음과 같은 페이지가 나타납니다. 텍스트 프롬프트로 UI 디자인을 만드는 [Generate with Autodesigner]를 클릭합니다.

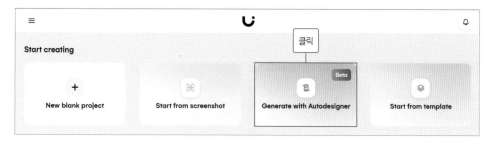

TIP ✦ [Start from screenshot]은 화면 스크린 샷을 바탕으로 UI 디자인을 해주는 기능이고, [Start from template]은 UI 디자인 템플릿을 제공하는 기능입니다.

4   디바이스 환경, 프로젝트 설명, 디자인 스타일을 입력하는 페이지가 나타납니다. 한글은 지원되지 않으며, 영어로 입력해야 합니다. 두 번째와 세 번째 항목 아래에 적혀있는 예시를 참고하여 작성합니다.

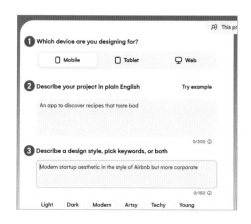

① 디바이스 환경: 어떤 디바이스를 위한 디자인인가?

② 프로젝트 설명: 어떤 서비스를 제공하는 프로젝트인가?
   예 An app to discover recipes that taste bad(맛이 떨어지는 레시피를 발견하는 앱)

③ 디자인 스타일: 어떤 디자인 스타일을 원하는가?
   예 Modern startup aesthetic in the style of Airbnb but more corporate(에어비앤비 스타일의 현대적인 스타트업 미학 디자인, 그러나 더 기업적인 느낌으로)

TIP ✦ 예시 프롬프트를 참고하여 두 번째 항목에는 'An app to~ (~하는 앱)'로 시작하는 프롬프트를 작성하고, 세 번째 항목은 '~in the style of(~과 같은 스타일로)'라는 구문을 포함한다고 생각하면 쉽게 프롬프트를 작성할 수 있습니다.

5 프롬프트를 작성하려면 어떤 앱을 만들 것인지에 대한 구체적인 아이디어가 있어야 합니다. 여기서는 '사용자들이 AI 아트 이미지를 공유하는 앱'이라는 아이디어로 UI 디자인을 만들었습니다. 세 개의 질문에 대한 답을 다음과 같이 입력하고 [Generate my project] 버튼을 클릭하여 디자인을 생성합니다.

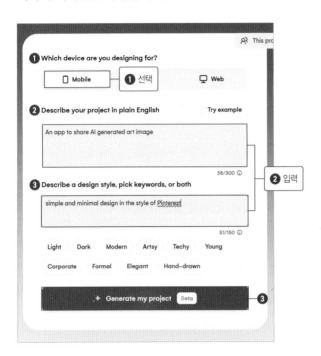

① **디바이스 환경:** Mobile(모바일)

② **프로젝트 설명:** An app to share AI generated art image(AI로 생성된 아트 이미지를 공유하는 앱)

③ **디자인 스타일:** simple and minimal design in the style of Pinterest(핀터레스트 스타일의 심플하고 미니멀한 디자인)

TIP ✦ 핀터레스트(Pinterest)는 사용자의 관심사에 따라 이미지와 아이디어를 모으고 공유하는 시각적인 소셜 미디어 플랫폼입니다. 인테리어, 패션, 요리 등 다양한 주제의 사진과 영감을 '핀'과 '보드' 형태로 정리하고 다른 사용자와 소통할 수 있습니다.

✦ 생성된 시안 확인하기

1 잠시 기다리면 일곱 개의 UI 디자인 시안이 생성됩니다. 무료 버전에서는 이중 다섯 개만 편집할 수 있고, 나머지 두 개는 유료 구독을 해야 편집할 수 있습니다.

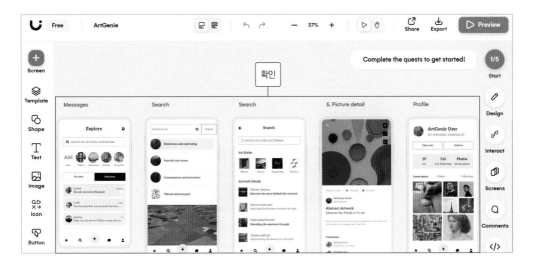

2 앞서 작성한 프로젝트 설명을 참고하여 앱 이름까지 자동으로 생성되었습니다. 시작 화면 (Intro Screen)과 회원가입 화면(Sign Up)은 유료 구독을 해야 접근할 수 있기 때문에 회색 영역으로 표시되어 있습니다.

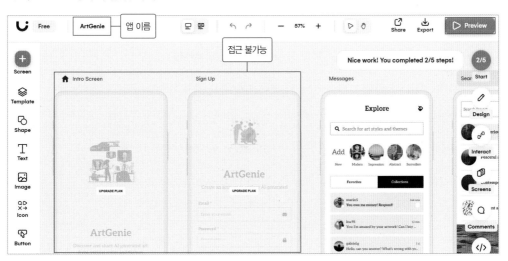

3 [Preview] 버튼을 클릭하면 UI 디자인이 실제 모바일 환경에서 어떻게 작동하는지 확인할 수 있습니다.

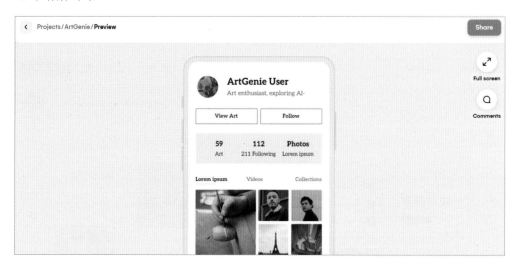

✦ 디자인 스타일 키워드 활용하여 UI 디자인 생성하기

1 이번에는 애견 옷(dog apparel)을 판매하는 앱 디자인을 만들어 보도록 하겠습니다. 디자인 스타일 프롬프트 작성이 어렵다면 작성란 아래 'Light', 'Dark', 'Modern' 등 키워드 버튼을 클릭해도 됩니다.

- **Light**: 가볍고 밝은
- **Dark**: 어둡고 무거운
- **Modern**: 현대적인
- **Artsy**: 예술적인
- **Techy**: 기술적인
- **Young**: 젊어보이는
- **Corporate**: 기업 느낌이 나는
- **Formal**: 격식을 차린 느낌이 나는
- **Elegant**: 우아한
- **Hand-drawn**: 손으로 그린 것 같은

2 세 개의 질문에 대한 답을 다음과 같이 입력 혹은 선택하고 [Generate my project] 버튼을 클릭하여 디자인을 생성합니다.

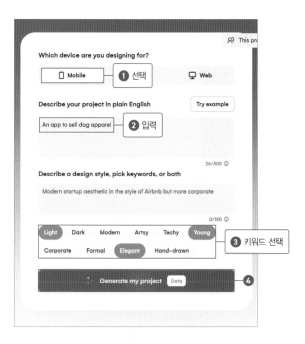

TIP ✦ 디바이스 환경: 모바일

프로젝트 설명: An app to sell dog apparel(강아지 옷을 판매하는 앱)

디자인 스타일: 'Light', 'Young', 'Elegant' 키워드 선택

이처럼 텍스트 프롬프트를 작성하지 않고 디자인 키워드만 선택해도 생성이 가능합니다.

3 잠시 기다리면 디자인이 생성됩니다.

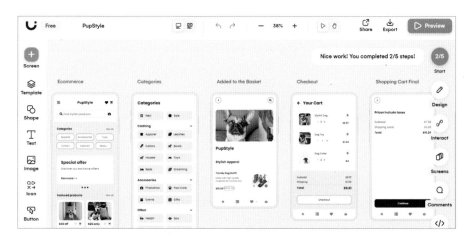

TIP ✦ Uizard는 텍스트 프롬프트만으로 UI 디자인이 생성되기 때문에 매우 편리하지만, 앱에 필요한 모든 화면 디자인이 생성되는 것은 아니므로 디자이너의 손길이 추가적으로 필요할 수 있습니다. 기획 단계에 드는 시간을 획기적으로 절약할 수 있어 UI 디자인에 입문한 디자이너 혹은 신규 앱 서비스를 기획하는 사람에게 유용한 서비스입니다.

알아두면
더 좋은 AI 팁

생성형 AI 기술의 발전은 개인의 창작 기회를 대폭 확대하고 실무 활용성을 크게 증진했습니다. 그러나 기술의 진보에 따라 새로운 도전 과제가 등장했습니다. 바로 저작권과 초상권이라는 법적 문제입니다. 미드저니 또한 이러한 문제를 직면하고 있습니다. 사람들은 이미지 생성 AI가 영화나 애니메이션 등 유명 콘텐츠의 저작권을 침해하지 않고 학습하는지에 대한 의문도 제기하고 있습니다.

따라서 AI 사용자는 법적 테두리 안에서 창작물을 생성하고 활용할 수 있는 영리한 방법을 찾아야 합니다. 이번 파트에서는 AI 아트의 저작권과 초상권 개념과 이를 창작 활동에 반영하는 방법을 탐구합니다. 또, AI 분야의 인플루언서를 통해 최신 동향을 파악하는 방법과 AI 기술을 실무에 통합하고 새로운 창작물을 만들어 내는 데 필요한 실질적인 팁을 제공합니다.

CHAPTER 11

AI 아트의
저작권과 초상권

이번 챕터에서는 생성형 AI와 관련된 여러 논란을 살펴봅니다.
특히 AI 아트에서의 저작권 및 초상권 문제, AI 기술의 발전과
응용, 빠르게 변화하는 기술 추세에 발맞추어 나가는 실용적인
팁을 알아봅니다. AI를 사용함에 있어 법적, 윤리적으로 고려해
야 할 사항들을 심도 있게 검토하는 방법부터 기술 발전의 맥락
을 이해하고 이에 적응하는 것의 중요성을 다룹니다.

AI 아트와 저작권

✦ AI 아트와 저작권의 현주소

AI 기술을 활용한 예술 창작이 확대되면서 저작권 문제가 복잡해지고 있습니다. 세계적인 스톡 이미지 및 콘텐츠 저장소로 잘 알려진 기업 Getty Images는 스테이블 디퓨전의 개발사 Stability AI에 저작권 침해 소송을 제기했습니다. AI 툴이 웹에서 수집한 이미지를 활용할 때 원작자에게 저작권 표시나 보상을 제공하지 않는다는 문제가 핵심이었습니다. 이처럼 AI가 창작자들의 스타일이나 정보를 학습하는 과정에서 실제 작품이 무단으로 사용될 수 있다는 우려가 점점 커지고 있습니다. 미국 저작권 사무소(USCO) 또한 AI에 의해 생성된 작품에 대한 저작권 보호 요청을 거부했습니다. 작품을 생성하는 과정 전반에 인간의 직접적인 개입이 없었다고 판단했기 때문입니다.

TIP ✦ 현행 저작권법에는 AI 예술과 관련된 조항이 없습니다. 그렇기 때문에 AI에 의해 생성된 작품의 저작권을 결정하기가 어려운 것이죠.

한편, 한국의 문화체육관광부는 AI 기술의 상용화에 따른 시장 혼란을 최소화하기 위해 '생성형 AI 저작권 안내서'를 발표했습니다. 이 안내서는 AI 사업자와 저작권자, 이용자에 대한 안내 사항을 담고 있으며, 생성형 AI 산출물의 저작권 등록에 대한 정보를 제공합니다.

◀ 생성형 AI 저작권 안내서

✦ 저작권 침해를 피하기 위해 주의할 점

AI 아트와 저작권을 다루는 명확한 법적 틀은 현재 과도기적인 상태에 있습니다. 45쪽에서 이야기했듯이 세계 각국과 문화권마다 AI 기술에 대한 판단과 접근이 다르며, 행정 및 법적 제도가 아직 충분히 발전하지 못한 경우가 많기 때문입니다. 따라서, 현시점에 생성형 AI를 상업적으로 사용하는 데 큰 제약이 없다고 해도 사용자 입장에서는 여러 가지 주의가 필요합니다.

가장 주의해야 할 점은 저작권과 관련하여 문제가 있을 수 있는 데이터를 추가적으로 사용하지 않는 것입니다. 대부분의 생성형 AI 서비스는 학습 데이터를 공개하지 않는 것을 원칙으로 하고 있으나, 사용자가 AI에 외부 데이터를 넣어 사용한 기록은 상황에 따라 법정 분쟁에서 열람 및 공개될 수 있습니다. 따라서, 저작권에 문제가 있는 데이터를 상업적으로 사용하는 것은 반드시 지양해야 합니다. 저작권법의 공정 이용이나 저작권에 대한 명확한 이해 없이 생성형 AI를 사용하는 것은 법적 분쟁을 야기할 수 있습니다.

TIP ✦ 공정 이용(Fair Use)이란 저작권이 있는 작품을 허가 없이 사용할 수 있는 특정한 상황으로, 창작자의 권리를 보호하면서도 공공의 이익을 위한 사용을 가능하게 하는 개념입니다. 비영리적 목적으로 한 교육, 비평, 연구 등의 활동이 대표적이며, 영화나 연극의 스틸 컷을 블로그나 SNS에 게재하는 행위와 가정에서 학습을 위해 저작물을 복제하는 행위도 포함됩니다.

▲ 인간 아티스트와 기계 아티스트 사이의 갈등

특정 콘텐츠를 창작하고 있는 아티스트나 중요한 정보를 다루는 기업의 경우 챗GPT와 같은 대규모 언어 모델(LLM) 기반의 AI 사용에 각별한 주의가 필요합니다. AI 서비스의 제작사 측에서는 사용자의 대화 내용을 학습에 반영하지 않는다고 주장하지만, 실제로는 데이터 유출 우려가 있으며 심각한 보안 문제를 야기할 수 있습니다.

대표적인 사례를 하나 살펴볼까요? 챗GPT에는 자신만의 챗봇을 만드는 기능인 GPTs가 있는데 2023년 11월, 이 기능을 통해 사용자가 입력한 고유 정보가 다른 유저에게 유출되는 사건이 발생했습니다. OpenAI는 발 빠르게 나서 문제를 해결했지만, 이 사건은 향후 LLM 형태의 AI가 사용자의 개인 정보나 특정 관심사와 같은 내용을 무단으로 학습하고 이를 특정 기업의 이익을 위한 용도로 사용할 수 있음을 보여줬습니다. 가령, 개인의 취향을 반영한 상품을 보여주며 소비를 유도하는 알고리즘 마케팅에 악용될 수도 있겠죠

AI 아트와 초상권

✦ AI 아트와 초상권의 현주소

AI와 초상권의 문제는 현대 사회에서 중요한 법적, 윤리적 화두로 떠올랐습니다. AI의 실제적 모방 능력이 현실을 왜곡하고 타인의 정체성을 침해할 위험이 있기 때문입니다. 최근 중국의 한 앱 서비스 회사가 인플루언서의 이미지를 이용해 딥페이크 영상 템플릿을 만들고 이를 허가 없이 회원들에게 유료로 판매한 것이 드러났습니다. 법원은 이러한 행위가 원고의 초상권을 침해한 것으로 판단하고 서비스 제공자에게 공개 사과와 보상을 명령했습니다. 이 사례는 AI의 발전이 개인의 초상권과 어떻게 충돌하는지 보여주며, AI와 초상권 문제가 현실화되고 있음을 여실히 보여줍니다.

▲ 로마 제국 장군의 갑옷을 입고 콜로세움에서 젤라토를 먹고 있는 블라디미르 푸틴 러시아 대통령

AI 기술을 활용한 사기 사례도 빠르게 증가하고 있습니다. AI 기술로 타인의 신분을 훔쳐 범죄에 악용하는 것이지요. 2023년 중국 내몽골 자치구 바오터우에서 발생한 사기 사건에 AI 기술이 사용되었습니다. 사기꾼은 AI 툴을 사용하여 사람들의 목소리와 모습을 모방했고, 피해자를 속여 430만 위안(약 8억 원)을 송금하도록 유도했습니다. 한국에서도 SNS를 통해 유명인을 사칭하여 투자를 권유하는 등 유사한 패턴의 사칭 사례들이 발생하고 있습니다.

AI 기술이 범죄에 악용되는 문제에 대응하기 위해 중국 정부는 AI와 딥페이크를 통한 신원 조작 기술에 관한 구체적인 규제를 도입했습니다. 규제를 통해 생성형 AI 기술로부터 개인 정보와 지식 재산권 등 다양한 권리를 보호하고자 한 것이죠. 이처럼, AI 기술이 발전함에 따라 법적, 윤리적 고려는 반드시 필요합니다. 특히 위 사례처럼 AI 기술은 개인의 신분을 훔쳐 사용하는 범죄에 악용될 위험이 있으므로, 사용자 또한 AI를 사용할 때 각별한 주의가 필요합니다.

✦ 초상권 침해를 피하기 위해 주의할 점

미드저니, 스테이블 디퓨전과 같은 생성형 AI 툴을 실무에 사용할 때는 초상권과 저작권 문제에 각별한 주의를 기울여야 합니다. 예를 들어 미드저니에서 합의되지 않은 타인의 사진을 이미지 프롬프트로 사용하는 것은 타인의 초상권을 침해할 수 있으며, 법적 책임을 물을 수 있습니다. 또, 스테이블 디퓨전으로 다양한 이미지를 수집하여 재생성하는 과정에서 연예인 사진과 같이 초상권이 있는 이미지를 사용하면 향후 연예인의 소속사를 상대로 개인으로서는 감당하기 힘든 법적 문제를 겪을 수 있습니다.

AI 기술을 사용할 때는 타인의 권리를 침해하지 않도록 주의하고 AI 기술의 사용과 관련된 법적, 윤리적인 부분을 고려해야 합니다. 또한 SNS에 사진이나 개인 정보를 업로드할 때도 신중해야 합니다. AI 기술의 미래는 예상치 못한 다양한 문제를 만들어 내고 있으며, 각국 정부들의 입장이 서로 다르기 때문에 미래를 쉽사리 예상하기 어려운 상황입니다.

TIP ✦ AI 예술의 미래는 지속적인 법적, 윤리적 논의를 통해 형성될 것입니다. AI 아티스트와 법률 전문가, 정책 입안자 간의 협력을 통해 AI 기술과 관련된 법적, 윤리적 틀을 구축하는 것을 창작자의 권리 보호와 기술 발전의 조화를 위해 필수적이며, 이는 국제적인 협력과 글로벌 기준의 수립을 통해 진행될 필요가 있습니다.

CHAPTER 12

빠르게 변화하는 AI 시대에서 살아남기

AI 기술의 발전 속도는 상상을 뛰어넘고 있습니다. 기술의 발전 속도만큼 인터넷에는 정제되지 않은 날것의 정보들이 빠르게 올라오고 있죠. 이번 챕터에서는 최신 AI 기술과 동향에 대한 양질의 정보를 신속하게 얻는 방법과 다양한 정보 중 신뢰할 수 있는 것을 가려내는 방법을 알아봅니다. 또, 빠르게 변화하는 AI 기술 환경에 적응하는 팁도 알아봅니다.

양질의 정보를 제공하는
생성형 AI 인플루언서 리스트

생성형 AI의 빠른 발전과 적용 분야의 다변화로 인해 최신 정보와 실용적인 인사이트를 제공하는 인플루언서의 역할이 점점 중요해지고 있습니다. 이번 장에서는 이 책에서 다룬 이미지 생성 AI와 관련된 양질의 정보를 제공하는 네 명의 인플루언서를 소개합니다.

TIP ✦ 섬네일이나 제목만으로 대중을 현혹하며 정작 제대로 된 정보는 주지 않는, 신뢰도가 낮은 낚시성 인플루언서는 제외했습니다.

✦ Daily Prompt(maily.so/dailyprompt)

대표 콘텐츠
- 생성형 AI 뉴스 및 신기술 리뷰
- 이미지 및 프롬프트 제공
- 생성형 AI에 의한 산업 변화 예측
- 각종 행사 및 세미나 정보 공유

Daily Prompt는 AI 트렌드 뉴스레터로 구독하면 매일 1개의 프롬프트 및 생성형 AI 뉴스를 이메일로 발송합니다. 홈페이지 혹은 인스타그램(instagram.com/dailyprompt_)을 통해 기존에 발행된 콘텐츠를 살펴볼 수 있습니다.

TIP ✦ Daily Prompt는 국내 뉴스레터이기 때문에 모든 콘텐츠가 한글로 작성되어 있습니다. 번거로운 번역 절차 없이 생성형 AI 관련 정보를 손쉽게 접할 수 있다는 것이 큰 장점입니다.

Matt Wolfe(youtube.com/@mreflow)

대표 콘텐츠
- 생성형 AI 뉴스 및 신기술 리뷰
- 프롬프트 생성 가이드
- 미드저니로 로고 만들기
- 무료 생성형 AI 소개 및 비교

Matt Wolfe는 AI 분야에서 주목할 만한 인플루언서로, 유튜브 채널을 통해 AI 기술의 최신 동향과 실용적인 활용 방법을 공유하고 있습니다. 챗GPT부터 미드저니, 스테이블 디퓨전 등 다양한 생성형 AI 서비스를 포괄적으로 다루며, AI 서비스를 실제로 사용해 본 경험담을 담은 리뷰 콘텐츠를 주로 업로드합니다. 그는 다른 AI 뉴스 전문 유튜버와 달리 조회 수를 높이기 위한 피상적인 내용이나 자극적인 제목에 의존하지 않습니다. 화제성이 적은 AI 툴을 심도 있게 리뷰하고, 아무리 인기를 끄는 서비스라도 단점이 있다면 솔직하게 비판하기 때문에 신뢰할 만한 양질의 정보를 많이 얻을 수 있는 채널이죠.

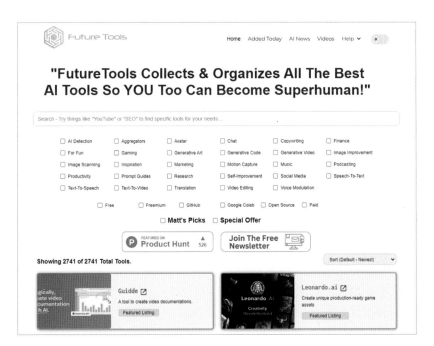

▲ 다양한 AI 서비스를 정리한 사이트, Future Tools

또한, 그는 'Future Tools(futuretools.io)'라는 웹 사이트를 운영하고 있습니다. 다양한 AI 서비스를 카테고리별, 용도별로 정리한 사이트로, AI 서비스에 대한 종합적인 정보를 제공하여 나에게 필요한 AI 서비스를 쉽고 효과적으로 선택할 수 있게 돕습니다.

Sebastian Kamph(youtube.com/@sebastiankamph)

대표 콘텐츠
- 스테이블 디퓨전 설치 및 기본 사용법
- 춤추는 인물 영상 만들기
- 이미지 퀄리티 개선하기(AI upscale)
- AI 애니메이션 만들기

Sebastian Kamph은 생성형 AI 아트에 초점을 둔 유튜브 채널을 운영하고 있습니다. 특히 스테이블 디퓨전과 미드저니를 활용하여 창의적인 작품을 제작하는 상세한 튜토리얼을 제공하며, 튜토리얼은 누구나 쉽게 따라 할 수 있도록 구성되어 있어 생성형 AI를 처음 사용하는 입문자에게 매우 유용합니다. 이 채널은 AI와 관련된 심도 있는 정보와 실질적인 지침을 제공하기 때문에 생성형 AI 툴을 활용하여 창의적인 작업을 하고자 하는 사람에게 매우 유용합니다.

Tatiana Tsiguleva(x.com/ciguleva)

대표 콘텐츠
- 미드저니 프롬프트 실험
- 각종 이미지 생성 AI 비교
- AI 아트 공모전 정보 공유

Tatiana Tsiguleva은 X(구 트위터)를 기반으로 활동하고 있는 인플루언서로, 현재 Vial의 헤드 디자이너로서 다양한 스타트업의 제품을 구축하는 일을 하고 있습니다. 미드저니와 같은 툴을 사용하여 이미지 생성 분야에서 AI를 탐구하고 있으며, 생성형 AI 사용자들이 자신의 비전을 구현할 수 있도록 돕고 있습니다. 또한, 다양한 예술 분야 AI 서비스를 비교, 분석하여 사용자가 각자의 목적에 맞는 툴을 선택할 수 있도록 정보를 제공합니다.

AI에 대한 관점 바꾸기 : 부하 직원처럼 활용하기

많은 사람이 AI를 복잡한 작업을 자동화하는 툴로만 여기며 모든 것을 한 번에 해결해 주는 '마법의 요술봉'으로 생각하곤 합니다. 이러한 관점은 오히려 AI의 잠재력을 제한하고 사용자의 만족도를 낮추는 원인이 됩니다. AI와의 상호작용을 인간과 소통하듯이 수행한다면 AI를 조금 더 효율적이고 창의적인 방식으로 활용할 수 있습니다.

AI를 인간처럼 대하라니, 감이 잘 오지 않는다면 우선 AI를 나와 함께 일하는 부하 직원이라고 생각해 보세요. 단순한 도구가 아닌, 창의적인 과정에서 중요한 역할을 하는 그런 부하 직원으로 말이죠. 부하 직원이 일을 잘하도록 하려면 어떻게 해야 할까요? 상급자, 즉 우리 스스로 훌륭한 관리자가 되도록 노력해야 합니다. 이를 위한 세 가지 방법론을 소개하겠습니다.

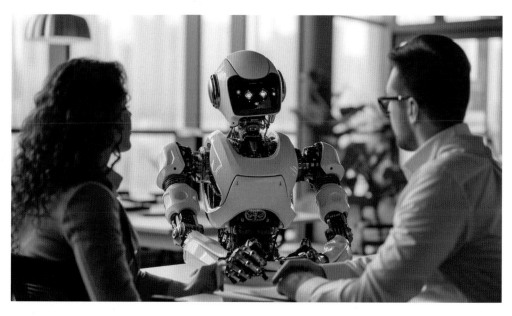

▲ AI가 인간의 동료 역할을 수행하는 세상

327

✦ 명확한 목표 제시하기

AI와의 소통에 있어 가장 중요한 것은 명확한 목표입니다. AI에게 "어떤 일을 네가 알아서 해봐."라고 명령하는 것은 너무 모호하며, 이는 마치 신입 사원에게 구체적인 지침 없이 무작정 일을 시키는 것과 같습니다. AI를 활용하기 위해서는 구체적인 목표와 업무의 맥락을 제시해야 합니다. 예를 들어 디자인 작업을 요청할 때 특정 테마, 색상, 스타일에 대한 구체적인 조건을 제공하면 AI는 보다 명확한 결과물을 생성할 수 있습니다.

✦ 예시를 통해 설명하기

사회생활을 해본 사람이라면 신입 시절, 직장 상사가 예시를 통해 업무를 설명하거나 레퍼런스를 보여주었을 때 업무를 이해하기 훨씬 쉬웠던 경험이 분명히 있을 것입니다. AI도 마찬가지입니다. 예시나 레퍼런스를 제공하면 내가 요청하는 바를 훨씬 잘 이해합니다. 예를 들어 특정 스타일의 그래픽 디자인을 요청할 때 관련 예시 이미지나 기존 작업물, 또는 URL 주소를 AI에게 보여주면 AI는 이를 분석하여 내가 원하는 스타일을 더 잘 이해하게 됩니다.

✦ 업무 방향성에 대한 명확한 가이드라인 설정하기

AI는 주어진 데이터와 지시에 따라 작동하므로 방향성이 명확할수록 더 정확하고 유용한 결과를 제공합니다. 예를 들어, 마케팅 캠페인을 위한 콘텐츠를 생성한다면 타깃 시장, 메시지의 톤, 주요 메시지 등을 AI에게 명확히 전달해야 합니다.

TIP ✦ 이러한 방법론을 통해 AI는 우리의 업무와 창작 과정에 더욱 깊이 있고 의미 있게 기여할 수 있습니다. AI와 인간의 상호작용은 그 편의성에 있어 끊임없이 발전하고 있습니다. 언젠가는 지금보다 더욱 편리하게, 그리고 더욱 유용하게 AI를 활용할 수 있을 것입니다.

백문이 불여일견 :
AI를 사용하는 습관 기르기

생성형 AI는 더 이상 먼 미래의 기술이 아니라 현재 우리 삶에 필수적인 부분이 되었습니다. 특히 챗GPT와 같은 서비스는 단순한 정보 제공을 넘어서 일상생활의 다양한 측면에서 큰 변화를 불러오고 있습니다. 프로그래밍 언어 학습이나 일상생활에서의 창의적 아이디어 개발은 물론, 면접 준비 및 인간관계의 개선 등 다양한 분야에서 유용하게 활용되고 있죠. 이는 단순히 기술적인 면에서의 도움을 넘어서 삶의 질을 높이고, 시간을 절약하며, 새로운 기회를 탐색하는 데 중요한 역할을 합니다. 따라서 우리는 이러한 변화에 적극적으로 대응하고 AI를 활용하는 연습을 미리 해두어야 합니다.

✦ 챗GPT와 함께 식료품 쇼핑하기

해외에서 수입된 알쏭달쏭한 소스와 밀키트 같은 식품들. 대형 마트에서 한 번쯤 본 적이 있을 것입니다. 제품의 겉면에는 성분과 원산지 정도만 한국어로 표기되어 있을 뿐, 어떻게 요리해야 하는지 혹은 내 취향과 맞는지 판단할 친절한 설명은 붙어있지 않습니다. 이때, 챗GPT를 사용하면 매대 앞에서 바로 판단을 내릴 수 있습니다. 챗GPT와 같은 LLM은 이미지, 텍스트, 파일 등을 해석하고 이를 바탕으로 대화할 수 있는 멀티모달 기능을 탑재하고 있습니다. 제품 사진을 찍어서 업로드하고 이를 바탕으로 챗GPT에게 질문을 한다면 궁금한 점들이 거의 대부분 해결됩니다.

▲ 해외에서 수입된 올리브 오일의 정보를 알려주는 챗GPT

✦ 오래된 가족사진 속 장소 찾기

먼지 쌓인 앨범을 열어보면 언제인지 기억도 잘 나지 않는 오래된 사진을 발견하곤 합니다. 특히, 장소에 대한 기억은 세월을 따라 희미해지기 마련이죠. 필자 또한 최근에 아주 오래된 가족사진을 발견했고, 아버지와 이 사진을 찍은 장소에 대해 논쟁을 벌였습니다. 한참을 고민한 끝에 챗GPT에게 이 사진을 보여주었고 결과는 다음과 같았습니다. 정말 소소한 사례처럼 보이겠지만, AI를 통해 잊혀 사라질 수 있는 가족과의 소중한 기억 또한 되살릴 수 있음을 깨달았습니다.

여긴 어디야?

🟢 **ChatGPT**
사진 속의 건축 양식과 "PATAT FRIET"라는 간판, 그리고 트램이 보이는 것으로 미루어 보아 이 사진은 네덜란드에 있는 것 같습니다. "Patat friet"는 네덜란드어로 '감자튀김'을 의미하는 말이고, 네덜란드는 트램이 일반적인 교통 수단입니다. 건물의 스타일과 넓은 광장 또한 네덜란드의 도시 공간을 연상시키는 특징들입니다. 이러한 요소들을 종합해 볼 때, 아마도 이 사진은 네덜란드의 수도인 암스테르담에서 찍힌 것 같습니다.

▲ 가족사진 속 장소를 찾아주는 챗GPT

✦ 외국 요리 레시피 찾기

최근 홍콩 여행을 다녀온 뒤, 홍콩 요리를 직접 만들어 보려고 시도한 적이 있습니다. 과거에는 낯선 외국 요리의 레시피를 배우기 위해 특정 레스토랑을 찾거나 특정 요리 기술을 가진 요리사에게 의존해야 했지만, 이제는 현지에서 음식을 맛본 적이 있고 그 미각을 특정할 수만 있다면 멀리 떨어진 한국에서도 이국의 요리를 시도할 수 있습니다.

You
정통 홍콩식 새우 완탕면 만드는 레시피 알려줘 여기는 서울이니까 특별히 해외직구나 주문
해야 하는 식재료들도 알려줘

ChatGPT
정통 홍콩식 새우 완탕면을 만드는 데 필요한 재료와 레시피를 소개해 드리겠습니다. 서울에
서도 쉽게 구할 수 있는 재료들로 구성했으며, 필요한 특별한 식재료들에 대해서도 알려드리
겠습니다.

새우 완탕면 재료

1. **완탕 소재료:**
   - 신선한 새우 200g
   - 돼지고기 뒷다리살 (지방이 적은 부위) 100g
   - 생강 1티스푼 (다진 것)
   - 참기름 1테이블스푼
   - 간장 1테이블스푼
   - 설탕 1티스푼
   - 소금 약간
   - 후춧가루 약간

↓

▲ 홍콩식 새우 완탕면의 재료와 레시피를 알려주는 챗GPT

✦ 포토샵 AI로 사진 속 의상 교체하기

이번에는 앞서 살펴본 이미지 생성 AI를 활용해 볼까요? 프리랜서로 활동하기 위해 프로필 사
진을 마련해야 한다고 가정해 봅시다. 옷도 차려입고 스튜디오까지 잡아야 하니 적지 않은 비
용이 발생할 것입니다. 이때, 포토샵 AI에 탑재된 기능을 통해 직접 원하는 사진을 만들어 낼
수 있습니다. 평범한 티셔츠를 비싼 맞춤 정장으로 바꾸는 것은 물론, 웨딩 사진에 부케를 손쉽
게 추가하는 등 다양하게 활용이 가능하겠죠?

▲ 포토샵 Generative fill 기능으로 교체한 의상들. 어떤 것이 원본 사진일까요?

✦ 조부모님의 웨딩 사진 만들기

필자의 조부모님은 제대로 된 웨딩 사진이 없으십니다. 한국 전쟁 직후에 두 분 모두 실향민으로서 피난 생활을 계속하셨기 때문이죠. 그나마 간직하고 계신 사진은 두 분의 얼굴을 서로 다른 사진에서 오려내 붙인 다음, 정장과 웨딩드레스, 예식장 배경을 화가가 붓으로 그려 넣은 일종의 아날로그 합성 이미지뿐이었습니다. 최근, 이미지 생성 AI를 활용하여 두 분을 위한 웨딩 사진을 제작했습니다. 비록 원본 사진의 품질이 좋지 않아 완벽한 퀄리티의 이미지를 만들어 내지는 못했지만, 조부모님이 실제로 결혼식을 올리셨다면 어떠한 모습이었을지 가늠해 볼 수 있었습니다.

▲ 포토샵 Generative fill 기능으로 생성한 조부모님의 웨딩 사진

TIP ✦ 과거의 사진과 생성형 AI로 만든 사진은 아날로그와 디지털이라는 차이만 있을 뿐, 기존의 이미지를 통해 새로운 이미지를 생성했다는 점에서 동일한 작업 방식이라고 할 수 있습니다. 흥미로운 지점이지요.

지금까지 일상생활에서 AI를 캐주얼하게 사용하는 다섯 가지 사례를 살펴보았습니다. 어떤가요? 이 책의 제목처럼 마법 같은 느낌이 들기도 하고, AI를 활용하여 일상의 소소한 즐거움을 얻을 수 있다는 생각도 들었을 것 같아요. 이처럼 AI를 일상생활에 적용하는 습관을 들이면 다가오는 새로운 시대를 준비할 수 있는 든든한 버팀목이 될 것입니다.

설마 이런 것도? 된다!

생성형 AI, 특히 챗GPT와 같은 기술은 우리 일상에 큰 변화를 가져오고 있습니다. 단순한 텍스트 생성을 넘어서 일상적인 문제 해결부터 창의적인 작업에 이르기까지 다양한 영역에서 개인의 능력을 향상하는 데 도움을 줄 수 있습니다.

✦ 챗GPT로 면접 준비하기

중요한 면접을 앞두고 있다면 챗GPT를 통해 면접 준비에 도움을 받을 수 있습니다. 챗GPT에게 어떤 회사, 어떤 직무에 지원하는지 정보를 제공하면 면접 예상 질문과 답변까지 제공받을 수 있습니다. 이를 통해 채용 과정에서 더 자신감을 얻고 면접을 잘 준비할 수 있겠죠?

You
나 내일 면접 보러 가는데 마음이 너무 떨리고 불안해서 마음을 다스릴 수가 없어. 그냥 지금 당장 도움이 되는 말을 좀 해줄래?

‹ 2/2 ›

ChatGPT
면접 전의 불안함은 매우 자연스러운 감정이에요. 여기 면접을 앞두고 마음을 진정시키고 자신감을 얻는 데 도움이 될 몇 가지 팁을 드릴게요:

1. **준비가 중요해요**: 면접에 대해 충분히 준비하면 자신감을 얻을 수 있어요. 연습한 대답을 다시 생각해보고, 회사에 대한 정보를 복습하는 것이 좋아요.
2. **호흡에 집중하세요**: 긴장될 때는 깊고 천천히 호흡하는 것이 도움이 됩니다. 깊게 숨을 들이쉬고 천천히 내쉬어 보세요. 이것은 신체를 진정시키고 마음을 안정시키는 데 효과적이에요.
3. **긍정적인 자세를 유지하세요**: 자신에게 긍정적인 말을 하세요. 예를 들어, "나는 잘 할 수 있다", "나는 충분히 준비했다"와 같은 긍정적인 생각을 해보세요.
4. **적절한 복장을 선택하세요**: 편안하면서도 면접에 적합한 복장을 선택하는 것이 중요해요. 당신이 자신감을 느낄 수 있도록 도와줄 거예요.
5. **면접 전날 충분한 수면을 취하세요**: 충분한 수면은 면접 당일 정신을 맑게 하고 최상의 상태로 준비하는 데 도움이 됩니다.
6. **면접은 대화라고 생각하세요**: 면접관도 당신을 알고 싶어 하며, 당신의 성공을 바라고 있어

▲ 면접 팁은 물론 심리적 안정까지 제공하는 챗GPT

✦ 챗GPT로 편지 작성하기

감정을 표현하는 데 어려움을 겪을 때, 예를 들어 중요한 사과 편지나 애틋한 연애편지를 작성할 때도 챗GPT에게 도움을 요청할 수 있습니다. 나의 감정과 상황을 설명하면 챗GPT는 이를 바탕으로 감정이 담긴, 진실된 어조의 편지를 생성합니다.

사랑하는 [아내의 이름]에게,

이 편지를 쓰며, 오랫동안 마음 속에 묻어두었던 말들을 꺼내려고 해. 먼저, 지난 [구체적인 사건 또는 시간대]에 내가 저지른 실수들에 대해 진심으로 사과하고 싶어. [구체적인 실수나 상황] 때문에 당신이 받았을 상처와 실망감을 생각하면, 가슴이 아파.

나는 내 행동이 얼마나 이기적이었는지, 그리고 그것이 당신에게 어떤 영향을 끼쳤는지를 깨달았어. 당신이 느꼈을 실망감, 화, 혹은 슬픔을 완전히 이해할 수는 없지만, 그 감정들을 인정하고 당신의 입장을 이해하려고 노력하고 있어.

앞으로, 나는 [구체적인 변화의 방향 또는 약속]를 통해 당신에게 더 좋은 남편이 되기 위해 노력할 것이야. 나의 실수로부터 배우고, 우리의 관계를 개선하기 위해 최선을 다할 거야.

하지만, 나의 이 사과가 당신에게 어떤 반응을 강요하는 것은 아니야. 이 편지는 오직 내 마음 속 진심을 전달하고, 당신에게 내가 얼마나 미안한지 알리기 위한 것이야. 당신이 필요로 하는 시간과 공간을 존중할 것이며, 당신의 결정을 기다릴게.

당신을 사랑하며,
[당신의 이름]

▲ 챗GPT가 작성한 아내에게 보내는 사과 편지의 초안

✦ 챗GPT로 건강한 식단 짜기

챗GPT는 건강한 식단을 짤 때도 도움이 됩니다. 내가 원하는 건강 식단의 방향과 알러지 사항을 알려주면 챗GPT는 이를 고려한 맞춤형 식단을 제안합니다. 다이어트를 계획 중이라면 저탄수화물 식단이나 식물성 식단 등을 요청할 수 있겠죠.

You

식단에 대한 아이디어가 필요해. 나는 새우 알러지가 있고 탄수화물 섭취를 좀 줄이고 싶고 최근에는 비건이 되어보려고 하는데 뭐부터 시도해야 할지 모르겠어.

 ChatGPT

새우 알러지가 있고, 탄수화물 섭취를 줄이며 비건 식단을 시도하고자 하는 경우, 몇 가지 중요한 점을 고려해야 합니다. 비건 식단은 동물성 식품을 피하는 것이 핵심이므로, 단백질과 다른 필수 영양소를 식물성 식품에서 얻어야 합니다. 탄수화물 섭취를 줄이는 것과 병행하기 위해, 저탄수화물 식물성 식품에 중점을 두는 것이 좋습니다. 여기 몇 가지 식단 아이디어를 제공해 드리겠습니다:

1. **아침 식사:**
   - 아보카도 토스트 (저탄수화물 빵 사용)
   - 두부 스크램블: 여러 채소와 함께
   - 녹색 채소 스무디: 시금치, 케일, 아보카도, 베리류, 아몬드 밀크
2. **점심 식사:**
   - 채소 샐러드: 채소, 견과류, 아보카도, 올리브 오일 드레싱
   - 저탄수화물 랩: 두부, 템페, 많은 채소와 함께
3. **저녁 식사:**
   - 구운 채소와 함께하는 콩 스테이크
   - 버섯과 호두로 만든 비건 볼로네제 (콩국수나 저탄수화물 파스타 사용)
4. **간식:**
   - 견과류와 씨앗
   - 채소 스틱과 훈제 두부
5. **음료:**
   - 무설탕 아몬드 밀크 또는 코코넛 밀크
   - 녹차 또는 허브 차

이 식단은 탄수화물을 줄이고 식물성 식품에 중점을 두면서도 다양한 영양소를 제공합니다. 그러나 개인의 영양 요구와 선호도에 따라 식단을 조절하는 것이 중요합니다. 비건 식단을 시작할 때는 영양 결핍을 예방하기 위해 비타민 B12, 철분, 오메가-3 지방산 등 필수 영양소를 충분히 섭취하는 것이 중요합니다. 필요한 경우 영양사와 상담하는 것이 좋습니다.

▲ 새우 알러지가 있고 비건이 되어보고자 하는 사람을 위해 챗GPT가 제공한 식단

✦ 챗GPT와 함께 글쓰기

글쓰기에 어려움을 겪고 있다면 챗GPT를 활용해 보세요. 다양한 글쓰기 아이디어와 팁을 제공받을 수 있을 것입니다. 특정 주제나 스타일을 제시하면 챗GPT는 이를 바탕으로 창의적인 글쓰기 아이디어를 제안합니다. 또, 챗GPT는 상담과 같은 분야에서도 유용하게 활용될 수 있습니다. 스트레스, 관계에 대한 문제, 일상적인 고민 등을 털어놓으면 챗GPT는 다양한 조언과 통찰력을 제공합니다. 비록 전문적인 상담사를 대체할 수 있는 것은 아니지만, 가벼운 고민 상담 수준에서는 유용할 수 있습니다.

PR You

자꾸 팀장님이 야근 업무를 지시하고 업무 외 시간에 연락을 하는데 너무 힘들어. 혹시 아주 완곡하게 거절 의사를 표현할 수 없을까? 팀장님이 고압적인 스타일의 성격이라서 어떻게 말을 해야 할 지 모르겠어.

ChatGPT

팀장님에게 야근 업무와 업무 외 시간 연락에 대한 부담을 완곡하게 표현하는 것은 신중하게 접근해야 하는 상황입니다. 고압적인 성격을 가진 분에게는 직접적인 거부보다는 상황을 이해시키고 조심스럽게 의견을 전달하는 방법이 좋을 것 같습니다. 다음과 같은 방법을 시도해 볼 수 있습니다:

1. **감사의 표현으로 시작하기:** "팀장님, 항상 저에게 중요한 업무를 맡겨주셔서 감사드립니다. 저의 역량을 신뢰해 주셔서 정말 영광이에요."
2. **개인적인 상황 공유하기:** "최근에 개인적인 상황이 있어서, 야간 및 주말에는 가족과 시간을 보내거나 필요한 휴식을 취하는 것이 중요해졌어요."
3. **업무 효율성 강조하기:** "저는 업무에 집중하고 최선을 다하기 위해 적절한 워크-라이프 밸런스를 유지하는 것이 중요하다고 생각해요. 이렇게 함으로써 업무 시간에 더 집중하고 효율적으로 일할 수 있을 것 같습니다."
4. **협력적인 태도 보이기:** "업무 시간 이외에도 긴급한 상황이나 중요한 일이 생길 때는 언제든 연락 주세요. 그런 경우에는 가능한 빨리 대응하겠습니다."
5. **해결책 제시하기:** "평일에 업무 시간을 어떻게 조정하면 더 효율적으로 일할 수 있을지, 함께 고민해보는 것도 좋을 것 같아요. 예를 들어, 우선순위에 따라 업무를 조정하거나, 일정한 시간에 집중적으로 일하고, 필요한 경우에는 조금 더 일찍 시작하는 방안 등을 생각해볼 수 있겠죠."

이런 방법으로 팀장님과의 대화를 시도해보세요. 상대방의 성격과 상황을 고려하여 조심스럽게 접근하시면 좋겠습니다.

▲ 거절이 어려운 사람을 위해 챗GPT가 제안하는 솔루션

지금까지의 여정을 통해 우리는 새로운 창작의 지평을 열었습니다. AI는 반짝 유행했다가 사라질 도구가 아닌, 창작 과정을 혁신하는 엄청난 도구입니다. 이 책을 통해 우리는 AI가 어떻게 예술을 재해석하고 새로운 창작 방식을 가능하게 하는지를 탐구했고 AI 아트의 기본기부터 실무 활용 방법까지 배우며 AI가 예술과 창작에 미치는 영향과 그 무한한 가능성을 살펴보았습니다.

인공지능은 지금 이 순간에도 끊임없이 학습하고 있기 때문에 미래에 대한 이야기를 하지 않을 수 없습니다. 현재 주로 사용되는 AI는 특정 작업에 특화된 약 인공지능(ANI)으로 특정 분야에서 유용하지만 뚜렷한 한계가 있습니다. 이미지나 영상 등 예술 작품을 생성할 때, 머신 러닝과 생성 알고리즘을 활용하여 기존의 데이터로부터 결과물을 이끌어 내는 것이 대표적인 예입니다.

강 인공지능(AGI)은 이러한 한계를 넘어서는 다음 단계로, 인간처럼 다양한 종류의 작업을 단일 AI 시스템으로 수행하는 능력을 가질 것으로 예상됩니다. 마치 영화 〈아이언맨〉에 등장하는 자비스처럼 사고하고 학습하며 예술 창작에 있어서 새로운 가능성을 열어 주겠죠.

초 인공지능(ASI)은 인간의 모든 지적 능력을 넘어서는 AI로, 자아를 가지고 스스로 학습하며 인간을 능가하는 지능을 지닐 것으로 예상됩니다. ASI는 아직 상상 속의 개념이지만 실현 가능성에 대한 논의가 계속되고 있으며, 실현된다면 예술 창작은 물론 인간 문명 전체 영역에서 전례 없는 혁신을 가져올 것입니다.

AI의 발전은 예술가와 창작자에게 새로운 방법론을 제공하고 창의력을 한계 없이 확장할 수 있도록 돕습니다. 머지 않아 AI가 개인의 취향을 반영한 영화, 음악, 게임 등의 콘텐츠를 즉각적으로 공급하는 것도 가능해질 것입니다.

AI와 함께하는 미래는 끊임없는 학습, 적응, 협력의 여정이 될 것입니다. AI 기술의 발전은 새로운 창작 방식을 제공할 뿐만 아니라, 인류의 창의적 사고와 예술적 표현 방식을 확장하여 서로 다른 영역을 유기적으로 연결하며, 창작의 범위와 가능성에 있어 새로운 지평을 열어갈 것입니다.

"AI 원더랜드"가 그 여정을 안내하는 첫 번째 등불이 되길 바랍니다.

참고자료

- **32쪽** 사진기의 기원이 된 카메라 옵스큐라, 작자 미상 @*Wikimedia Commons*
- **33쪽** 〈수련 연못 위의 다리〉, 클로드 모네, 1899. 캔버스에 유화, 92.7×73.7cm. @*Wikimedia Commons*
- **34쪽** 〈해바라기가 있는 정물〉, 클로드 모네, 1881. 캔버스에 유화, 101×81.3 cm. @*Wikimedia Commons*
- **35쪽** 〈절규〉, 에드바르 뭉크, 1893. 판지에 유화, 73.5 x 91 cm. @*Wikimedia Commons*
- **36쪽** 〈검은 정사각형〉, 카지미르 말레비치, 1915. 캔버스에 유화, 79.5 x 79.5 cm. @*Wikimedia Commons*
- **191쪽** 〈그랑드자트섬의 일요일 오후〉, 조르주 쇠라, 1884. 캔버스에 유화, 308×207 cm. @*Wikimedia Commons*
- **193쪽** 〈플랫아이언 빌딩〉, 에드워드 스타이켄, 1904. 사진, 47.8×38.4 cm. @*Wikimedia Commons*
- **195쪽** 〈메두사의 뗏목〉, 테오도르 제리코, 1819. 사진, 491×716 cm. @*Wikimedia Commons*
- **197쪽** 〈컴포지션 Ⅶ〉, 바실리 칸딘스키, 1913. 캔버스에 유화, 201×302 cm. @*Wikimedia Commons*
- **199쪽** 〈수련 연못과 일본식 다리〉, 클로드 모네, 1899. 캔버스에 유화, 89.7×90.5 cm. @*Wikimedia Commons*
- **201쪽** 〈별이 빛나는 밤〉, 빈센트 반 고흐, 1889. 캔버스에 유화, 73×92 cm. @*Wikimedia Commons*
- **205쪽** 〈저녁때의 카를 요한 거리〉, 에드바르 뭉크, 1892. 캔버스에 유화, 84.5×121 cm. @*Wikimedia Commons*
- **207쪽** 〈그랑드 오달리스크〉, 장 오귀스트 도미니크 앵그르, 1814. 캔버스에 유화, 91×162 cm. @*Wikimedia Commons*
- **209쪽** 〈세네치오〉, 파울 클레, 1922. 캔버스에 유화, 40×38 cm. @*Wikimedia Commons*

찾아보기